JUST · VOM SEEFLIEGER ZUM UBOOT-FAHRER

PAUL JUST

Vom Seeflieger zum Uboot-Fahrer

Feindflüge und Feindfahrten 1939-1945

MOTORBUCH VERLAG STUTTGART

Einband und Schutzumschlag: Siegfried Horn
Textbearbeitung: Dr. Paul Simsa

ISBN 3-87943-605-3

1. Auflage 1979

Satz und Druck: Druckerei Johannes Illig, 7320 Göppingen
Bindung: Großbuchbinderei Franz Spiegel, 7900 Ulm
Printed in Germany

INHALT

MEINER LIEBEN FRAU ILSE

VORWORT

Diesem Buch liegen zum großen Teil meine Tagebuchaufzeichnungen zugrunde. Ich habe mich bemüht schlicht und ohne Pathos meine Erlebnisse während des großen Krieges vom Anfang bis zum Ende zu erzählen.

Ich schrieb im Andenken an alle Soldaten, die zu Land, auf dem Meer und in der Luft getreu ihrem Eid für das deutsche Vaterland kämpften, litten und starben.

Möge auch dieses Kriegsbuch dazu beitragen, daß der Wille zum Frieden in der Welt gestärkt wird.

Meinen besonderen Dank sage ich Herrn Dr. Paul Simsa für die Überarbeitung des Textes.

Weiter danke ich Mr. Ira Wolfert für die freundliche Genehmigung der auszugweisen Wiedergabe seines im Reader's Digest, November 1945, erschienenen Berichts über den Kampf und die Versenkung von U 546.

Eine große Anzahl von Bildern stellte mein Bordarzt auf U 546, Herr Dr. med. Elmar Rudolf, zur Verfügung. Auch ihm sage ich meinen besonderen Dank.

Der Verfasser

SO BEGANN ES . . .

Kapitän bei der Handelsmarine wollte ich werden. Da hätte ich mit 15 Jahren anfangen können. Aber als ich 1930 so weit war, hing die Schiffahrt in der Wirtschaftskrise fest und nach der »mittleren Reife« überzeugte mich der Mathematiklehrer, ich müßte das Abitur machen: »Damit gehst du zur Kriegsmarine und wirst Offizier, Junge, die Marine wird jetzt groß aufgebaut.«

Das hatte er richtig vorausgesagt.

Am 30. Januar 1933 erlebte ich auf dem Rathausmarkt in Hamburg, eingepfercht in eine unüberschaubare Menschenmenge, die Machtübernahme durch die Nationalsozialisten. Die Massen jubelten.

Meine Eltern waren froh, daß das Geschäftsleben nach den langen Krisenjahren nun doch leichter wurde, daß es aufwärts ging. Sie betrieben eine kleine Strickwarenfabrik am Fuße der Michaeliskirche; Mutter war als Meisterin zusammen mit 15 Strickerinnen in der Werkstatt tätig und fertigte Strickjacken und -kleider nach Maß und Vater verkaufte die gute Ware aus reiner Wolle im Laden. Mutter entstammte einer Kapitänsfamilie von der Nordseeinsel Föhr.

Der Weg zur Kriegsmarine fing mit Papierkrieg an. Ein dickes Bündel von Urkunden mußte eingereicht werden, darunter der Nachweis »Arischer Abstammung bis zu den Großeltern« — die Taufscheine genügten. Mühe bereitete der handgeschriebene Lebenslauf, in dem auch Aufenthalt und Berufe der näheren Verwandten zu schildern waren, Krankheiten und besondere Ereignisse im »Lebens- und Bildungsgang«, Sprachkenntnisse und sportliche Neigungen und die Gründe, warum man zur Marine und in eine bestimmte Laufbahn wollte. »Alles in fließender, knapper Schreibart darstellen, doch so, daß der Lebenslauf eine persönliche Note erhält.«

Als Antwort traf ein Formblatt ein, in das ein aktiver Militärarzt oder ausnahmsweise ein Kreis- oder Bezirksarzt seinen Untersuchungsbefund einzutragen hatte, und dann herrschte monatelang Stille, während die Marine entschied, wer sich persönlich in Kiel vorzustellen hatte. Für diese Aspiranten fand das Abitur schon vorzeitig statt, in meinem Fall im Dezember 1935 statt im Frühjahr 1936, und wer dann die dreitägige mündliche und schriftliche Prüfung nebst psychologischer Beobachtung und marineärztlicher Untersuchung bestanden hatte, wurde zum 1. April eingestellt.

Der Weg zum Leutnant zur See begann auf dem Exerzierplatz der Insel Dänholm vor Stralsund, denn die Kriegsmarine war streng militärisch, wie es einst der General von Stosch — Chef der Admiralität von 1872 bis 1883 — der Kaiserlichen Marine beigebracht hatte. In drei harten, aber frischen Monaten lernten wir, daß wir bis dahin nicht stehen und gehen konnten, wie Ehrenbezeigungen zu erweisen sind, auch »Benehmen gegen Vorgesetzte« und »Uniformen und Rangabzeichen« und die Bestandteile des »Karabiners 98« mit dem das Schießen und auch der Präsentiergriff geübt wurden.

Dann folgte die ersehnte Seefahrt. Neue Segelschulschiffe gab es schon, nachdem 1932 die »Niobe« im Fehmarn-Belt gekentert war. Aber ich gehörte zu dem Teil der »Crew 1936«, der ungefragt zur Seefliegerei ausersehen war. Als Seekadetten lernten wir ein Stück der großen Welt unter dem schwarzen Rauch der »Schlesien« kennen.

Dieses Linienschiff aus Tirpitz-Zeiten war 1906 vom Stapel gelaufen und schon vor dem Ersten Weltkrieg veraltet, aber es hatte doch an der Skagerak-Schlacht teilgenommen. Admiral Scheer hatte das Geschwader, das er früher führte, nicht im Hafen lassen wollen. Der Vertrag von Versailles ließ der Reichsmarine keine stärkeren Schiffe. Als erste Ersatzbauten gab es zur Zeit unserer Ausbildungsreise schon die Panzerschiffe

»Deutschland« und — erst seit kurzem im Dienst — »Admiral Scheer«.
In neun Monaten umrundeten wir den Atlantik, von Wilhelmshaven nach Freetown in Liberia, hinüber nach Bahia und Rio de Janeiro, auf die Bahamas und nach Trinidad, nach Halifax auf Neufundland in Schnee und Eis, zurück in die Wärme von Madeira, nach Torquay in England und dann nach Flensburg, wo die Marineschule unser wartete. Leider hatten wir keine Häfen der USA angelaufen, wie es vorgesehen war; wegen eines diplomatischen Konflikts um die Hakenkreuzflagge war es unterblieben.
Die neunmonatige Seefahrtzeit mit vielseitiger Ausbildung lag hinter uns. Wer sich bewährt hatte kam auf die Marineschule in Flensburg-Mürwik. Als Fähnrich kämpfte man sich durch nautischen und technischen Unterricht und Prüfungen. Wie Geräteturnen und Leichtathletik so standen beim Sport auch Boxen und Reiten auf dem Dienstplan. Seemannschaft wurde beim Segeln auf der Flensburger Förde geübt, Verbandsegeln im Dingi und das Abtakeln einer gekenterten Scharpie-Jolle gehörten dazu.
Die Offizierhauptprüfung beendete diese Schulzeit.
Dann folgten Bord- und Sonderlehrgänge, und als Leutnant zur See wurde ich am 1. Oktober 1938 zur Fliegerwaffenschule in Bug auf der Insel Rügen kommandiert, um nach einjähriger Ausbildung Kommandant und Navigator im Seeflugzeug zu werden.
Die deutsche Marinefliegerei hatte Tradition. Schon 1911 richtete die Kaiserliche Werft in Danzig eine Flugversuchsstelle ein, erster Pilot war Oberleutnant zur See Langfeld. Das erste Marineflugzeug war ein Geschenk des Flugpioniers Oberleutnant zur See Fritz Schöpp. Im Ersten Weltkrieg operierten Marineflugzeuge im Bereich der Deutschen Bucht, in Flandern und in der östlichen Ostsee, Mutterschiffe für Seeflugzeuge machten die Überwachung der Ostsee-Einfahrten und der Baltischen Inseln möglich, deutsche Seeflieger operierten über den griechischen Inseln, vor den Dardanellen und im Schwarzen Meer, und das Bordflugzeug »Wölfchen« des Hilfskreuzers »Wolf« wurde berühmt. Drei Flandernflieger errangen mit dem

Orden Pour le merite die höchste Kriegsauszeichnung des Kaiserreichs, darunter der Oberleutnant zur See Friedrich Christiansen, später Kommandant des Großflugzeugs Do X und Luftwaffengeneral, und die Zeppelin-Luftschiffe der Marine waren ein historisches Kapitel für sich.
Der Vertrag von Versailles verbot deutsche Luftstreitkräfte. Im Zuge getarnter Vorbereitungen für einen Neuaufbau begann die Marine an der Ostsee zunächst in Putzig und dann in Kiel-Holtenau. Am 1. April 1934 wurde das Luftkreiskommando VI (See) in Kiel eingerichtet, zunächst als ziviles Luftamt getarnt. Die Doppeldecker, die damals schon veraltet waren, flogen wir noch im Krieg.
Von den Konflikten in der Führung der Wehrmacht zwischen den Oberbefehlshabern wußten wir nichts. Zu Görings Machtanspruch für seine Luftwaffe gehörte die Führung aller Luftoperationen, auch über See. 1939 wurde dafür die Stelle eines Generals der Luftwaffe beim Oberbefehlshaber der Marine geschaffen. Für den Einsatz im Zusammenhang mit Flottenoperationen mußten Flugzeuge bei der Luftwaffe angefordert werden. Während der Überstellung übernahm die Marine die Führung. Die Folgen waren während des Krieges oft fatal. Doch 1939 erschien uns der Krieg noch als unwahrscheinlich. Wir sahen, daß wir unzulänglich gerüstet waren. Der Ausbau der Kriegsmarine sollte programmatisch der Friedenssicherung dienen, im Februar 1939 war das Schlachtschiff „Bismarck" unter Friedensbekundungen vom Stapel gelaufen.
Die deutsche Flotte sollte stark genug werden, um dem neuen Reich den Seeweg zum Atlantik freizuhalten. Aber gerade bei der Marine sahen wir die Engländer als Brudervolk, von dem uns kein tiefer Konflikt trennte. Amerika schien mit uns zu sympathisieren. Großdeutschland war ein Anspruch, dessen Erfüllung wir als gerecht betrachteten, und eine angemessene Kriegsmarine würde der Weltgeltung dienen, den Anspruch auf freien Zugang zu den Meeren demonstrieren.
Scharfmacher in den Offiziermessen der Kriegsmarine wurden nicht ernst genommen. Das Wort ging um, das Heer sei preußisch, die Luftwaffe nationalsozialistisch und die Marine kaiserlich — so gefielen wir uns.

KRIEG MIT DOPPELDECKERN

1. September 1939: Im Offizierheim der Fliegerwaffenschule tönen Fanfaren aus dem Radio: Sondermeldung. »Seit den frühen Morgenstunden überschreiten deutsche Truppen die polnische Grenze ...«
Wie werden England und Frankreich auf diesen Einmarsch reagieren? Wird es Krieg in Europa geben? — Am 3. September erklären sie den Krieg. Ich werde von der Schule an die Front kommandiert: Küstenaufklärungsstaffel 1/306 auf der Nordsee-Insel Norderney. Aber die Engländer bleiben untätig wie die Franzosen. Wir verlegen unsere Schwimmer-Doppeldecker auf einen Binnensee in Pommern. Mit einer Kampfaufgabe. Mit der einmotorigen Heinkel He 60 sollen wir letzte polnische Einheiten in kleinen Bunkerstellungen auf der Halbinsel Hela bombardieren.
Die He 60 ist vor allem als Bordflugzeug auf Kreuzern und Panzerschiffen gedacht, stabil für den Katapultstart und deshalb schwergewichtig. Ihr Rumpf besteht aus einem Stahlrohr- und Holzgerüst mit Stoffbespannung. Zwei Mann sitzen in offenen Cockpits, vorn der Pilot und hinten der Beobachter — ohne das eigentlich vorgesehene MG im Drehkranz. Der BMW-V-Zwölfzylinder-Motor leistet 660 PS, die Höchstgeschwindigkeit liegt bei 240 km/h, die Reisegeschwindigkeit bei 215 km/h, die Reichweite bei 900 km.
Wir stecken in ledernen Fliegerkombinationen mit Kopfhaube und Brille. Der Beobachter hat ein Fernglas, in der Bordtasche die Seekarte, Zirkel und Navigationsdreieck, vor den Knien das Funkgerät. Mit Morsezeichen gibt er die Aufklärungsmeldungen an den Gefechtsstand.
Aber hier sollen wir ein Bomber sein. Fünf Kilo schwer sind die Sprengbomben mit Aufschlagzündern. Zum Entsichern, muß ich einen Stift herausziehen. Bombenhalterungen gibt es in der He 60 nicht. Ich lege die Bomben unter den Sitz. Wenn sie herumkullern, muß ich sie mit den Füßen halten.
So gerüstet knattern wir über die See. Hela kommt in Sicht. Wir überfliegen den breiten Strand der langen Halbinsel. In 200 Meter Höhe kurven wir über den Kiefern des Dünengelän-

des. Die Bomben rollen nach Backbord und Steuerbord, hoffentlich halten die Sicherungsstifte. Ich lehne mich weit aus dem Sitz. Mit dem Fernglas suche ich den Boden ab.
Trampelpfade, Wege, provisorische Straßen, hier und dort Baracken. Einige Soldaten rennen in Deckung, ich glaube, Mündungsfeuer von Gewehren oder Maschinengewehren zu sehen — Treffer bekommen wir nicht.
Wir kurven herum, suchen Bunkerstellungen. Endlich entdecke ich Einstiege, auch kurze Treppen zu Unterständen. Ich winke den Piloten ein, er zieht in eine steile Kurve, und in 50 Meter Höhe fliegen wir das Ziel an. Ich angle mir eine Bombe, ziehe den Sicherungsstift. Stelle mich hoch im Sitz. Halte die Bombe außenbords. Und lasse sie fallen.
Es blitzt, der Sand spritzt. Vorbei. Neuer Anflug, die nächste Bombe liegt schon besser. Unten bleibt alles ruhig. Wir fliegen noch zweimal an. Der Erfolg ist zweifelhaft, wir suchen ein anderes Ziel. Wieder laufen da unten Soldaten und verschwinden im Kieferngehölz. Ich werfe zwei Bomben, Mündungsfeuer von Gewehren ist zu sehen. Steilkurve, noch ein Anflug, Bomben.
Auf einer Straße im Dünensand steht ein Lastwagen. Meine beiden letzten Bomben liege nahe dran. Ein Volltreffer aus freier Hand wäre reine Glücksache.
Es bleibt bei diesem Flug. Am 1. Oktober ist der polnische Widerstand beendet, wir haben jetzt Handelskrieg nach Prisenordnung in der Ostsee zu führen. Deutsche Vorpostenboote liegen auf bestimmten Positionen. Die Seeflieger sollen Handelsschiffe der neutralen Anliegerstaaten aufspüren, die nach Westen zum Sund und den Belten streben — den Ostseeausgängen. Die Schiffe müssen Kurs auf die Vorpostenboote nehmen und werden untersucht. Wenn sie Bannware für England oder Frankreich geladen haben, steigt ein Prisenkommando über und fährt sie in einen deutschen Hafen, wo die Konterbande entladen wird.
Wir fliegen jetzt die zweimotorige Heinkel He 59. Ihre Bauweise mit Fachwerk und Stoffbespannung ähnelt der der He 60, ebenso das Konstruktionsjahr 1932. Die He 59 ist ein gutes Flugzeug, aber zweimal 660 PS der BMW-Motoren können nicht mehr als 240 km/h bringen, und die höchste Reisegeschwindigkeit liegt bei 205 km/h.

Für vier Mann Besatzung ist die He 59 vorgesehen: Pilot und Navigator vorn, der Funker zugleich als Bordschütze hinten und ein weiterer Bordschütze im Rumpf hinten unten. Wir fliegen zu dritt: Vorn der Navigator mit einem 7,9-mm-MG 15 im Drehkranz, hinten ein Bordmechaniker, zugleich als Schütze mit der gleichen Waffe. Funkverbindung mit den Schiffen können wir nicht aufnehmen. Wir haben uns Wurfbeutel mit roten Flatterfähnchen gemacht. Hinein kommt ein Zettel mit dem Kurs, den ich errechnet habe. Dazu in Englisch die Aufforderung für den Kapitän, den angewiesenen Kurs zu steuern. Wir bleiben dann noch in der Nähe und beobachten, ob er der Anweisung folgt. Wenn nicht, bekommt er ein paar MG-Salven vor den Bug. Wir haben auch Schächte für 50-Kilo-Bomben, die aber leer bleiben.

Einen Beutel auf ein fahrendes Schiff zu werfen, ist nicht einfach. Der Pilot drosselt die Motoren. Mit wenig mehr als ihrer Landgeschwindigkeit von 90 km/h schwebt die Maschine wie ein Drachen von hinten dicht über das Schiff. Unten stehen die Seeleute und wundern sich. Oft müssen wir sechs- bis siebenmal anfliegen, bis ein Beutel trifft.

Ständig sind acht bis zehn Flugzeuge unterwegs, täglich werden 60 bis 80 Handelsschiffe durch die Vorpostenboote untersucht. Es strapaziert die Besatzungen, Kriegsruhm ist nicht zu ernten. Aber Fliegen kann man lernen — auch ich als Beobachter.

RUNTER WIDER WILLEN

Der Beobachter lernt das Fliegen nicht, aber den Spaß daran. Zum Üben für den Flugzeugführerschein gibt es Zeit genug. Auf dem langen Anflug muß ich nicht navigieren und funken. Untätig durchs Plexiglas der Kanzel auf die Ostsee zu blicken, wird langweilig. Leider haben wir kein zweisitziges Cockpit. Mein Flugzeugführer, Bootsmann Brötsch, thront hinter und etwas über mir. Wenn ich an den Steuerknüppel will, klopfe ich ihm ans Bein. Er trimmt die Maschine aus, wir verständigen uns mit einem Blick, und er läßt sich aus seinem Sitz in den

Rumpf fallen, ich ziehe mich hoch. Natürlich ist der Platzwechsel verboten, aber die He 59 segelt so brav durch die Lüfte, daß wohl nichts passieren kann.

Bis zu dem Tag, an dem es passiert. Als ich oben bin, sehe ich einen schiefen Horizont. Die Maschine hängt plötzlich mit fast 45 Grad nach backbord.

Mit einem Satz ist Brötsch wieder in seinem Sitz. Die Maschine richtet sich auf, aber an Backbord fehlt das Dröhnen des Motors: Der Propeller steht.

Theoretisch soll ein Motor genügen, um die He 59 auf Höhe zu halten. Brötsch schiebt steuerbord die volle Pulle rein. Der Bordwart, der das Flugzeug auch am Boden in ständiger Pflege hat, spürt fieberhaft den Ursachen des Ausfalls nach. Wir können nur hoffen, daß er Erfolg hat, denn die Maschine verliert Höhe.

Brötsch braucht nichts zu sagen: Wir werden bald unten sein. Besorgt schaue ich auf den Seegang. Recht ruhig, ein paar Schaumköpfe. Zwei Dampfer sind nicht all zu fern in Sicht. Als es weiter abwärts geht, verschwinden sie hinter der Kimm. Wir kurven gegen Wind- und Wellenrichtung ein.

Das Wassern auf offener See, oft geübt und auch heute gekonnt, läßt uns ein paarmal auf Wellenkämme klatschen, die doch viel höher sind, als von oben angenommen. Endlich ist die Fahrt aus dem Flugzeug, wir dümpeln auf den Wellen der Ostsee, um uns nur Himmel und Meer. Wir sind plötzlich ein winziger Punkt in einer großen Weite. Kein Dampfer ist zu sehen.

Mit dem langsam laufenden Steuerbordmotor halten wir uns auf Kurs, schräg zur See. Die He 59 schlingert mächtig. Es sieht so aus, als könnten die Enden der Flächen aufs Wasser schlagen und unterschneiden. Die heftigen Bewegungen des schwimmenden Flugzeugs strapazieren uns.

Um Rettung funken werden wir erst, wenn wir es nicht allein schaffen, den Motor in Gang zu bringen und wieder zu starten. Der Bordwart ist auf die Tragfläche hinausgekrochen und sucht den Fehler, prüft Zündkerzen und Benzinleitung, öffnet Verkleidungsbleche und zieht Verschraubungen nach. Nach einer Weile schaut er herüber, schüttelt den Kopf und ruft: »Alles

Die alte »Schlesien« aus Kaisers Zeiten war 1936 unser Kadettenschulschiff.
Rund um den Atlantik lernten wir Welt und Seefahrt kennen.

Friedliche Routine: Deckwaschen.

Seeflieger mit dem Heinkel-Doppeldecker He 60. Ohne MG fliegen wir in den Krieg, kleine Bomben liegen lose im Cockpit des Beobachters hinter dem Piloten und werden mit der Hand geworfen.

He 60 über der Ostsee beim Handelskrieg nach Prisenordnung. Neutrale Schiffe werden aufgespürt.

Mit vier Mann Besatzung fliegen wir die zweimotorige He 59, die sich für die Überwachung des Schiffsverkehrs besser eignet als die He 60. Zwei MG genügen, um unwillige Kapitäne mit Warnschüssen zu ermahnen.

Geräumig ist die He 59, aber technisch ebenso antik wie die He 60. Mit ihrer Stoffbespannung gehört sie zu den „Leukoplastbombern".

Unsere He 111 erreicht 390 km/h — nicht viel mehr als 200 km/h waren wir von unseren Seeflugzeugen gewohnt. Leider gibt man uns die ältesten Mühlen mit ewigen Motordefekten.

Bugkanzel der He 111: Unendliche Stunden lang späht der Beobachter und Kommandant liegend auf die graue See, um Uboote zu entdecken.

in Ordnung, ich kann nichts finden. Brötsch, laß noch mal an!«
Der Anlasser läßt den Motor knallen und puffen, der Propeller schlägt ruckend durch. Und plötzlich läuft das Triebwerk wieder. Wir sind platt und der Pilot freut sich.
Starten muß er genau gegen Wind und Wellen. Er manövriert mit den Gashebeln und den kleinen Rudern, die an den Enden der Schwimmer sitzen. Gewaltig geht es auf und ab, über Berg und Tal des Seegangs. Langsam schieb Brötsch die Gashebel vor. Der Start bei solchem Seegang ist riskant, weil die Schwimmer durch den Anprall der Wellen leicht beschädigt werden können.
Wir klammern uns fest und beißen die Zähne zusammen. Es muß gelingen!
Unser Flugzeug kämpft sich mit viel Gischt auf Tempo. Mehrfach lösen wir uns kurz von der Oberfläche und „springen“. Jedesmal, wenn uns eine Welle hochschleudert, reißt Brötsch den Knüppel an den Bauch. Hochkommen, herauskommen — aber es reicht nicht. Immer wieder sacken wir durch, die Schwimmer krachen auf die harte See. Die Motoren laufen mit Vollgas. Wir müssen hier raus, sacken wieder ab und knallen hart auf, dann noch mal sanfter, Brötsch zieht den Knüppel — und wir sind raus, fliegen, steigen.
Die Spannung läßt nach, wir lachen befreit.
Kurs? Wie befohlen in Richtung Auftrag.
Wir tun unsere Arbeit, spüren Dampfer auf, fliegen zurück. Jetzt wird es spannend: Der Landesee liegt unter uns. Wie sehen unsere Schwimmer aus? Sie können beim Start durch die See beschädigt oder leckgeschlagen sein.
Vorsichtig setzt Brötsch die Maschine auf; sie schwimmt und läuft wenig später am Landeufer auf, als ob nichts gewesen wäre.
Sofort springt der Bordwart über die Schwimmer an Land. Noch bevor ein Mechaniker der Staffel herankommt, untersucht er die Unterseite der Schwimmer. Die Sache soll möglichst unter uns bleiben. Wir haben Glück: »Die Schwimmer sind in Ordnung, die paar Beulen kriege ich wieder raus«, sagt der Bordwart. Schwein gehabt. Aber was war mit dem Motor? Brötsch weiß es und grinst, als ich ihn frage: »Herr Leutnant

sind wahrscheinlich beim Aufschwung in den Sitz mit der dicken Kombination an den Zündschalter gekommen und haben den Motor abgemurkst.«

Jede Notlandung muß gemeldet werden. Diese blieb ungemeldet.

Ab Mitte November und in den Dezember hinein fliegen wir von Bug auf Rügen, fast täglich Uboot-Aufklärung in der westlichen Ostsee. Polnische Uboote werden noch vermutet, Britische Boote sollen am Eindringen gehindert werden. Unser Flugzeug ist wieder die kleine He 60. Je zwei Stunden morgens, über Mittag und am Abend fliegen wir Sperre zwischen Moensklint und Darßerort auf der mecklenburgischen Halbinsel Zingst.

Die Einsätze sind langweilig, aber schön. Das Farbenspiel des Winterhimmels vom Aufgang bis zum Untergang der Sonne bleibt fürs Leben im Gedächtnis. Das braune Laub der Buchenwälder des Darß scheint in der Sonne zu glühen, und die hohen Klippen der dänischen Insel Moen steigen im Morgenrot weißleuchtend aus dem Meer.

Den Krieg dürfen wir nie vergessen, aber es ist doch die letzte kurze Aera der romantischen Fliegerei, auch wieder mit der He 59 zur Überwachung des Dampferverkehrs; jedes Schiff wird per Funk an die Leitstelle gemeldet. Uboote haben wir nicht entdeckt. Dänische Hoheitsgewässer durften wir nicht überfliegen. Zwei Uboote wurden auf der Reede von Helsingör von unserer Staffel gesichtet, die Nationalität konnte nicht ausgemacht werden. Es waren wohl dänische, obwohl sie auf etwa 500 Tonnen statt deren 300 Tonnen geschätzt wurden.

Bei schlechtem Wetter fliegen wir nicht. Aufklärer brauchen gute Sicht, Blindfluginstrumente haben wir nicht.

Noch im Dezember 1939 wird die Staffel 1/306 nach Kiel-Holzenau verlegt. Unsere braven alten Seeflugzeuge, mit denen wir viele tausend Meilen über die Ostsee knatterten, werden an Schulen abgegeben. Wir steigen auf Landflugzeuge um, die Piloten schulen auf der Heinkel He 111 J.

Die He 111 ist ein zweimotoriger Ganzmetall-Tiefdecker, zwei Daimler-Benz-V-Zwölfzylinder bringen mit je 1175 PS das aerodynamisch vorteilhafte Flugzeug auf 390 km/h; die wirtschaftliche Reisegeschwindigkeit liegt bei 290 km/h. Seit 1935 fliegt dieser Typ in der Luftwaffe; die zivile Version diente bis zum Krieg als modernstes Verkehrsflugzeug der Lufthansa.

Unsere nähere Bekanntschaft mit der He 111 wird zur Enttäuschung. Die Luftwaffe hat uns abgeflogene Maschinen veralteter Ausführung überlassen. Was wir mit den Motoren beim Start, im Flug und bei der Landung erleben, ist abenteuerlich, und es rächt sich, daß keine speziellen Marineflugzeuge entwickelt wurden.

Wir melden die Mängel an die vorgesetzten Dienststellen. Daraufhin schreibt der Quartiermeister der Marine an den General der Luftwaffe beim Oberbefehlshaber der Marine: »Die He 111 J sind für die Nahaufklärungen der Ostsee bestimmt. Auch eine völlige technische Überholung ändert an der Tatsache nichts, daß sie aufgrund ihrer diversen technischen Mängel für die Fernaufklärung in der Nordsee nicht geeignet sind. Hierfür wird ein anderer Flugzeugtyp gefordert.«

Doch die Flugzeuge, die den ganzen Raum des Nordsee-Kriegsschauplatzes überwachen könnten, gibt es nicht.

Die alten He 111 J werden in der Flugzeugwerft bei Sagan und durch die Techniker unserer Staffeln gründlich überholt, um nach Möglichkeit für den Einsatz als Fernaufklärer dienen zu können. Viele Mängel sind jedoch nicht zu beheben. Dennoch müssen wir fliegen.

Seit zwei Monaten sind wir auf dem Fliegerhorst Uetersen bei Hamburg stationiert. In der Zwischenzeit flogen wir gelegentlich Fernaufklärung über der Nordsee von den Flugplätzen Varrelbusch und Jever in Oldenburg. Die Einsätze wurden jedoch abgebrochen, da die Motoren zu störanfällig waren. Außerdem fehlen Vorsorgen, havarierte Maschinen auf dem Wasser möglichst schwimmfähig zu halten; sie sinken wie ein Stein.

Neue Aufgaben bringt die Norwegen-Operation im April 1940.

Wieder ein Blitzkrieg. Wir haben die Aufgabe, die Zufuhren zu sichern. Die deutschen Frachter fahren dicht unter der norwegischen Küste, von Stavanger bis weit in den Norden durch die Schären und größere Inseln gedeckt. Im Süden müssen sie außen herum und zuvor das Skagerrak überqueren.
Trotz aller Mängel an der He 111 fliegen wir jeden Tag Ubootjagd vor der norwegischen Küste. Der Anmarsch von Uetersen bis ins Jagdgebiet ist weit. Unser Aktionsradius ist für diese Aufgabe knapp, mit voller Nutzlast 2000 Kilometer. Wir haben Bomben in den Schächten, jede wiegt 50 Kilogramm. Zusatztanks unter den Tragflächen verhelfen uns dazu, im Operationsgebiet nicht zu bald umkehren zu müssen, und wir fliegen stets mit sparsamster Drehzahl.
Da wir immer auf eine Notlandung wegen Motordefekt gefaßt sein müssen, führt unser Kurs über die langen Strände an der dänischen Westküste, über Jammerbucht und Skagerrak entlang der norwegischen Küste bis über die Stadt Bergen hinaus. Dort bleiben wir vier Stunden. Methodisch grasen wir das Gebiet ab, stets mit Kurs Nord oder Süd.
Ich liege in der Bugkanzel. Ununterbrochen schweifen die Augen über die graugrüne Fläche der See, fern im Osten die Küste mit den Schäreninseln. Der Pilot beobachtet den Himmel. Ständig muß mit englischen Flugzeugen gerechnet werden.
Diese Ubootssuche ist unsagbar ermüdend. Der Blick klebt an der grauen Wasseroberfläche, Stunden um Stunden. Immer wieder mit dem Fernglas vor den Augen, die Lider werden schwer, das Liegen strapaziert. Aber ich darf nicht wegsehen oder gar aufstehen.
Einmal im Mai passiert, was alle am meisten fürchten. Kurz nach dem Start in Ütersen setzen bei einer Maschine beide Motoren aus. Sie rammt sich in den Boden. Wir haben die ersten Toten der Staffel. »Gefallen für Führer, Volk und Vaterland.«
Immer noch ist Brötsch mein Pilot. Daß wir mal abwechseln konnten, ist nur noch Erinnerung. Morgens nach Norden, am Nachmittag zurück — so geht es durch viele Wochen. Bald wird Sommer sein.
Da plötzlich sehe ich im grauen Wasser vor Norwegen einen schwarzen Stock aus dem Wasser ragen: „Sehrohr in 70 Grad!“

Brötsch schiebt die Pulle rein; andrücken, runter mit dem Schlitten. Das Sehrohr verschwindet. Ich versuche, die Stelle mit den Augen festzuhalten, aber die Wellen verwischen alles, und die Entfernung ist unsicher. Ich setze vier Bomben auf die Stelle, die stimmen müßte und blicke achter aus. Die Aufschläge bleiben als weiße Ringe zu sehen, während die Maschine zum neuen Anflug einkurvt. Nochmal vier Bomben auf die Stelle.
Eine Stunde kurven wir hier, doch weder ein Ölfleck, noch Wrackteile sind zu sehen. Vielleicht war das Sehrohr eine Halluzination . . . Auszuschließen ist es nicht. Aber ich bin mir sicher, daß es ein Uboot war.

JU 88: STURZKAMPFBOMBER

Am 10. Mai 1940 hat der deutsche Angriff im Westen begonnen. Deutsche Truppen marschieren über die Grenzen von Holland und Belgien. Wir geben die He 111 an die Luftwaffe zurück und bekommen die Ju 88, einen modernen zweimotorigen Bomber. Vier Mann Besatzung sind in der Kanzel vorn konzentriert, sie ragt kaum weiter vor als die beiden Junkers-Motoren mit je 1420 PS Startleistung, 1260 PS Steig- und Kampfleistung, 1080 PS Dauerleistung in Bodennähe. 440 km/h bringen sie beim Höhenflug, bis zu 380 km/h als Reisegeschwindigkeit, und beim Sturzangriff darf die Ju 88 bis auf 675 km/h kommen.
Unsere Flugzeugführer werden auf den Umschulungslehrgang kommandiert, die übrigen Besatzungen und das Bodenpersonal bekommen Heimaturlaub. — Für die meisten von uns ist es der erste seit Kriegsbeginn.
Dann wird geübt. Die Ju 88 erweckt Vertrauen. Steigfähigkeit, Geschwindigkeit und Reichweite auch mit schweren und schwersten Bomben sind der He 111 enorm überlegen. Mit Zusatztanks können wir über 3000 km weit fliegen, mit schwerster Bombenlast 1400 Kilometer.
In der Plexiglaskabine, die den Ausblick in alle Richtungen ermöglicht, sitzen Beobachter und Flugzeugführer nebenein-

ander, Rücken an Rücken mit Bordwart und Bordfunker. Die Navigations- und Funkausrüstung ist modern, die Zielgeräte für Bombenwurf und für die fünf MG, die keinen toten Winkel lassen, ermöglichen optimale Treffergebnisse.
Übungssturz über der Lüneburger Heide. Wir fliegen in 3500 Meter Höhe an. Unter den Tragflächen hängen beiderseits je eine Übungsbombe aus Zement. Im hellen Sand der Heide liegt ein Zielkreuz.
Brötsch drückt einen Knopf. Ein leises Jaulen ertönt. Die Sturzflugbremsen werden an den Tragflächen ausgefahren. Sie verringern die Fluggeschwindigkeit spürbar. Am Boden der Kanzel ist auf das Plexiglas ein schwarzes Zielkreuz gemalt. Zentimeter um Zentimeter rückt das Bombenziel immer im Blick darauf zu. Wenn es mit dem Zielkreuz in Deckung ist, sind wir am Sturzpunkt.
Brötsch arbeitet mit kurzen, starken Ruderbewegungen. Jetzt ist es so weit. Mit beiden Händen stemmt er den Knüppel nach vorn. Der Horizont steigt nach oben. Über unseren Köpfen ist am Plexiglasdach ein schwarzer Strich gezogen. Wenn der Horizont und dieser Strich in Deckung sind, haben wir den richtigen Sturzwinkel erreicht, fast 90 Grad abwärts: Senkrecht stürzt der Bomber der Erde entgegen.
Die Geschwindigkeit steigt, die Tragflächen vibrieren. Wir hängen in den Gurten. Funker und Bordwart starren in den Himmel. Der Pilot hat nur den Zielpunkt und den künstlichen Horizont im Auge. Ich rufe alle hundert Meter die rasend fallende Flughöhe aus. Die Maschine rüttelt und zittert, es saust und wimmert. Die Erde fliegt uns entgegen.
„Eintausend!“ brülle ich und schlage Brötsch aufs Knie. Mit einem Druckknopf am Steuerknüppel löst er die Bomben und zieht trotz Abfangautomatik unwillkürlich den Knüppel an den Bauch. Die Ruder liegen in Hartlage, die Fliehkraft drückt uns mit ungeheurer Wucht in die Sitze. Man meint, Haut und Eingeweide würden zerrissen. Der Atem stockt, vor den Augen tanzen Sterne. Die Maschine sackt noch ein paar hundert Meter durch, unter uns saust die Heidelandschaft vorbei.
Langsam läßt der Druck nach, man kann wieder atmen. Die Sturzflugbremsen werden eingefahren. Beide Motoren laufen

mit Vollgas. Steuerknüppel anziehen, wir steigen. Durch die Bordsprechanlage meldet der Bordwart, wie die Bomben liegen. Bei 1500 Meter Flughöhe gehen wir wieder in die Horizontale. Halbgas, die Umdrehungen der Motoren werden einreguliert. Wir fliegen nach Uetersen zurück, erfahren dort das genaue Wurfergebnis und laden die nächsten Zementbomben.

Sind wir noch bei der Marine? Schon in der He 111 mußten wir im Dienst die Uniform der Luftwaffe tragen. Aber wir behalten die Marinedienstgrade und tragen beim Ausgang die blaue Uniform. Aus gutem Grund verlangt die Seekriegsleitung für die Aufklärung über dem weiten Seeraum, daß die Flugzeuge mit Marinesoldaten besetzt sind. Die Luftwaffe stellt die Technik.

Was sich in der Führung abspielt, merken wir kaum. Aufgabe der Marine ist die Aufklärung und die taktische Führung bei Kampfhandlungen auf See. Aber die übrige Führung der Seeflieger beansprucht die Luftwaffe: »Alles, was sich durch die Luft bewegt, untersteht meiner Befehlsgewalt«, hat Göring gesagt. Wir sind die einzige Truppe in der deutschen Wehrmacht, die zwei Oberbefehlshabern untersteht. »Fliegende Fische« nennen wir uns, und »Weder Fisch noch Fleisch«.

Als die Umrüstung auf die Ju 88 beendet ist, trifft ein Fernschreiben des Oberkommandos der Luftwaffe ein. Es schafft Klarheit, ob es uns gefällt oder nicht:

»1. Die Küstenfliegergruppe 806 wird ab 10. 7. 1940 der Luftflotte 3 unterstellt.

2. Die Gruppe ist im Verband des Sturzkampfgeschwaders 3 vorwiegend gegen Seeziele einzusetzen.

3. Das aus der Kriegsmarine stammende Personal verbleibt im Einvernehmen mit dem Oberbefehlshaber in der Gruppe«.

»Verbleibt« — also sind wir immer noch bei der Marine.

Mitte Juli verlegen wir von Uetersen nach Nantes in Frankreich. Der Flugplatz liegt südlich der Loire, umgeben von ausgedehnten Weingärten. Er ist klein, die Landung nach dem Überführungsflug stellt hohe Anforderungen. Die schweren Bomber müssen genau am Platzrand aufsetzen und mit aller Kraft gebremst werden, sonst stehen sie Kopf zwischen den Weinstöcken hinter dem Ende der Rollstrecke.

Unsere Piloten haben sich auf die Ju 88 gut eingeflogen. Es gibt keine Bruchlandung.
Wenige Tage nach unserer Ankunft ist der Platz durch Bautrupps so erweitert, daß wir mit voller Last zum Einsatz starten und nach dem Feindflug ohne Risiko landen können. Von Krieg und Zerstörungen ist hier fast nichts zu sehen. Die Stadt Nantes liegt friedlich am Ufer der Loire.
Viel Zeit für die Stadt haben wir nicht, unsere Unterkunft ist ein Landhaus nahe am Flugplatz. Dort wird gelebt, geschlafen und gegessen, und der Wein ist gut.
Unsere Operationsgebiete sind die Gewässer westlich von England, der St. Georgs-Kanal, der Bristol-Kanal und die Irische See. Wir fliegen »bewaffnete Aufklärung«: Beobachten und Melden des Schiffsverkehrs, Angriff auf lohnende Ziele mit Bomben und Bordwaffen.

EINSATZ GEGEN SCHIFFSVERKEHR

Flughöhe 4000 Meter. Wir lassen die Küste der Bretagne hinter uns und überqueren den Englischen Kanal. Der Himmel ist wolkenlos, die Sicht sehr gut. Voraus liegt die Südwestspitze Englands, Kap Lands End. Backbord schwimmen die Scilly-Inseln in der blauen See, weit an Steuerbord erstreckt sich bis zum Horizont das grüne Land der Britischen Insel. Ein schönes Bild. Aber jeden Augenblick können Jäger auf uns zustoßen, die zum Schutz der Häfen Falmouth und Plymouth an der Südküste von Cornwall postiert sind.
Sie erscheinen nicht. Bald haben wir das tiefblaue Wasser des Atlantik unter uns und gehen auf Nordkurs. An Steuerbord tritt die Küste zurück und bildet die weite Bucht des Bristol-Kanals. Voraus am Horizont ferne Küstenlinien — dort führt zwischen Irland und England der St. Georgs-Kanal nach Norden in die Irische See.
Mehrere Dampfer sind in Sicht. Der Verkehr läuft seewärts in den Atlantik hinaus oder teilt sich einlaufend zu den Bestimmungshäfen.

Ich notiere Kurse, Zahl und Typ der Schiffe. Die Größe ist von oben schwer zu schätzen. Der erste Funkspruch mit Verkehrslage und Wettermeldung geht an unsere Kommandostelle.
Wir haben mehr zu tun: „Bewaffnete Aufklärung“ heißt sehen, melden, angreifen. Sechs schwere Sprengbomben zu je 100 Kilogramm schleppen wir unter den Tragflächen Der Schiffsverkehr unten ist eine Lebensader Englands.
Noch ein Rundblick: Keine feindlichen Flugzeuge sind in Sicht. Unser Ziel ist ein schwer beladener großer Frachter, der einsam auf schnurgeradem Kurs einlaufend nach Osten furcht. Ahnungslos? Die Sturzflugbremsen fahren aus, langsam kommt ihm das Kreuz auf dem Plexiglas unserer Kanzel näher. Bomben werden entsichert. Fast scheinen wir auf der Stelle zu fliegen. Unsere Ju 88 kommt kaum voran. Die Tragflächen schwanken, mein Pilot arbeitet mit großen Ruderausschlägen. Es ist wie ein Balancieren auf dem Seil. Langsam, ganz langsam schieben wir auf ihn zu. Er muß ins Zielkreuz. Verdammt! Er rutscht vorbei. Der Wind hier oben ist stärker als berechnet.
Kurve zum neuen Anflug, mehr Vorhalt gegen die Abdrift. Leicht schräg schiebt er sich ins Zielkreuz. Jetzt: Der Pilot drückt den Knüppel nach vorn, der Horizont kippt über unsere Köpfe, wir hängen in den Gurten. Brötsch kämpft mit dem verfluchten Seewind, der zerrt und schiebt. Sturzkorrektur. Es jault und pfeift, Motoren röhren leise, der Zeiger des Höhenmessers fällt schneller und schneller, Rumpf und Flächen vibrieren.
Ich rufe die Höhe aus und sehe den Dampfer größer und größer werden, Aufbauten und Deck wachsen uns entgegen. Die See wird blauer, dunkler, von blendend weißen Schaumkronen durchzogen.
»Eintausend Meter«, ich schlage dem Piloten aufs Knie. Die Bomben fallen. Ausweichen kann der Dampfer nicht. Das Abfangen der Maschine preßt uns mit Zentnerdruck in die Sitze. Die Gesichter sind verzerrt, alle Sehnen spüren die ungeheure Beanspruchung. Bis auf 500 Meter sacken wir durch, genau schulmäßig. Steigflug — der Horizont fällt. »Eine hat getroffen!« brüllt der Funker durch die Sprechanlage. Als Komman-

dant unserer Kampfgemeinschaft spreche ich für alle: »Gut gemacht, Brötsch!«
Steil geht es aufwärts. Vollgas auf große Flughöhe. Der Frachter liegt gestoppt und bläst Dampf ab. »Getroffen und beschädigt«, lautet meine Funkmeldung. Kurs Süd, Rückflug.
Jede Besatzung hat »ihre« Maschine. Ist die Ju 88 flugklar, geht es zum Einsatz. Vier bis fünf Feindflüge in der Woche sind die Regel. Sie dauern je nach Operationsraum oder Ziel ein bis drei Stunden.
In 5000 Meter Höhe ziehen wir über den Bristol-Kanal. Sauerstoffmasken vor Mund und Nase. Es ist empfindlich kalt, Minus zehn Grad Außentemperatur. Trotz Kabinenheizung tragen wir warme Lederkombinationen.
Angriffsziel Staatswerft Pembroke. Wir müssen mit starker Abwehr durch Jäger rechnen. Die Spitfire ist sehr gefährlich. Schneller als wir, mit Kanonen und Maschinengewehren bestückt. Die Engländer sind hervorragende Flieger voller Angriffsgeist. Nurch durch Flucht in den weiten Luftraum über See können wir uns ihnen entziehen. Die Jäger haben eine sehr begrenzte Flugzeit und können uns daher kaum verfolgen.
Die große Höhe ist unsere Chance für den Anflug. Pembroke liegt im Südwesten von Wales im Winkel zwischen Bristol und St.-Georgs-Kanal, etwas landeinwärts mit Seeverbindung nach Westen.
Über Land ist klarer Himmel, über See schiebt sich in etwa zweitausend Meter Höhe eine Wolkendecke heran.
Wir fliegen über den Bristol-Kanal an, sichten an Steuerbord Swansea östlich von Pembroke, unter uns Schiffsverkehr. Zum Anflug schwenken wir auf See hinaus.
14 Uhr 10, voraus Pembroke. Werftanlagen, Fabriken mit rauchenden Schornsteinen — die Sicht ist gut. Das Zentrum der Werft ist unser Ziel.
Schwere Fesselballons, für uns kleine schwarze Punkte, sollen die Werft vor Tieffliegerangriffen schützen. Wir kommen von oben. Aber unser Durchsacken nach dem Sturz bringt uns in den Bereich der Stahlseile, die unsere Ju 88 in Stücke schneiden würden.
Wieder der langsame Schaukelflug vor dem Angriff, Sturzflug-

bremsen raus. Keine Jäger? Keine Flak-Abwehr? Anscheinend sind wir unbemerkt geblieben. Mitte Werft im Zielkreuz! Abwärts in heulendem Sturz. Mitten hinein in die Ballonsperre. Die Punkte werden zu dicken schwarzen Würsten, größer und größer. Jetzt sind sie über uns.

Ich rufe die Höhe aus. 1000 Meter — vier schwere Sprengbomben fallen dem Ziel entgegen. Aus 500 Meter zieht uns Vollgas steil aufwärts. Sperrballons stehen in 1500 Meter Höhe. Flakgranaten krepieren, manche nah. Brötsch zieht durch die Stahlseile, zum Glück kein all zu enger Zaun. Die Spitfires müßten schon in der Luft sein. Ihr Alarmstart dauert nur Sekunden. Aber in den tiefhängenden Wolken draußen sind wir sicher.

Die Aufklärung an den folgenden Tagen meldet, daß wir direkt in die Mitte der Werft getroffen haben. Gebäude und Kräne sind zerstört oder schwer beschädigt.

Täglich fliegen mindestens zehn Ju 88 der Gruppe 806 im Operationsgebiet. Ihre bewaffnete Aufklärung stört von morgens bis abends den Seeverkehr, Dampfer werden beschädigt und versenkt. Immer häufiger sind aber auch die Häfen am Bristol-Kanal und in der Irischen See unsere Ziele. Wir fliegen Sturzangriffe auf Liverpool und Birkenhead, auf Cardiff und Newport. Die Luftschlacht über England verstärkt sich von Woche zu Woche. Die Verbände der Luftflotte 3 greifen Industriezentren und Versorgungsanlagen an.

Mit unserem Sturzkampfbomber sind wir Einzelkämpfer. Wir fliegen allein und greifen Punktziele an. Selten kommen wir mit den britischen Jägern in Berührung. Die großen Bomberverbände sind ihr lohnendes Ziel.

12,5 Tonnen schwer ist die beladene Ju 88 normalerweise, die Bombenlast im Rumpf und unter den Tragflächen kann bis zu 3,6 Tonnen betragen. Für die große Reichweite, die wir brauchen, muß die Bombenlast auf eine Tonne beschränkt werden. Kraftstoffbehälter füllen einen Teil der Bombenschächte, und mit dem höchstmöglichen Gesamtgewicht von 14 Tonnen gehen wir an den Start.

Um sicher in die Luft zu kommen, braucht die schwere Maschine eine lange Startbahn. Die Feldflugplätze in Frankreich sind oft recht klein. Als Starthilfe dient das »Kraft-Ei«. Es sieht aus wie eine Bombe unter dem Rumpf und ist mit einem chemischen Gemisch gefüllt, das unter hohem Druck steht. Das Rezept wissen wir nicht, wir haben nur den Nutzen. Beim Start wird das Gemisch durch eine Düse abgeblasen und erhöht den Schub. Unser Schwergewicht hebt nach erstaunlich kurzer Rollstrecke ab und steigt steil. Nach dem Ausbrennen wird der leere Behälter abgeworfen.

NACHTANGRIFFE: »BLUT, SCHWEISS UND TRÄNEN«

Der Luftkrieg wird immer heftiger, die Verluste auf beiden Seiten sind schwer. Bomben regnen auf England. Churchill ruft zum Durchhalten auf. Er spricht vom schweren Kampf, der bevorsteht und prophezeit »Blut, Schweiß und Tränen«.

Seit Ende August werden wir zu Nachtangriffen auf Industriestädte auch im britischen Binnenland eingesetzt. Sturzangriff ist in der Dunkelheit nicht möglich. Unsere Bomben fallen aus großer Höhe. Jede Maschine operiert einzeln. Verbandflug bei Nacht ist nicht möglich, bei Tag für uns nicht üblich.

27. August 1940: Gestern haben wir Birmingham mitten im englischen Binnenland angegriffen. Heute sind Hafen und Werften von Southampton unser Ziel, etwas landeinwärts an einem Meeresarm der Südküste hinter der Insel Wight gelegen.

Wir starten nachts um 2 Uhr 40. Die See glänzt im fahlen Licht des Mondes. Bald ist die Insel auszumachen. Sie ist von berühmten Jachtsegelgewässern umgeben, vom britischen Festland durch die Reede von Spithead und den Solent getrennt; direkt gegenüber liegt Portsmouth. Wir müssen mit geballten Abwehrkräften rechnen.

Im dunklen Land tauchen Lichtpunkte auf, von denen Strahlenbündel ausgehen: Scheinwerfer tasten den Himmel ab. Plötzlich haben sie uns. In der Kanzel ist es gleißend hell, und sofort blitzt es um uns herum: Flakfeuer.

Brötsch legt Ruder, Steilkurve in die Dunkelheit. Flakgranaten detonieren unter uns, der Mond scheint auf helle Rauchwölkchen.

Ich sehe Southampton, das gezackte Ufer am Rand der Stadt muß der Hafen sein. Scheinwerfer verfehlen uns. Sechs Bomben fallen, wir sehen sie an Land explodieren. Um 3 Uhr 29 landen wir, der Flug hat keine Stunde gedauert.

In der nächsten Nacht fliegen wir mehr als die dreifache Entfernung, 120 deutsche Bomber werfen ihre 250 und 500 Kilogramm schweren Bomben auf die Häfen Liverpool und Birkenhead, die dicht beieinander an der Irischen See liegen.

Über dem Kanal halten wir 4000 Meter Höhe, über England 4500 Meter, unter uns eine dichte Wolkendecke. Nachtjäger des Gegners müßten gute Augen und Glück haben, um uns zu finden. Wir haben keine Sicht nach unten aufs Ziel und müssen die Bomben in die Wolkendecke fallen lassen.

Genaue Navigation ist jetzt notwendig. Ich messe die Abdrift durch den Wind, berechne die Geschwindigkeit über Grund, die geflogene Zeit, und peile Funkfeuer in Norwegen und Frankreich an; im Schnittpunkt der Funkstrahlen ist unser Standort. In wenigen Minuten werden wir über dem wertvollen Ziel sein. Dann, mit einem kleinen Ruck, lösen sich die Bomben und gleiten in die Tiefe. — Rückflug.

Wir fliegen bei jedem Wetter über ganz Süd-England. In wilden Nächten läßt uns oft die Natur den Krieg vergessen. Turbulenzen scheinen die hart strapazierte Maschine fast zu zerbrechen. In den Haufenwolken von Gewittertürmen ist es stockfinster, Hagel knallt gegen die Kanzel, mein bewährter Pilot Brötsch hält den Knüppel mit beiden Händen und arbeitet schwer mit schnellen Ruderausschlägen.

Einmal läuft es uns eiskalt über den Rücken, als kleine blaue Flämmchen an den Vorderkanten der Tragflächen, über das Kabinendach und die Propellernaben zucken. Was wir auf Schiffen erlebt haben, ist auch hier nur ein harmloser Spuk: St. Elmsfeuer, elektrische Entladungen in Gewitterwolken. So plötzlich, wie die Flämmchen zu tanzen begannen, verschwinden sie wieder. Aber der erste Schreck vibriert in uns noch nach. Feuer ist unser Feind.

Wir sind »die tapferen Flieger, die ihr Leben einsetzen für Führer, Volk und Vaterland.« Für uns sind die hohen Worte ein Ausgleich für die Anspannung der Nächte über England, doch mehr oder weniger nimmt es jeder als Pflichterfüllung mit der Hoffnung aufs Überleben; die Nächte sind unser Alltag. Alles Denken und Streben ist auf den Erfolg gerichtet. Ein Glücksgefühl erfaßt uns, als über Bristol plötzlich eine dichte Wolkendecke auseinanderreißt und der Hafen im hellen Mondschein vor uns liegt.

Wir kennen die Küste immer besser. London mit der Themseschleife, den Bristol-Kanal mit dem tiefen Einschnitt des Severn ins Land, auf dem Rückflug die Küste der Bretagne. Doch jeder Flug kann der letzte sein. Zu viele Kameraden kamen nicht zurück.

Plötzlich ändert sich die Taktik. Im September 1940 bekommen wir Befehl, bei Tag Verbandflug zu üben. Tragfläche an Tragfläche sollen je sechs Flugzeuge eng nebeneinander fliegen. 36 Flugzeuge hat die Gruppe, also sechs Sechserreihen.

Wir üben erst zu zweit und dann zu viert in der Reihe. Für unsere Flugzeugführer ist es schwer, und für die Besatzungen eine Nervenprobe. Ein Berühren der Fläche des Nachbarn bedeutet Absturz und Tod. Auch das Abstandhalten der hintereinander fliegenden Reihen ist nicht einfach.

Schnell soll es gelernt werden, der Gruppen-Chef und unsere Flugzeugführer sind verzweifelt. Es will und will nicht klappen. Immer wieder entsteht eine »Zieharmonika«. Wir üben eisern, denn es geht ums Überleben. Es ist und bleibt ein trauriger Anblick, wenn der Verband eine Kurve fliegt und die äußeren Flugzeuge weit achteraus hängen.

Nachts fliegen wir Einsätze, am Tag wird der Verbandflug geübt. Warum man uns unter solchen Druck setzt, spricht sich herum: Das Unternehmen »Seelöwe« wird vorbereitet. Deutsche Truppen sollen den Kanal überqueren und England erobern. Die Bomberverbände der Luftwaffe, zu denen unsere Gruppe 806 gehört, sollen die Engländer sturmreif bomben.

Wir fühlen uns in unserer Haut nicht wohl. Bomberverbände waren immer Sache der Luftwaffe, nicht der Seeflieger.
Was wir über den Gegner hören, verbessert die Stimmung nicht. Zahl und Leistung der englischen Jäger ist ständig gesteigert worden. Gerüchte gehen um. Sie sollen der Me 110, dem zweisitzigen »Zerstörer«, im Luftkampf bereits überlegen sein, besser steigen und eine größere Gipfelhöhe erreichen, vielleicht auch stärkere Waffen einsetzen. Ohne Luftherrschaft keine Invasion. Die Schlacht wird sehr hart werden. Werden wir die erste Niederlage in diesem Krieg erleiden? Mancher denkt es, aber an uns soll es nicht liegen.
Mit dem »Adlertag«, dem 15. August, hatte der »Adlerangriff« begonnen, mit dem Süd-England in ein Chaos gestürzt werden sollte. Die Verluste unserer Luftwaffe waren unerwartet schwer, doch die Schlacht um England entbrannte Anfang September nach Angriffen auf London zu beispielloser Härte.
Am 8. September 1940 kommt unser Einsatzbefehl. Die Gruppe soll zu einem festgesetzten Zeitpunkt über der französischen Küste sein, den Kanal überqueren und ein angewiesenes Ziel mit einem Bombenteppich belegen. Reger Betrieb auf dem Platz. Es wird betankt. Bomben werden unter die Maschinen gehängt. Ein scheußliches Gefühl herrscht allgemein: »Wenn das nur gut geht!« denn unsere Maschinen scheinen sich immer noch dem Formationsflug zu widersetzen, die Piloten sind unsicher geblieben.
Wir sind startklar. Da kommt ein Fernschreiben. Aufschub um 24 Stunden. »Galgenfrist«, sagt einer. Am nächsten Tag wieder Startvorbereitung aller Bomber, wieder Verschiebung um 24 Stunden. Die Wetterlage am Kanal soll nicht günstig sein. Aber wir fliegen bei Tag einen Einsatz in die Irische See.
Am nächsten Tag wird der Start um 48 Stunden verschoben.
12. September 1940. Die Maschinen stehen hintereinander aufgereiht, bereit zum Start im Abstand von 30 Sekunden. Die Motoren laufen. Verflucht, diesmal keine Verschiebung. Jetzt wird es ernst. Wenn eine Maschine gestartet ist, rücken die anderen auf.

Ich habe Angst, wohl zum ersten Mal in diesem Krieg. Bisher hat Angriffsgeist wie selbstverständlich dieses Gefühl überdeckt. Den anderen wird es nicht besser gehen. Näher an den Start, noch vier Maschinen vor uns. Wir sprechen nicht. Jeder denkt still vor sich hin.

Nochmals etwas Gas, rollen. Da knallt es: »Peng!« — laut und scharf. Der Backbordreifen ist platt. — Ein Stein fällt mir vom Herzen, und ich schäme mich nicht. — Brötsch schiebt links die Pulle rein. Die Mühle dreht sich über das rechte Rad. Wir scheren aus der Reihe und lassen die anderen vorbei. Keiner in der Kabine sagt ein Wort. Wir starren geradeaus und rollen rumpelnd zurück zur Werfthalle.

Über dem Platz formiert sich die Gruppe zum Verbandflug. Sie fliegen ganz gut zusammen. Hoffentlich bleibt das so. Der Pulk verschwindet im Norden. Glück auf Kameraden! Leise meint mein Funk-Gefreiter: »Nie so'n schönen Platten gehabt.« Wir widersprechen nicht.

Ich gehe in den Funkraum. Knapp 20 Minuten mögen vergangen sein, da kommt ein Funkspruch vom Hauptquartier. Geheime Kommandosache: »Unternehmen Seelöwe bis zum Frühjahr 41 verschoben.« Wir hätten unseren Platten nicht gebraucht. Der Verband wird zurückgerufen. Voll beladen mit Bomben und viel Benzin kann die Ju 88 aber nicht landen. Das Fahrwerk würde brechen. So fliegt die Gruppe, nun leicht aufgelockert, nach Süden in die Biscaya vor die Loire-Mündung. Die Bomben werden abgeworfen, überschüssiger Kraftstoff abgelassen. Alle kehren zurück. Wir feiern mit manchem kühlen Trunk.

Das verfluchte Verbandfliegen hat damit ein Ende. Wir sind wieder Sturzkampfbomber. Und wieder Marineflieger, Einzelkämpfer.

Der verhinderte Bombenflug hat ein Nachspiel. Beobachtungsposten hatten an das Marine-Abschnittskommando St. Nazaire gemeldet: »Starker feindlicher Flugzeugverband vermint die Gewässer vor der Mündung der Loire.« Das Seegebiet wurde für jeden Schiffsverkehr gesperrt. Die Uboote, die von Feindfahrt einliefen, wurden besonders vorsichtig von Minensuchbooten durch die Sperre geleitet, Räumgeräte wurden eingesetzt.

Ju 88 über See. Wir sind Einzelkämpfer, auf Schiffe westlich von England angesetzt.

Endlich bekommen wir eine moderne Maschine, wenn auch der Anfang für unsere Piloten schwer ist. Unser Junkers-Sturzkampfbomber Ju 88 fliegt mit 390 km/h, Höchstgeschwindigkeit über 450 km/h, beim Sturzangriff fast 700 km/h.

Ju 88 beim Start zum nächtlichen Einsatz über England. Bis zu dreieinhalb Tonnen Bomben können wir tragen. Sind wir noch Seeflieger? Die Luftwaffe hat uns vereinnahmt.

Erst Wochen später klärt sich der peinliche Fall. Niemandem von uns war damals der Gedanke gekommen, den Bomben-Notwurf in die Biscaya dem Abschnittskommando mitzuteilen.
Wir werden näher an unsere Ziele verlegt, an die Kanalküste auf den Flugplatz von Caèn. Nacht für Nacht sind wir unterwegs. Tageseinsätze in die Irische See werden nicht mehr geflogen.
Der Platz ist groß. Er liegt auf einer Hochfläche. Mit uns sind Luftwaffenverbände stationiert, ein Kampfgeschwader und ein Bomberverband.

INS INFERNO UND ZURÜCK

Caèn ist eine Hafenstadt nahe dem Kanal. Der Krieg macht sie öde. Es ist Herbst, fast schon Winter, es stürmt und regnet. Alles ist feucht und kühl. Auch das Hotel, in dem wir wohnen.
Der Flugplatz ist lehmig, Gras kaum noch zu sehen. Die Räder der schwer beladenen Maschine sacken tief im Dreck ein.
Drei Uhr nachts. Wir sind dran. Es ist stockfinster. Rollen an den Start, Abbremsen, Motoren und Instrumente prüfen. Vollgas backbord, 1260 PS zerren an der Maschine, dann steuerbord — alles ist klar.
Rechts und links vor uns flackern die kleinen Petroleumfunzeln der Startbahnbeleuchtung. Die Lichterreihe läuft weit über den Platz und verliert sich im Dunkel. Bremsklötze weg, Bremsen los. Vollgas!
Es rüttelt und schüttelt. Die Motoren dröhnen. Langsam rollen wir an, dann schneller. Die Räder glitschen in dem tiefen Morast, es zieht uns nach rechts. Backbord Gas weg, der Steuerbordmotor reißt uns wieder auf Kurs. Backbord wieder Gas rein. Die Mühle zieht nach links. Steuern mit den Bremsen geht nicht, die Räder rutschen im Matsch.
Brötsch arbeitet schwer, die linke Hand an den beiden Gashebeln, die rechte am Steuerknüppel. Die Lämpchen huschen vorbei. Wir alle pressen die Zähne zusammen, der Atem geht

schnell. Fahrt! Fahrt! Nicht zu stark und zu früh hochziehen. Kleine Ruderausschläge. Nicht zu sehr andrücken, Bodenwiderstand verringern.
Mit 120 km/h orgeln wir dem Platzrand entgegen. Noch mehr Fahrt! Leichtes Anheben, ganz langsam, ganz vorsichtig. Wenn der zwölf Tonnen schwere Bomber mit zu viel Höhenruder durchsackt, bricht das Fahrwerk oder er springt hoch und kommt aus der Kontrolle.
150 km/h brauchen wir zum Start. Wir haben geübte Flugzeugführer, alte Hasen mit viel Erfahrung. Wenige Maschinen gehen im Kampf über England verloren, aber der miserable Flugplatz bringt uns Verluste. Besonders wenn die Rollbahn aufgeweicht ist, müssen wir immer wieder erleben, daß plötzlich hinter dem Platz eine Stichflamme in den Himmel schießt. 3600 Liter Benzin machen die Unfallstelle zum Flammenmeer. Von den vier Mann ist kaum etwas zu finden, das wir auf dem Friedhof von Caen begraben können.
Nicht so sehr die Feindflüge, die Jäger, die Scheinwerfer und die Flak zerren an unseren Nerven, sondern die Nachtstarts auf diesem verfluchten Platz und der plötzliche, unnötige Tod der Kameraden.
Mit dem Abheben ist die Gefahr nicht vorbei. Die schwere Ju 88 fliegt wie eine lahme Ente, bis die Fluggeschwindigkeit ansteigt. Ganz vorsichtig müssen wir hochkommen, damit sie nicht zu langsam wird und absackt. Quälend träge kommt der Geschwindigkeitszeiger voran.
Pechschwarze Nacht. Phosphorgrün leuchten die Instrumente. Meter um Meter gewinnen wir an Höhe. Bei 300 Meter wird langsam Gas zurückgenommen, die Ruder müssen weiter feinfühlig bedient werden. Ein tiefer Seufzer löst die Spannung: »Wir sind raus!«
500 Meter sind erreicht. Der Bomber wird ausgetrimmt. Steigautomatik und Kurssteuerung werden eingeschaltet. Langsam neigt sich die Ju 88 zur Seite und steuert auf den eingegebenen Kurs. Jetzt steigt sie gleichmäßig und ruhig.
Brötsch nimmt die Hände vom Ruder, reckt Arme und Beine und macht es sich im Sitz bequem. Wieder mal geschafft.
Über dem Kanal schrauben wir uns in großen Kreisen auf

5000 Meter. Das Wetter wird besser. Die Sterne flimmern und strahlen in einer Schönheit, die man nur in großer Höhe erleben kann.
»Auf Nachtjäger achten!« sage ich ins Kehlkopfmikrophon. Wir tragen eine Tausend-Kilo-Bombe nach England.
Die Küste bei Brighton liegt vor uns. Hier und dort wandern die Strahlen von Scheinwerfern suchend zum Himmel, das Land ist dunkel. Wenn wir nicht die ersten über der Küste sind, sehen wir drunten schon das Mündungsfeuer der Flak, und am Nachthimmel blitzen die Detonationen.
Die Küste ist unter uns. Scheinwerfer strahlen, kreuzen sich nah von uns, und plötzlich sind wir mitten drin in der Helligkeit. Die Kanoniere unten sehen uns als winzigen Punkt. Feuerwerk ringsum, wir kurven heraus.
Kurs London. Immer neue Lichtbündel fassen und blenden uns, wir werden weitergereicht.
London ist umringt von Flakbatterien und Scheinwerferstellungen. Wir fliegen in einen Hexenkessel. Trotz ständigem Kurven sind wir immer wieder beleuchtet. »Nachtjäger steuerbord!« brüllt der Funker in die Sprechanlage. Brötsch kippt die Maschine steil nach unten in eine harte Kurve.
Die Jäger huschen wie kleine dunkle Schemen durch die Nacht. Zum Glück sehen sie so schlecht wie wir. Wenn die Scheinwerfer uns halten, sind wir ein sicheres Ziel.
Trotz der Blendung kann ich das Themse-Knie ausmachen und die Bombe lösen. Ein Ruck geht durch die Maschine, als die Tonnenlast in die Tiefe torkelt. Trotz dem Mündungsfeuer unten glauben wir, den Aufschlag zu erkennen.
Nur eine Stunde liegt zwischen Start und Rückkehr. Immer wieder ist es gespenstisch, so plötzlich aus der Stille von Caen in die Hölle und zurück zu fliegen. Verschiedener können Welten nicht sein als der Himmel über dem feuerspeienden London und dem Hotelzimmer in der Hafenstadt.

HERMANN GÖRINGS EHRENPOKAL UND DIE SCHRECKLICHSTE NACHT

Eines Tages besucht Hermann Göring die Verbände in Caen. Im Ersten Weltkrieg war er Jagdflieger, Nachfolger Manfred von Richthofens als Geschwaderchef. Von seinen vielen Funktionen an der Spitze des Dritten Reiches liegt ihm vor allem der Oberbefehl über die Luftwaffe am Herzen. Er ist Generalfeldmarschall; den ihm vorbehaltenen Rang eines Reichsmarschalls hatte er damals noch nicht.

Im Volk genießt er viel Vertrauen. Er gilt als lebensfreudig und menschlich auch in seinen Schwächen. Der Marine macht er Schwierigkeiten, wo er kann. Aber wir sind hier ja bei seiner Luftwaffe.

Er will nur die fliegenden Besatzungen sehen, nicht das technische Personal. Wir sind empört, daß er als Oberbefehlshaber aller Soldaten der Luftwaffe diesen Unterschied macht. Ohne das Können und die Unermüdlichkeit des Bodenpersonals könnten wir nicht fliegen. Keiner von uns käme auf die Idee, sich als Flieger dem Techniker überlegen zu fühlen.

Befehlsgemäß sind die Besatzungen der in Caen stationierten Verbände angetreten. Göring erscheint an der Spitze einer größeren Zahl von Generälen und hohen Stabsoffizieren. Seine helle Uniform, von einem langen silbergrauen Umhang umwallt, soll ihn wohl schlanker machen. Aber er ist enorm dick. Auf der Brust trägt er viele Orden, um den Hals den Pour le mérite und ein mit Brillanten geschmücktes Ritterkreuz.

Breitbeinig stellt er sich in die Mitte des offenen Vierecks und hebt den Marschallstab zum Gruß: »Guten Tag, Flieger!« Wir antworten im Chor: »Guten Tag, Herr Generalfeldmarschall!« Dann spricht er. Vom Führer, vom Lebenskampf des Volkes, über unseren heldenhaften Einsatz und den Sieg über England. Unsere mißachteten Techniker stehen wie Zaungäste hinter den Hallen und Gebäuden.

Nun geht Göring durch die Reihen. Name und Dienstgrad und die Zahl der Feindflüge müssen genannt werden. Er wirkt aufgeschwemmt und ist offensichtlich geschminkt. Lobesworte sprudeln aus seinem Mund. Großzügig werden Orden verteilt,

Beförderungen um ein oder zwei Dienstgrade ausgesprochen. Mein Flugzeugführer, Bootsmann Brötsch, wird Stabs-Bootsmann, der Funker vom Maat zum Bootsmann und der Bordmechaniker vom Gefreiten zum Unteroffizier befördert.
Die Leute freuen sich, und jeder gönnt es ihnen. Aber derart ohne Maß und Ziel widerspricht es den Grundsätzen der militärischen Personalführung und ist gegenüber anderen einfach ungerecht. Unsere Techniker gehen leer aus. Der Marschall tritt auf wie ein römischer Kaiser.
Ich melde ihm 156 Fronteinsätze seit Kriegsbeginn. Er drückt mich an seine Brust. »Donnerwetter eine ansehnliche Anzahl! — Oberleutnant ist er schon, EK I und EK II hat er schon. Was machen wir mit ihm, Jeschonnek?«
»Wir haben seinen Namen notiert, Herr Generalfeldmarschall,« antwortet der General, der ihm auf dem Fuße folgt.
Einige Monate später wird mir als »Anerkennung für besondere Leistungen im Luftkrieg« der Ehrenpokal der Luftwaffe überreicht. Er ist aus Silber, innen vergoldet, mit einem fliegenden Adler und Hakenkreuzen verziert.
Wir fliegen weiter mit der Ju 88 auf Einzelziele.
Am frühen Morgen des 15. Novembers 1940, es ist stockfinster, stehen zwölf Ju 88 der Gruppe am Start, wir als Nummer sieben. Mit je fünf Minuten Abstand vom Vordermann geht es schwer beladen in die Dunkelheit, mühsam wie immer. Unser Ziel ist die Industriestadt Coventry nahe Birmingham.
In großer Höhe dröhnen wir durch die Nacht. Zwei 500 Kilo schwere Sprengbomben hängen unter den Flächen. Der Kanal liegt hinter uns. Die britischen Scheinwerfer folgen uns, reichen uns weiter. Es scheint viel los zu sein. Überall Lichtkegel und Flakfeuer. Die Nacht ist fast wolkenlos. Zur Rechten liegt London, wir fliegen fast genau nach Norden ins Zentrum der Insel.
»Nachtjäger!« Harte Kurve, Abschwung. Der Spuk ist weg. Es kann auch ein deutscher Bomber gewesen sein. Das Risiko der Kollision fliegt stets mit.
Weit voraus rötet sich der Himmel. Brände am Boden werden erkennbar. Scheinbrände, die uns irreführen sollen? Viele Scheinwerfer, Flakfeuer. Wir kommen näher und starren auf einen

gespenstischen Anblick. Viele Brände haben wir gesehen, doch dieses ungeheure Feuer übertrifft alles.
Die Stadt brennt überall in großen Flächen. Coventry ist ein Inferno. Seit Beginn der Nacht ist der Großangriff in Gang. Brand- und Sprengbomben fallen pausenlos vom Himmel.
»Wir werden ihre Städte ausradieren.« Diese Stadt ist heute Nacht einziges Ziel aller Bomber der Luftflotte 3. Heute gibt es keinen speziellen Zielpunkt. »Auf Coventry werfen«, lautet der Befehl. Die Stadt soll dem Erdboden gleichgemacht werden.
Die Menge von 3000 Bomben, ihre Sprengkraft und Brandwirkung ist ungeheuer für eine einzige Stadt. Hermann Göring erfindet für die völlige Zerstörung den Ausdruck »Coventrieren«.
Daß wir Wohnstätten zerstören und schuldlose Menschen töten, wissen wir. Aber in der Bomberkanzel sieht man es nicht, und wir wollen siegen. Wir müssen die Rüstungsindustrie des Gegners treffen, der so hart ist wie wir.
Die Wellen der Nachtflüge rollen weiter, Großangriffe auf London, Liverpool, Birmingham, Bristol und Southampton.
Aufklärung über der weiten See oder bewaffnete Aufklärung mit dem Sturzkampfeinsatz finden nicht mehr statt. Dabei wird es anscheinend bleiben.
Die Navigation bei diesen Einsätzen kann der Pilot allein machen. Wir Beobachter fühlen uns überflüssig und die Marine braucht uns anscheinend nicht mehr. Wir melden uns zur Pilotenausbildung bei der Luftwaffe.
Selbst eine Maschine zu fliegen, reizt mich von jeher. Aber gerne verlasse ich die Marine nicht. Und wie sich zeigt, gibt sie ihre Offiziere auch nicht her.
Das Gesuch ist auf dem Dienstweg nach Berlin gegangen. Überraschend trifft Mitte Dezember 1940 bei der Gruppe ein Fernschreiben der Personalabteilung der Marine ein: »Folgende Offiziere sind ab 1. 1. 1941 in den Bereich des Befehlshaber der Uboote versetzt . . .« Die Namen folgen, ich bin dabei.
Meine Zeit bei den Seefliegern war sehr bewegt und ereignisreich. Die Schönheit des fliegerischen Erlebnisses hat oft die Härten gemildert. Die Aussicht, nun endlich als Seeoffizier zur

See zu fahren und auf einem Uboot einzusteigen, läßt den Abschied von den Kameraden nicht so schwer fallen.
Zum 1. Januar 1941 begrüßt uns Admiral von Friedeburg zum Dienstantritt beim Befehlshaber der Uboote (BdU) auf dem Tender »Erwin Wassner« in Kiel.

VOM FLUGZEUG INS UBOOT: UMLERNEN

Am 21. Mai 1941 läuft in der Deschimag-Werft in Bremen ein Uboot vom Stapel. Im Juli übergeben uns die Ingenieure und Arbeiter der Werft dieses Boot. Wir stellen es als U 156 in Dienst.
Es ist ein großes Boot vom Typ IX (»Tauchboot für ozeanische Verwendung«), dritte Serie: Typ IX C. 77 Meter lang, knapp 7 Meter breit, 1120 Tonnen. Zwei Neunzylinder-MAN-Dieselmotoren mit zusammen 4400 PS bringen uns über Wasser auf 18,3 Knoten, 34 km/h. Zwei Siemens-Schuckert-Elektromotoren mit 1000 PS verhelfen uns unter Wasser zu 7,3 Knoten, 13,5 km/h. Mit 10 Knoten (18,5 km/h) können wir über Wasser 13450 Seemeilen weit fahren, das sind 24900 Kilometer. Bei Höchstgeschwindigkeit über Wasser sind es 5000 Seemeilen, knapp 9300 Kilometer. Unter Wasser sind Geschwindigkeit und Fahrstrecke durch die Batteriekapazität beschränkt; bei vier Knoten reicht sie für 63 Seemeilen, 117 Kilometer, bei zwei Knoten für 128 Seemeilen, 237 Kilometer. Wir sind ein Überwasserschiff, das tauchen kann — ein Tauchboot, wie alle Uboote bis zu einer neuen Aera, die mit neuen Typen am Ende des Krieges beginnen wird.
Dem klassischen Boot der Atlantikschlachten, Typ VII (»Hochsee-Tauchboot«), sind wir an Aktionsradius weit überlegen. U 156 kann lang dauernde Fahrten in ferne Seegebiete durchführen.
Sechs Torpedorohre, vier nach vorn und zwei im Heck sind unsere Hauptwaffe; bis zu 22 Torpedos unser Vorrat; auch Minen können wir legen, je nach Größe bis zu 66 Stück. Vor dem Turm steht eine 10,5-Zentimeter-Ubootkanone, 180 Schuß ste-

hen zur Verfügung. Dazu ein Zweizentimeter-MG auf der Brücke und eine 3,7-Zentimeter-Kanone auf der Plattform hinter dem Turm.
Die Besatzung besteht aus 63 Mann, davon vier Offiziere. Sie stammen aus allen Teilen des Deutschen Reiches. Die jungen Soldaten haben sich freiwillig zur Ubootwaffe gemeldet. Die Offiziere, Feldwebel und Unteroffiziere kommen von verschiedenen Kommandos der Kriegsmarine. Unser Kommandant von den Torpedobooten, der leitende Ingenieur — LI genannt — ist auf Schlachtschiffen gefahren. Ich bin Erster Wachoffizier, I WO. Jeder ältere Soldat an Bord kennt den Krieg und hat sich in Fronteinsätzen schon bewährt.
Die »Baubelehrung« in der Werft hat uns mit der komplizierten Technik vertraut gemacht. Den »Bunker-, Tank- und Zellenplan« muß jeder im Kopf haben, an keinem der vielen Ventile darf ein Irrtum passieren. Hochdruckluft, Niederdruckluft, Luft- und Wasserpumpen — es ordnet sich langsam in unseren Köpfen.
Wir müssen zusammenwachsen, das Boot und uns selbst einfahren. Zusammengeschaukelt werden wir bei rauhem Wetter in See. Tauchübungen Tag und Nacht, Torpedo- und Artillerieschießen, Durchexerzieren aller möglichen Aufgaben auf der einzelnen Gefechtstation. Wir schwitzen oft Blut und Wasser.
Gipfel- und Bewährungsprobe ist die große Angriffsübung bei der »Ausbildungsgruppe Front«, Agru-Front genannt, in der Ostsee.
Sie ist eine simulierte Geleitzugschlacht mit einem kriegsmäßigen Konvoi. Ein paar Dampfer, gesichert durch schnelle Bewacher und Zerstörer, müssen gefunden und angegriffen werden. Es erfordert höchste Führungstechnik vom Kommandanten und volle Anstrengung der ganzen Besatzung beim Aufspüren, Verfolgen, Fühlunghalten und Schießen. Überwasserangriff bei Nacht und Unterwasserangriff bei Helligkeit werden durchgefahren.
Unsere Übungstorpedos, mit Heißluft betrieben, werden auf eine Tiefe eingestellt, daß sie unter dem »getroffenen« Schiff durchlaufen. An der Wasseroberfläche erscheint die Blasenbahn der austretenden Luft, so daß genau zu sehen ist, ob der Tor-

pedo im Ernstfall getroffen hätte. Bei Nacht ist in seinem Kopf eine Lampe eingeschaltet, der Lichtschein an der dunklen Wasseroberfläche läßt seinen Kurs erkennen. Am Ende ihrer Laufstrecke kommen die Torpedos an die Oberfläche und werden von Torpedofangbooten gesucht und eingefangen. Ein Torpedo ist teuer, nun kann er wieder verwendet werden.
Manchmal gibt es Rammings bei dieser Reifeprüfung. Es wird mit hohen Fahrtstufen operiert und die Nächte sind oft dunkel. Nahe am Geleitzug können sich die Boote leicht in die Quere kommen, da helfen dann nur noch harte Ruderlagen und schnelle Maschinenkommandos — manchmal auch nicht mehr.
Wir kommen ohne Beule davon.
Fronterfahrene Ubootkommandanten sprechen Kritik und Urteil: »U 156 ist frontreif.«

ENGE GEMEINSCHAFT

In Kiel rüsten wir aus zur ersten Feindfahrt. Ein Eisenbahnwaggon voll Proviant steht auf der Pier. Kisten, Säcke, Konservenbüchsen, Kartoffeln, Brot, Fleisch — tonnenweise verschluckt sie das Boot. Durch dicke Schläuche fließt das Dieselöl Stunde um Stunde in die Bunker. Die langen, fettglänzenden Torpedos rutschen, von den Soldaten sorgfältig geführt, in das vordere und hintere Torpedoluk. Wir arbeiten vom frühen Morgen bis spät in die Nacht auf der Pier, an Oberdeck, im Bootsinneren. Nach einem genauen Verteilungsplan wird alles an seinem bestimmten Platz verstaut.
Während des Ausrüstens wohnen wir nicht an Bord unseres Uboots, sondern auf einem Passagierdampfer. Er dient seit Kriegsbeginn als Wohnschiff.
24. Dezember 1941. U 156 liegt längsseit des großen Ozeandampfers, tief im Schatten seiner hohen Bordwand. Um 15 Uhr melde ich dem Kommandanten: »Ausrüstung beendet. Boot klar zur Feindfahrt!«
Der Kommandant dankt für die Meldung. Es folgt eine Bootsmusterung. Begleitet vom LI gehen wir durch alle Räume.

Wir beginnen im Heckraum. Hier ist es eng und schmal. In der Mitte liegen zwei Reservetorpedos auf den stählernen Flurplatten. Mit ihrer Länge und Rundung füllen sie fast den ganzen Raum. An jeder Seite hängen vier Kojen, an senkrechten Kettensträngen befestigt. 16 Menschen werden monatelang hier zusammenwohnen. Die acht Kojen genügen, weil immer die Hälfte der Männer auf Wache ist. Aufrecht gehen und stehen können sie nicht. Bis die Reservetorpedos nachgeladen sind, müssen sie kriechen und liegen. An Backbord ist das WC, das einzige auf unserem Boot für die Besatzung von 63 Mann. Die rote Lampe »Besetzt« geht während der ganzen Reise nur selten aus.

Durch das wasserdichte Kugelschott, einer gewölbten runden Stahltür, steigen wir in den E-Maschinenraum. Unter den Flurplatten liegen die Elektromotoren für die Unterwasserfahrt. Darüber ragen bis zur Decke hinauf weiße Schalttafeln mit großen schwarzen Kippschaltern, Handrädern und Spannungsmessern. Die Batterie, zweimal 62 Zellen, liegt unter dem Deck im Vorschiff. Im E-Maschinenraum stehen auch die Luftverdichter, Kompressoren, die uns Preßluft zum Ausdrücken der Tauchtanks liefern. Zur gedrängten Fülle von Anlagen in diesem Raum gehört auch der Frischwasserbereiter. Er destilliert aus salzigem Seewasser Süßwasser.

Durchs nächste Schott geht es in den Dieselraum. An den Seiten mit einem schmalen Gang in der Mitte stehen die beiden gewaltigen MAN-Ubootdiesel. Vorn hat jeder seinen Fahrstand. Je ein Diesel-Maat steuert seinen Motor nach den Anweisungen, die der Maschinentelegraph von der Bootsführung übermittelt. Wenn die Motoren laufen, herrscht ein ungeheurer Lärm. Ölgeruch hängt in der Luft.

Nun in die Zentrale, den Mittelpunkt des Bootes, Leitstand des LI: Von hier gehen alle Befehle nach vorn und achtern, hierher kommen alle Meldungen zurück. Wir sind umgeben von zahllosen Rohrleitungen, Handrädern, Ventilen, Schiebern, Reglern und Manometern. Vorn das Ruder mit dem Kreiselkompaß fürs Kurssteuern, an Steuerbord die großen Handräder der Tiefenruder. In der Mitte steht die Leiter, die nach oben in den Turm und auf die Brücke führt. Dem Obersteuermann dient zur Navigation ein kleiner Kartentisch. Die große Hauptlenzpumpe und kleinere Pumpen füllen den Raum bis zum letzten Winkel aus.

Direkt vor der Zentrale befindet sich der Raum des Kommandanten. Eine Koje, ein kleiner Schreibtisch, an der Wand die Seekarte des Operationsgebietes und statt der Tür ein grüner Vorhang: Während der ganzen Feindfahrt lebt der Kommandant in engster Verbindung zum Geschehen im Boot.

In seine Gedanken, Überlegungen und Berechnungen hinein hört er jede Unregelmäßigkeit der Geräusche, spürt die Atmosphäre. Griffbereit hängen Ölzeug und Doppelglas am Haken.

Gegenüber liegt der Funkraum. Die großen Sender und Empfänger lassen nur wenig Platz für den Mann, der sie bedient. Auch aus größter Entfernung hält er Verbindung zum Befehlshaber der Uboote in seiner Befehlsstelle in Frankreich, hat den Funkverkehr vom Freund und oft auch vom Feind im Ohr. Bei Unterwasserfahrt bedient er das Horchgerät. Dieser Geräuschempfänger meldet uns Gegner; Richtung und Auswanderung lassen sich peilen.

Nach vorn gehen wir weiter durch den Offizierraum. Beiderseits je zwei Kojen hinter grünen Vorhängen, schmale Spinde, eine lederbezogene Bank und ein länglicher Tisch sind das karge Inventar.

Dann besichtigen wir den Raum, der uns allen sehr am Herzen liegt: Nur knapp vier Quadratmeter groß ist die Kombüse, wo der Schmut für das leibliche Wohl der 63 Mann zu sorgen hat. Auf dem Boden sind zwei große Elektrokochtöpfe verankert. Daneben glänzt ein schmaler elektrischer Herd. Töpfe und Pfannen — Pötte und Pannen genannt — Löffel, Messer und Gabel aller nötigen Größen sind ringsum an den Wänden befestigt, griffbereit, dazu Gewürze, Essig und Öl.

Der Schmut muß mit viel Ruhe und Humor begabt sein um bei schwerer See in diesem winzigen Raum sein Tagewerk zu vollbringen, schweißtriefend zwischen kochend heißen Pfannen und Töpfen. Ein halber Artist muß er sein. Und nicht zuletzt ein Kochkünstler, um so viele Menschen monatelang bei Laune zu halten.

Was er kocht, riechen zunächst die Feldwebel und Unteroffiziere im Raum davor mit Kojen an den Seiten und Tisch in der Mitte. Gegenüber den Mannschaften ist ihre Zahl auf dem Uboot verhältnismäßig groß, weil hohe Spezialkenntnisse verlangt werden.

Im Bugraum schließlich geht es zu wie im Heckraum. An den Seiten hängen Mannschaftskojen, in der Mitte liegen Reservetorpedos. Wie überall im Boot ist jede Ecke und jeder Winkel mit Proviant vollgepfropft. Auch in der Bilge, unter den Flurplatten, sind Büchsen und Kanister zwischen Rohrleitungen und Kabeln verstaut. Das zweite WC, das sich hier vorn befindet, dient zweckentfremdet als Aufbewahrungsort für duftende geräucherte Schinken und Würste. Erst am Ende der Reise wird der Ort wieder zum Örtchen.

Unser Musterungsgang ist beendet. Alles hat gut verstaut seinen Platz gefunden. Das Boot ist zur ersten Fahrt bereit.

WEIHNACHTSGESCHENK: DIE ERSTE FEINDFAHRT

Heute am Heiligabend gegen Mitternacht, werden wir auslaufen. Wir steigen zum Wohnschiff hinauf, wo uns die Besatzung im großen Speisesaal erwartet.

Wir feiern Weihnachten. Die langen Tische sind festlich gedeckt. In der Mitte des Raumes steht ein großer Weihnachtsbaum mit brennenden Kerzen. Vor Weihnachtsgebäck und dampfenden Punschgläsern wird geplaudert und gelacht. Als Weihnachtspost und Pakete verteilt sind, tritt Stille ein. Die Gedanken gehen nach Hause. Aber wir sind jung, die meisten Anfang zwanzig. Wir wollen siegreich heimkehren. Der Kommandant erhebt sich und spricht zu uns. Über Weihnachten, unsere Familien daheim, über die Denkwürdigkeit dieser Stunde so kurz vor dem Auslaufen, von Befehl und Gehorsam, Krieg und Pflicht. Kein Pathos schwingt mit. »Wir haben eine Aufgabe zu erfüllen«, sagt er ruhig und bestimmt.

Mitternacht naht. Die Besatzung drängt durch die Türen des Saales über Gangway und Fallreep hinunter auf unser Boot. Es füllt sich mit Leben und Wärme.

»Auf Manöverstationen!« Unser Kommandant hat an Deck des Wohnschiffs Boot und Besatzung beim Flottillenchef abgemeldet. Während er das Fallreep hinuntersteigt, wird »Seite« gepfiffen, die Ehrenbezeigung mit der trillernden Bootsmannsmaatenpfeife.
Als 1. Wachoffizier melde ich ihm: »Boot ist seeklar!« — »Bitte ablegen, I WO«, befiehlt er.
»Alle Leinen los!« — die erste Feindfahrt beginnt.
Langsam wendet sich der Bug des Bootes in den dunklen Hafen. Drei Hurras schallen vom Wohnschiff zu uns herüber. Wir auf der Brücke und die Männer an Deck, die noch die Festmacheleinen verstauen, antworten mit dem gleichen Gruß.
Durch den Nordostsee-Kanal fahren wir nach Westen. Am hellen Weihnachtsmorgen verlassen wir die Schleuse von Brunsbüttel. Mit »Beide Maschinen halbe Fahrt voraus!« streben wir durch die Elbe der Nordsee zu. Je mehr wir uns Cuxhaven nähern, desto stärker packt uns die Dünung der Nordsee. Das tiefliegende, schwer beladene Boot schlingert stark, holt weit zur Seite über. Unten rutscht alles, was nicht genügend befestigt ist, hin und her. Mancher Mann spürt, daß er noch Landbeine hat.
Draußen laufen kurze, aber gewaltige Grundseen — die geringe Wassertiefe macht die Elbmündung zu einem bösen Gewässer. Donnernd krachen die Brecher gegen die starke Blechverkleidung des Turmes. Gischt sprüht über das Deck und wie eine Fahne über die vier Männer der Brückenwache.
Die Gesichter sind mit Seesalz überkrustet, in den Augen brennt es wie Feuer. Starke Gurte halten uns, machen uns zu einem Teil unseres Schiffes. Nur das halb geöffnete Turmluk verbindet uns mit dem Leben im Boot.
Drunten auf den Stationen: Heben und Senken des Boots unter den Füßen, Donner an der Bordwand, Zittern des Bootskörpers. Wer sich nicht mit ganzer Kraft hält, wird gegen die Wände geschleudert. Immer mehr Schräglage, dann kurzer Stillstand und das Zurückpendeln, immer wieder, stundenlang.
Gleichmäßig wummern die Diesel ihren Lauf. Ölverschmiert turnen die Heizer — noch immer werden die Mannschaften des Maschinenpersonals so genannt — auf ihnen herum und

schmieren die sich freibewegenden Teile der Motore. Wehe dem, der nicht den Seemannspruch beherzigt: »Eine Hand fürs Schiff und eine Hand für dich«.
Acht Mann sind seekrank, aber der Dienst muß getan werden und Arbeit ist die beste Medizin. Auch der Schmut sitzt wie ein Häufchen Elend auf dem Boden seiner Kombüse. Er opfert in den Eimer, den er mit der einen Hand hält. Die andere rührt mit einem langen Holzlöffel im Eintopf. Das Essen muß pünktlich auf die Back, den Tisch.
Der Sturm tobt durch den ganzen Tag und die halbe Nacht zum zweiten Weihnachtstag. Dann flaut er ab.

GEFÄHRLICHER ANMARSCH: DER TAG IST UNSER FEIND

Der Tag ist unser Feind, bis wir das Operationsgebiet im Atlantik erreichen. Wir müssen auf dem Anmarsch durch die Nordsee ungesehen und unbeschädigt bleiben. Deshalb fahren wir von Hellwerden bis zur Dunkelheit unter Wasser. Das setzt unsere Geschwindigkeit herab. Unter Wasser treiben uns die Elektromotoren, die bei der Dieselfahrt am Tag als Dynamos die Batterien wieder aufladen. Auf Sehrohrtiefe zu fahren, hätte keinen Sinn. 50 Meter unter der aufgewühlten Oberfläche gleiten wir in vollkommener Ruhe dahin. U 156 ist eingesteuert und ausgetrimmt. Einer der Wachoffiziere hat den LI in der Zentrale abgelöst. Vor ihm sitzen die Tiefenrudergänger und steuern das Boot auf der befohlenen Tiefe. Die E-Maschinen laufen mit »kleiner Fahrt«. Alles überflüssige Licht ist gelöscht, um die Batterien nicht zu belasten.
Wir haben unseren Tageslauf umgekehrt: Der Tag wird zur Nacht erklärt. Bis auf die wenigen Männer der Wache schlafen alle, zur Not auch zu zweit in der Koje. Morgens ist Abendessen, Mitternacht ist Mittag, am Abend frühstücken wir, danach wird aufgetaucht.
Brückenwache gehen ein Wachoffizier, ein Maat und zwei Mannschaften. Sie teilen sich das Rund des Horizonts in vier Sektoren; jeder hat 90 Grad zu beobachten.

Wolken und See verschwimmen in der Dunkelheit. Wieder und wieder heben wir die scharfen Doppelgläser an die Augen. Keiner darf müde werden, das Schicksal des Boots hängt davon ab.

U 156 wiegt sich in langsamem Rhythmus. Die Gischt der Bugwelle ist kaum zu erkennen. Der Auspuff der Diesels faucht am Heck, die Motoren wummern gleichmäßig.

Obwohl wir während der Überwasserfahrt dauernd durchlüften, gibt es bald keine Trockenheit mehr im Boot. Alle Kleidungsstücke sind klamm. Die Kartoffeln beginnen zu faulen, am Brot zeigt sich Schimmel. Gegen Ende der Tauchfahrt steht modrige Luft im Boot. Der typische Ubootmief aus Dieselöl, Küchenduft und Menschenausdünstungen. Das Uboot ist eine hermetisch abgeschlossene Röhre, in der über 60 Menschen essen, wachen, schlafen und arbeiten.

So geht es durch Tage und Nächte. Zwölf Stunden Tauchfahrt, zwölf Stunden über Wasser. Wenn der Kommandant nach Einbruch der Dunkelheit das Turmluk aufreißt, strömt ein Strahl frischer Luft prickelnd wie Sekt durch alle Räume. Dann atmen wir tief.

Wir wachsen zusammen. Schranken fallen. Immer mehr weiß einer vom anderen, auf Gegenseitigkeit. Das ergibt ein Gefühl der Zusammengehörigkeit wie auf keinem anderen Schiff.

Über die Gesamtlage des Ubootkriegs wissen wir nicht viel. Im April 1941 hat die dritte Phase der Schlacht im Atlantik begonnen. Der Gegner hat hinzugelernt. Es ist schwieriger geworden, die Geleitzüge zu finden. Es fehlt an deutscher Luftaufklärung, die mit den Ubooten zusammenarbeiten könnte. Und der Krieg hat sich ausgeweitet.

Wir fahren noch in der nördlichen Nordsee, nordöstlich der Orkney-Inseln, als ein Funkspruch vom Befehlshaber der Uboote (BdU) eintrifft: »Nach B-Meldungen soll eine englische Einheit an norwegischer Küste gelandet sein. Feindliche Nachschubtransporte sind zu erwarten«.

»Beide Maschinen große Fahrt voraus!« Es ist Nacht. Der Wind bläst aus Nordwest, Stärke acht, stürmisch. Schwer stampft das Boot, dauernd stürzen Brecher über uns. Wir sind naß bis auf die Haut. Die Zeit kriecht dahin. Vier Stunden dauert die

Brückenwache, in jeder Sekunde der Dunkelheit können wir plötzlich dicht an einem Gegner sein. Langsam wird es heller, die Sicht weitet sich. Ständig sind die scharfen Ferngläser vor den Augen. Der Horizont wird jetzt klar, kein feidliches Flugzeug ist am Himmel zu sehen. Weiter Kurs Nord mit hoher Fahrt.

Funkspruch: »Feindlandung nicht bestätigt. Marsch ins Operationsgebiet fortsetzen.« — Wir tauchen. —

Nächste Nacht, Neujahrsnacht. Es geht auf Mitternacht zu. Punschgeruch steigt aus dem Turmluk. Der Schmut hat Krapfen gebacken, für jeden drei, zusammen einhundertundneunzig! Der Funker hat die Heimatwelle geschaltet. Das neue Jahre bricht an — Glockenklang vom Kölner Dom schwingt durch das Boot.

Was wird uns das Jahr 1942 bringen? —

Wir fahren nun südlich der Shetland-Inseln in den Atlantik. Je weiter wir nach Westen kommen, desto mehr ändert das Meer seine Färbung. Vom Graugrün der Nordsee geht sie über in das klare Blau des tiefen Atlantik.

In einem großen Bogen umfahren wir die Hebriden und steuern nun auf südlichen Kursen die Untiefen von Rockall an. Dort, westlich Irland, sollen wir zwei Wetterbojen auslegen. Der Meeresboden steigt hier aus 2000 Meter Tiefe zu einem kleinen Granitfelsen auf. Er ist eine winzige Insel, etwa 20 Meter hoch, einsam und gischtumbrandet 200 Seemeilen vor der Küste.

Nachts holen wir die großen Bojenkörper aus ihren Behältern an Oberdeck. Die Arbeit dauert zwei Stunden lang. Am Morgen legen wir das erste »Ei« auf dem nördlichen Teil der Untiefe und am Nachmittag das zweite südlich. Die Verankerungen liegen in 150 Meter Tiefe. Ihre Apparate registrieren Luftdruck, Temperatur, Luftfeuchtigkeit, Windrichtung und -stärke. Sie sind mit einer drei Meter langen Stabantenne ausgestattet und senden alle sechs Stunden mit einem kurzen Signal die Werte in die Heimat. Atlantikwetter.

Lange wird es nicht dauern, bis der Gegner diese Piepser so nah vor seiner Küste einpeilt und vernichtet.

Wir melden das Legen der Bojen an den BdU. Antwort: »Weitermarsch Kurs Südwest«. Seit zwölf Tagen sind wir in See.

Ein langgestreckter Schatten: U 156, Typ IX C, 77 Meter lang, 1120 Tonnen über Wasser, 1232 Tonnen unter Wasser, Baukosten 6 448 000 Mark, in Dienst gestellt am 4. September 1941. Am 8. März 1943 vernichtet östlich von Barbados, 53 Tote.

Brücke eines IX C-Bootes (U 130), fünf Tage nach U 156 westlich der Azoren vernichtet, 53 Tote. In der Mitte die beiden Sehrohre (unter Schraubdeckeln), seitlich Luftschächte, vorn links Standplatz des Rudergängers, der das Boot mit zwei Druckknöpfen steuert, im Boden vor dem Sehrohrbock das Turmluk.

Typ IX-Uboot in See, Atlantikwetter (U 123, als französisches Uboot Blaison bis 1958 in Dienst).

Tiefenruderstand in der Zentrale eines Typ IX-Uboots (U 65, vernichtet am 28. 4. 1944, 24 Tote); je ein Rudergänger für das vordere und hintere Tiefenruder. Die Tiefe befiehlt der Kommandant. Den Befehl über alle technischen Maßnahmen beim Tauchen und während der Unterwasserfahrt hat der Leitende Ingenieur (LI), der stets hinter den Tiefenrudergängern steht.

Hier im Nord-Atlantik müßte viel Schiffsverkehr sein. Aber wir sichten nichts. Nacht für Nacht, Tag für Tag. In Stürmen und Regen streifen wir über die leere See. Selten sehen wir die Sonne.

Die Stimmung sinkt, der Kommandant spricht nur noch das Nötigste. Meist bleibt er hinter seinem grünen Vorhang verborgen.

Seit Tagen laufen die Motoren »langsame Fahrt«. Alles ist feucht, das Brot mit dickem Schimmel bezogen. Die letzten schon recht verrotteten Kartoffeln haben wir gegessen.

Der Schmut tut sein Bestes. Es gibt Labskaus, Bauernfrühstück mit besonders vielem Speck und Eiern, zum Sonntag hat er sogar Torte gebacken.

Endlich ein Funkspruch der Führung: Geleitzug mit Kurs West, das Quadrat auf der Seekarte wird angegeben. Der Kommandant stürzt an die Karte: Wo ist das Quadrat, wo steht der Feind? — Verflucht weit weg. Über 120 Seemeilen, 220 Kilometer. Bei Höchstfahrt brauchen wir dafür sechseinhalb Stunden um ihn einzuholen.

»Auf Kurs 258 Grad gehen! Beide Maschinen zweimal große Fahrt voraus!« Ein Zittern läuft durch das Boot. Mit stolzer Gewalt schwingt der Bug auf den neuen Kurs. Es ist pechschwarze Nacht. Lachend stehen die Männer auf der Brücke. Der Kommandant kommt herauf: »Wenn wir Glück haben, ändert der Konvoi seinen Kurs auf uns zu.«

Mit mehr als 18 Knoten, 33 km/h, gegen die See anzugehen, bedeutet höchste Beanspruchung von Menschen und Material. Meterhoch sprüht die Gischt über uns hinweg. Wir fahren oft mehr unter als über Wasser.

Der neue Tag kommt herauf. Die abgelöste Brückenwache poltert über die steile Leiter hinunter ins Boot. Raus aus den nassen Klamotten, in Pullover und Wollhose, schnell ein warmes Essen in den durchgefrorenen Körper. Umfallen in die Koje, festklemmen zwischen Außengitter und Wand, die Decke über die Ohren. Nur wenige Augenblicke noch spüren sie das Aufbäumen des Boots, dann Schlaf.

Wolkenfetzen jagen über den verhangenen Himmel. Am Morgen frischt der Wind weiter auf. Die See kommt fast von vorn. Wir müssen die hohe Fahrtstufe vermindern. Dauernd schneidet der Bug unter, zentnerschwere Wasserberge stürzen über dem Turm zusammen. Vor den Augen wird es meergrün, salziges Seewasser drängt sich in Mund und Nase. Die Hände krampfen sich in die Haltegriffe am Sehrohrbock. Kaum hat sich der Bug aus dem Wasser gewühlt, kommt der nächste Brecher. Dazwischen schnell die Doppelgläser vor die Augen, ein Rundblick.

Die Rudeltaktik, vor dem Krieg von unserem Befehlshaber Admiral Karl Dönitz entwickelt, hat die Schlagkraft der Ubootwaffe gegenüber dem Ersten Weltkrieg gewaltig verbessert. Das erste Boot, das den Geleitzug sichtet, greift nicht an, sondern dient als »Fühlungshalter«. Es meldet den Standort an den BdU im Hauptquartier, der möglichst viele Boote auf den vermuteten Kurs des Geleitzuges leitet.

Der letzte Standort des Konvois ist für uns fast hoffnungslos. Wenn der Gegner nur nicht so schnell fahren, endlich eine Kursänderung auf uns zu machte . . . Verdammter Sturm, der unsere Fahrt vermindert.

Gegen Mittag kommt ein Funkspruch: »U 156 Verfolgung abbrechen, nach Lorient einlaufen«. Wir haben es schon geahnt. Der Gegner stand zu ungünstig. Vergebens war die höllische Fahrt.

Aber jetzt einlaufen? Wir haben noch keinen Feind gesehen, alle Torpedos an Bord, Proviant und Brennstoff für zwei Monate.

Aus der Enttäuschung wachsen Vermutungen: Sind wir für einen Sondereinsatz vorgesehen? Sollen wir deshalb in Lorient, an der Südküste der Bretagne, neu ausgerüstet werden?

Nach 18 Tagen Seefahrt laufen wir in das ruhige Wasser des französischen Hafens ein. Die Besatzung ist auf dem Vor- und Achterschiff angetreten. Brückenwache und Offiziere stehen auf dem Turm. Wie jedes andere von Feindfahrt einlaufende Boot werden wir mit Musik und drei Hurras vom Chef und den Kameraden der Flottille feierlich begrüßt.

Aber es macht uns nicht recht froh. Noch fehlen uns die Wimpel am Sehrohr, die versenkte Schiffe bedeuten.

20. Januar 1942. Regnerisch und trüb ist der Spätnachmittag. U 156 liegt klar zum Auslaufen in Lorient.
Wer seine Manöverstation nicht im Boot hat, ist an Deck angetreten. Der Turm und die Brücke sind mit den ersten Blumen dieses Jahres geschmückt.
Auf dem Ponton stehen die Offiziere und Mannschaften unserer Flottille und der im Hafen liegenden Boote in Reih und Glied zur Verabschiedung angetreten.
»Alle Leinen los!« Die Diesel springen an. Drei Hurras, das Lied ». . . denn wir fahren gegen Engeland«, Mützenschwenken — dann richtet sich der Blick nach vorn.
Durch die enge Hafeneinfahrt geht es hinaus. Die lange Dünung der Biskaya nimmt uns in Empfang. An Backbord liegt die Ile des Croix.
Prüfungstauchen: Noch liegt das Boot an der Wasseroberfläche. Das Turmluk ist geschlossen. Der Kommandant sitzt am Sehrohr. Der Luftverdichter saugt die Luft aus dem Bootsinnern, erzeugt Unterdruck. Wenn eine Abdichtung nicht in Ordnung wäre, würde Luft eindringen. Der Zeiger des Barometers fällt schnell. Absaugen beendet. Der Luftdruck steht. Das Boot ist luftdicht und damit auch wasserdicht. »Unterdruckprobe beendet!«
»Fluten!« rauschend strömt das Wasser in die jetzt geöffneten Tauchzellen. Die leise schnurrenden E-Maschinen schieben das Boot mit 15 Grad Neigung in die Tiefe.
Auf 30 Meter wird abgefangen und in leichtes Pendeln gebracht, »durchgependelt«, damit alle restlichen Luftblasen aus den Zellen steigen.
Ruhig gibt der LI in der Zentrale seine Befehle. Prompt kommen die Meldungen von vorn und achtern zurück. Das Boot wird durch Umpumpen von Wasser in die vordere oder hintere Trimmzelle so ins Gleichgewicht gebracht, eingetrimmt, daß es auf ebenem Kiel in einer bestimmten Wassertiefe schwebt.
»Boot ist eingesteuert,« meldet der LI. »Auf 50 Meter gehen,« befiehlt der Kommandant.
Die Tiefenruder neigen das Boot, der Zeiger des Tiefenmessers

fällt Meter um Meter. Rechtzeitiges Abfangen ist wichtig. Überschreiten der befohlenen Tiefe kann im Ernstfall gefährlich werden. Nicht nur in der flachen Nordsee und in Küstengewässern, sondern auch in tiefem Wasser. 100 Meter Tauchtiefe wurden in Friedenszeiten als Grenze angegeben. Bei 150 Meter hat unser Tiefenmesser den roten Strich, der nicht überschritten werden soll. Die Sicherheitsreserve reicht theoretisch bis 200 Meter. Wir haben von gejagten Booten gehört, die in der Atlantikschlacht 240 Meter und mehr ausgehalten haben. Hoffentlich bleibt uns die Probe erspart.

Der Druckkörper ist zwangsläufig an vielen Stellen durchbrochen. Nach außen gehen Rohrleitungen, die mit doppelten Ventilen verschlossen sind, die beiden Antriebswellen der Schrauben, die Schäfte der Ruder, der Ansaugstutzen für die Diesel und ihr Auspuff, die beiden Sehrohre — Sehrohrmasten genannt —, verschraubte Deckel und Luks fürs Beladen des Boots und das Turmluk, dazu elektrische Leitungen.

Die Flansche und Dichtungen dieser Durchbrüche im Druckkörper sind unsere verwundbarsten Stellen, vor allem beim Detonationsdruck von Wasserbomben. Wassereinbruch ist in großer Tiefe kaum einzudämmen. Schon durch ein kleines Loch können unter dem hohen Druck große Wassermengen in das Boot strömen.

Nach dem Einsteuern auf 50 Meter fallen wir auf 100 Meter, dann weiter auf 150 Meter. Hier und da tropft es, Dichtungen werden nachgezogen.

Wir stoppen die Maschinen. Nochmals austrimmen. Wir schweben in der dunklen Tiefe. Totenstille ringsum. Ein Wassertropfen klickt. Nicht jeder, der sich freiwillig zur Ubootwaffe gemeldet hat, konnte das Gefühl des unentrinnbaren Einschließens ertragen. Es sind aber doch nur einige wenige, die sich in der Ausbildung deshalb als untauglich erkennen mußten.

Der Kommandant ist zufrieden: »Prüfungstauchen beendet. Auf Sehrohrtiefe gehen!«

Die E-Maschinen laufen an, die Tiefenruder liegen »hart oben«. Langsam heben wir uns dem Licht entgegen. Vor den Augen des Kommandanten, die unser aller Augen sind, wird das Wasser heller und heller: »Sehrohr kommt frei!«

Das Sehrohr ist ein lichtstarkes Fernglas. Der Kommandant sucht den Horizont ab und befiehlt dann »Auftauchen!«
Zischend drängt die Preßluft das Wasser aus den Tauchzellen, mit einem Satz durchbricht der Bug die Wasseroberfläche. Schnell muß es in dieser Phase gehen, denn wir sind für kurze Zeit blind und wehrlos, vor allem gegen herabstoßende Flugzeuge. Es kann nötig sein, sofort unsere Artilleriewaffen zu besetzen. Der Kommandant stößt das Turmluk auf. Die Wache springt hinter ihm auf die Brücke und setzt die Gläser an die Augen.
Wir sind wieder ein Überwasserschiff, der Atlantik wiegt uns sanft.
Wir steuern Kurs Westsüdwest. »Marschfahrt« — acht Knoten Geschwindigkeit; das sind 15,5 km/h. Die Schiffbauer haben errechnet und erprobt, daß wir damit den günstigsten Brennstoffverbrauch im Verhältnis zur Fahrstrecke erreichen.
In Lorient haben wir Tropenhelme empfangen. Es müßte also in südliche Gewässer gehen. Vielleicht wird U 156 in der großen Ferne eingesetzt, für die der Typ IX gebaut ist. Der Kommandant hüllt sich noch in Schweigen.
Tag und Nacht Überwasserfahrt. Während der Freiwache Arbeiten und Exerzieren auf den Gefechtsstationen. Wir müssen immer enger in die Zusammenarbeit des einen mit dem anderen hineinwachsen, mit dem Boot in allen seinen Eigenschaften und Ansprüchen zur Einheit werden. In keiner Lage dürfen wir überrascht zögern. Alarmtauchen, Angriff über und unter Wasser wird bis zur Perfektion geübt. Der Drill ist hart, die Kritik scharf. Keiner nimmt es übel; es geht um den Sieg im Kampf — und ums Überleben.
In den Stunden der Freizeit vertieft sich das Gemeinschaftsgefühl. Wer immer auf engstem Raum mit anderen lebt, zieht sich nicht in Schweigen zurück. Der ernste oder lustige »Rees«, das nie endende Gespräch mit den Kameraden, öffnet die Herzen. Behauptungen werden aufgestellt und stundenlang diskutiert. Die kifflichsten Fragen treten auf. Wenn keiner mehr weiter weiß, wird das Lexikon zu Rate gezogen. So knapp der Raum auch ist; eine Bordbücherei gehört zum Boot und wird eifrig gelesen. Unsere 200 Grammophonplatten reichen von

Paul Lincke bis Beethoven. Wenn das Skatspielen nicht mehr schmeckt, werden andere Spiele modern.
An den Sonntagen finden zur Kaffeestunde Wunschkonzerte mit lustiger Ansage statt. Skatturniere, Dichter- und Sängerwettstreite über das Bordmikrophon sind Unterbrechungen des Alltags.
Wir fahren weit südlich der Geleitzugwege unter weitem freiem Himmel.
Das Wetter meint es gut mit uns. Der Wind bläst mit gleichbleibender Stärke mäßig aus West. Der Brückenwache, die sich sonst nicht ablenken darf, ist nun das Sprechen erlaubt. Auch darf sich ein zusätzlicher Mann auf der Brücke aufhalten. Er schaut sich den Himmel an und das blaue Meer, — raucht eine Zigarette —.
Santa Maria, südlichste Insel der Azoren, kommt in Sicht. Ein wunderbarer Anblick in den ewig bewegten Weiten. Nach zwei Stunden verschwindet der über 600 Meter hohe Felsen hinter dem Horizont. Mit ihm der Gedanke an die Menschen von Santa Maria, die dort in tiefem Frieden leben und von uns nichts ahnen.
Es wird wärmer. Der Wind schläft langsam ein. Wir kommen in den Kalmengürtel; die Roßbreiten, das Gebiet der Windstille mit seinem wolkenlosen Himmel und seltenem Regen. Die Wasseroberfläche glättet sich. Die lange Dünung, die uns unablässig hebt und senkt, kommt von weit her, von tosenden Stürmen im Nordteil des Atlantik. Das Oberdeck wird trocken, keine Welle schwappt mehr darüber.
Hier ist kaum ein Dampfer zu erwarten. Vor Flugzeugen sind wir sicher. Die Besatzung darf an Oberdeck. Eine Dusche wird aufgebaut. In den von Seewasser frei durchfluteten Luks des Oberdecks über dem Druckkörper wird gebadet. Fliegende Fische springen aus der See und schwirren vor dem Bug dahin.
Die Nächte sind tief blau. Die Sterne strahlen in gleißender Helle. Meerleuchten erglüht in den Wellen zu beiden Seiten des Vorstevens, spielt an der Bordwand entlang, mischt sich im sprudelnden Kielwasser zu noch hellerem Glanz und verschwindet erlöschend im Meer.

Die Brückenwache beobachtet aufmerksam ihre Sektoren. An Oberdeck hinter dem Turm hat sich die Freiwache versammelt. Lieder erklingen, Döntjes werden erzählt. Helles Gelächter schallt durch die stille Nacht.
Dann wird es ruhiger. Gedanken schweifen über tausende von Meilen in die Heimat. Eine letzte Zigarette, langsam leert sich das Deck. Als am Sternenhimmel das »Kreuz des Südens« über dem Horizont emporsteigt, klettert einer nach dem anderen ins Boot und legt sich schlafen.

UNSERE AUFGABE: DER »PAUKENSCHLAG«

Der Kommandant hat das Operationsgebiet bekanntgegeben: Mittelamerika.
Im Karibischen Meer, der Karibik, werden wir kämpfen. Es ist eingefaßt von den großen und kleinen Antillen, zu denen im Norden Kuba gehört, südlich davon Jamaica, nach Osten hin Haiti, Santo Domingo, Puerto Rico und der Bogen der kleinen Antillen nach Venezuela hinunter. Im Westen Mittelamerika — die Halbinsel Yucatan, Honduras, Nikaragua, Costa Rica und Panama, im Süden die Küste von Columbien und Venezuela.
Wir fordern die USA heraus, denen Deutschland und Italien vor zwei Monaten den Krieg erklärt haben.
Unser erstes Ziel in der Karibischen See wird die kleine Insel Aruba vor Venezuela sein. Aus den Raffinerien fließt hier das Benzin in die amerikanischen Tanker, flüssiges Gold.
Deutsche Uboote kreuzen bereits vor der amerikanischen Ostküste. Nun wird der Krieg auch nach Süden ausgedehnt. Vier weitere Boote steuern in dieser Stunde ihre Operationsräume an, von der Südspitze der Halbinsel Florida bis zur Insel Trinidad. Ihr Angriff wird ein Schock für den Schiffsverkehr zwischen Nord- und Südamerika sein. In unserem Bereich liegt der Zugang zum Panama-Kanal. Angriffszeit für alle ist der 16. Februar, acht Uhr morgens nach deutscher Zeit. Das ist hier Mitternacht. Wir nennen die Operation den Paukenschlag.

Noch sind wir auf dem Anmarsch durch die Kalmen, Gebiete der Windstille. Wie ein Messer schneidet der Bug durch die spiegelglatte Fläche des Wassers. Achteraus verläuft das Kielwasser in einem schnurgeraden Strich. Nur der Fahrtwind fächelt leise. Wir tragen Sporthose und Tropenhelm.
Fast senkrecht brennt die Sonne auf uns herab. Als feuriger Ball steigt sie am Morgen aus dem Meer und taucht am Abend wie eine glühende Scheibe wieder ein.
Wir durchqueren das Sargasso-Meer, den eigenartigsten Bereich der Ozeane. Große Inseln von schwimmendem Seetang liegen wie festgewachsen auf dem spiegelglatten Meer. Milliardenfach wächst Leben unter den meergrünen Eilanden. Hier ist das Laichgebiet des Flußaals, dessen Wanderungen ein Wunder der Natur sind.
Wir müssen den Inseln nicht ausweichen. Unmerklich, mit leisem Rauschen teilt sich das Grün, gleiten die Gewächse an der Bordwand entlang und schließen sich im Kielwasser wieder zusammen. Als wären sie nie durchfahren worden, liegt die Insel hinter uns in unveränderter Größe und Farbe.
So fahren wir Tage und Nächte durch diese stillen Inseln der Fruchtbarkeit, die schon Columbus hier antraf.
Durch den Äther sind wir mit der fernen Heimat verbunden. Wir empfangen den Funkverkehr, den der Befehlshaber der Uboote mit seinen auf dem Atlantik operierenden Booten führt. Jedes Boot wird mit dem Namen des Kommandanten angesprochen. Alle wissen wer in See ist. Jeder kennt den anderen. Jeder hört die Erfolgsmeldung des Kameraden, auch seine Sorgen und manchmal seine Not.
Dieser Anmarsch ist eine schwere Zeit für den Kommandanten. Der Befehlshaber selbst hat ihn vor dem Auslaufen genau instruiert. Wir nennen es die »Letzte Ölung«. Er mußte über unser Ziel schweigen, bis die Gefahr gering war, daß unser Boot versenkt würde und wir in Gefangenschaft gerieten. Auch mir gegenüber, dem I WO, seinem Stellvertreter. Der Kommandant ist einsam hinter seinem grünen Vorhang. Wenn er zurückkehrt muß er Rechenschaft ablegen über jede Entscheidung. Stets schwebt die Sorge über ihm, ob er den großen Vorbildern gerecht werden wird. Prien und Schepke, die gefallen sind.

Kretschmar, dem großen Könner mit dem Grundsatz »Ein Torpedo — ein Schiff« und den vielen anderen.
Heute hat unser Alter einen Festtag. Ein Funkspruch wird entschlüsselt: Dem Kommandanten wurde für seine früheren Einsätze auf Torpedobooten das »Deutsche Kreuz in Gold« verliehen. Es wurde 1941 gestiftet. Für außergewöhnliche Tapferkeit, wenn die höheren Bedingungen für das Ritterkreuz noch nicht gegeben waren. Ein Lorbeerkranz umrankt ein großes schwarzes Hakenkreuz auf weißem Grund.
Wir feiern. Über den Lautsprecher erklingt seine Lieblingsmelodie, dann folgt Festmusik. Der Schmut bereitet ein besonderes Essen. Ein sauberes Bettuch dient als Tischdecke. Wir haben das blaue Jackett angezogen.
Ochsenschwanzsuppe, würzige Rouladen mit Spaghetti und Karotten. Als Nachtisch Schokoladenpudding mit Büchsensahne. Zum Nachmittagskaffee Schlagsahne. Nach dem Abendessen für jeden Mann drei Schluck aus der sonst fest verschlossenen Cognac-Pulle.
Ich nehme die Verteilung selbst vor. Mit Hallo werde ich in jedem Raum begrüßt. Man muß höllisch aufpassen, denn es gibt Seeleute, die können trinken ohne zu schlucken. Laut schallt die Musik durchs Boot. Spaß und Gelächter in den Räumen.
Dann wieder Alltag. »Haie an Steuerbord!« meldet der Ausguck. Die Wölfe des Meeres werden bestaunt. Wie Torpedos schießen sie durch die glasklare See. Mal im Rudel, manchmal als Einzelgänger.
Der Hai gilt dem Seemann als Feind. Es ist Tradition, ihm nach dem Leben zu trachten wie er nach dem unseren. Die Heizer schmieden in aller Eile einen besonders großen Angelhaken. Mit Speckstücken locken wir einen Hai bis dicht an die Bordwand. Jetzt den Haken einschlagen! Mehrfach entkommt er im letzten Augenblick. Plötzlich, nach einer Stunde, hat er den Haken im Schlund. Mit Riesenkräften schießt er hin und her, reißt und zerrt an der Stahlleine. Stunden dauert es, bis er müde wird. Langsam holen wir ihn an die Bordwand. Mit einem dicken Rundholz erhält er den Gnadenschlag.
An Deck wird er ausgeweidet. Jeder bekommt einen Haizahn für die Geldbörse. Sie wird dann nie leer. Die Rücken- und

Schwanzflossen werden getrocknet. Als Trophäen der Tropenfahrt befestigen wir sie am Netzabweiser vor der Brücke.
Seit dem Auslaufen sind 20 Tage vergangen. Die gleichmäßige Fahrt wird nur durch gelegentliches Übungstauchen unterbrochen. In dieser Weite haben wir manchmal das Gefühl, als träten wir auf der Stelle. Doch ein Blick auf die Seekarte zeigt unseren Vormarsch. Mit Hilfe des Sextanten »schießen« wir die Sonne und die Sterne und berechnen aus dem Winkel zum Horizont unseren Standort.
Langeweile kommt nicht auf. Täglich wird alles durchexerziert. Immer gibt es Arbeit. Die komplizierte Technik bedarf laufender Pflege und Wartung. Kleine Reparaturen, Geschützreinigen, Wäschewaschen, Reinschiff sind Arbeit genug. Die Torpedos werden nach einem Zeitplan aus ihren Rohren gezogen, ihre Maschinen müssen gepflegt und überprüft werden.
In der Freizeit sitzen geduldige Angler stundenlang an Deck. Jeder Fang wird bestaunt, begutachtet, geschlachtet und gebraten. Die meisten Hochseefische haben eine lederne Haut und schmecken nicht besonders gut. Aber die fliegenden Fische, die oft auf unserem Deck landen, sind so gut wie Bratheringe. Segelquallen, »Beimwinder« genannt, lassen sich mit ihrer hochgestreckten Segelhaut vom sanften Wind dahintreiben.
6000 Meter Wassertiefe liegen unter unserem Kiel.
»Dampfer in Sicht!« Wie ein Blitz zuckt der Ruf durchs Boot. Gespannt starrt die Brückenwache durch die scharfen Doppelgläser auf den Horizont. Zum erstenmal, seit U 156 in Dienst ist, sehen wir einen Dampfer auf dem offenen Meer, in freier Wildbahn. Doch die Jagd ist nicht frei. Auch wenn es ein Gegner ist, müssen wir ihn ziehen lassen.
Zunächst zeigen sich nur zwei Mastspitzen, hin und wieder eine leichte Rauchwolke. Als er höher über den Horizont wächst, tauchen wir. Der Kommandant beobachtet durchs Sehrohr. Jeder darf einmal kurz ins Okular schauen: Der erste Dampfer im Fadenkreuz.
Bald darauf sind die schönen Zeiten des sorglosen Aufenthalts an Oberdeck vorbei. Wir stehen vor den Antillen. Über der Besatzung liegt höchste Spannung.
Am Nachmittag erscheint ein feiner schwarzer Strich über dem

Horizont. Die Insel Guadeloupe. Wir werden sie nördlich passieren, zwischen Guadeloupe und Antigua in die Karibik einbrechen. 24 Tage sind wir in See. Wir tragen den Krieg in ein neues Gebiet.
Der dunkle Strich wird höher, rechts erscheinen mehrere Rauchfahnen, zwei Flugzeuge in der Ferne — Verkehrsmaschinen. Wir tauchen. Niemand darf uns vorzeitig entdecken.
Ein Dampfer fährt auf Torpedoschußweite an uns vorbei. Ohne Zickzackkurs, wie im Frieden. Kein Ausguckposten sucht nach deutschen Ubooten. Noch fünf Tage bis zum 16. Februar.
Nachdem die Sonne untergegangen ist, tauchen wir auf. Die Nacht ist tief schwarz, mondlos. Mit hoher Fahrt laufen wir zwischen die Inseln. Auf vier Seemeilen entfernt blinkt an Backbord das nördlichste Leuchtfeuer von Guadeloupe über Lichtern von Ansiedlungen. Was Verdunkelung ist, wissen sie hier nicht. Ein beleuchteter Dampfer zieht seine Bahn. Zwei Stunden später sind wir in der Karibik.

ANGRIFF AUF ARUBA

Kurs Aruba. Wir fahren mit äußerster Aufmerksamkeit. Wenn am Tag ein Schiff oder Flugzeug gesichtet wird, tauchen wir. Bei Nacht bleiben wir oben und passieren Dampfer in sicherem Abstand. Die erleuchteten Kabinenfenster glitzern wie Perlen in der Dunkelheit. Einmal erklingt Musik zu uns herüber. Tanz an Deck in lauer Tropennacht.
Bei Tag zieht in weiter Ferne die Insel Curaçao an uns vorbei. Sie gehört zu den Niederländischen Antillen vor der Venezolanischen Küste. Unglaublich lange scheint es her zu sein, seit ich auf der alten »Schlesien« während der Auslandsfahrt hier schöne Tage verlebte.
Abenddämmerung. Nach deutscher Zeit ist es ein Uhr nachts. Wir haben unsere Uhren nicht zurückgestellt. Um Zeitirrtümer auszuschalten, fahren alle Uboote nach deutscher Zeit. So geht bei uns die Sonne um Mitternacht unter, und erst gegen Mittag wird es wieder hell.

Die Nacht ist klar. Der Passat weht mit Stärke drei. Es ist ein herrliches Gefühl, mit hoher Fahrt durch die Tropennacht zu brausen.
Am tiefblauen dunklen Horizont erscheint genau voraus ein leichter Schimmer. Ganz langsam verstärkt sich der Lichtschein. Der Mond ist es nicht, er geht erst viel später auf. Kann es schon Aruba sein?
Wir sind noch 40 Seemeilen entfernt, 75 Kilometer.
Keine Insel liegt zwischen uns und Aruba. Höher und heller wird der Lichtschein. Langsam treten einzelne Lichtquellen über den Horizont, ein Lichtermeer wie eine Großstadt. Es ist Aruba, unser Ziel, lichtüberflutet in der nachtdunklen Karibischen See.
Alle dürfen auf die Brücke kommen und das imposante Bild bestaunen. Nur noch kurze Zeit, und wir werden unseren ersten Angriff fahren. Ein größeres und besseres Ziel konnte uns nicht befohlen werden.
Das wird ein Paukenschlag!
25 Millionen Tonnen Rohöl werden jährlich auf dieser felsigen Insel, die nur 165 Quadratkilometer groß ist, zu Benzin verarbeitet. Ohne den Ölreichtum von Venezuela wäre sie eine der vielen unbekannten Eilande des Antillen-Archipels.
Öldunst liegt über dem Meer. Wir können in der dunklen Nacht von Land aus nicht gesehen werden. Bis auf eine halbe Seemeile, weniger als einen Kilometer, schieben wir uns heran. Zwei Orte sind auszumachen: Oranjestadt und Nikolashafen. Dicht an dicht stehen große Öltanks vom Ufer her den leicht ansteigenden Hang hinauf. Sie schimmern silbern, dazwischen Gebäude und hochragende Schornsteine. Dichter dunkler Rauch zieht auf das Meer hinaus.
Auf der Reede von Oranjestadt liegen drei kleine Tanker, im Hafen zählen wir sechs; vor Nikolashafen zwei Tanker mittlerer Größe. Auf der Verbindungsstraße zwischen den beiden Orten fahren Autos mit hellen Scheinwerfern. Eine Schnellbahn pendelt alle zehn Minuten hin und her.
Mit langsamer Fahrt schleichen wir vor beiden Häfen auf und ab. Alles wird genau beobachtet, jede neue Entdeckung besprochen. Noch 24 Stunden.
In der Munitionskammer lagern viele Spreng- und Brandgra-

naten für unsere 10,5 cm Kanone auf dem Vorschiff, viele Leuchtspurgeschosse für die 3,7-cm-Kanone auf dem Achterschiff und für das 2-cm-FLaMG, welches auf dem »Wintergarten« hinter der Brücke steht.

Es wird Tag. Wir tauchen und fahren an der Küste entlang. Unser Sehrohr bestätigt die Beobachtungen der Nacht. Öltanks gleißen in der Sonne, Rauch und Dunst schweben über der Insel. Von den Wellblechunterkünften am Ufer kann niemand unser Sehrohr sichten. Die drei Tanker vor Oranjestadt sind am Morgen ausgelaufen. Abends ankern zwei kleine an ihrer Stelle.

Es ist faszinierend, den Menschen unbemerkt durch das Sehrohr fast bis in den Suppentopf schauen zu können. In einem kleinen Ruderboot sitzen zwei kaffeebraune Neger. Angelschnüre hängen über Bord. Sehr nah erscheinen sie im Sehrohr, das zehn Zentimeter aus dem Wasser ragt. Der eine futtert eine Banane. —

Dunkle Nacht. Wir tauchen auf. Alles ist bis ins Kleinste vorbereitet. Jeder kennt den Plan. Der Kommandant hat sein blaues Jackett angezogen, wie am Sonntag. Die erste Kampfhandlung rückt an unser junges Boot heran.

Immer wieder schauen wir auf die Uhr. Nur wenige Worte fallen. Die Besatzung steht auf Torpedogefechtstationen. Nur die Wache auf der Brücke erlebt mit eigenen Augen das langsame Heranschleichen ans Ziel.

Näher kommt die Insel. Die Umrisse von Oranjestadt werden deutlich. Auf der Reede zeichnen sich zwei kleine Tanker als dunkle Schatten vor dem hellen Hintergrund ab. Nur zwei — Pech für uns.

Die Mündungsklappen der vier Bugtorpedorohre werden geöffnet. Die Aale sind fertig zum Ausstoß.

Noch sieben Minuten bis zum Paukenschlag. Die See ist spiegelglatt. Leise brummen die Diesel. Jetzt sind die Schiffe mit bloßem Auge zu erkennen.

Ich peile durch die Zieloptik auf der Brücke. Der linke Tanker wächst als schwarzer Schatten langsam hinein. Die Torpedos werden auf zwei Meter Tiefenlauf eingestellt.

Noch drei Minuten. Ruhig nennt der Kommandant die Entfernung zum ersten Ziel. Sie wird in den Torpedovorhaltrechner

im Turm eingedreht. Ich halte die Tankermitte genau im Fadenkreuz.
7.59 Uhr. Befehl an den Bugraum zu den Torpedorohren: »Rohr eins fertig!« Der Kommandant zählt: »800 Meter — 700 Meter — 600 Meter.« »Rohr eins ist fertig!« kommt die Meldung aus dem Bugraum. »Rohr eins — Looos!« Ein leiser Rückstoß, ein Vibrieren geht durchs Boot. »Torpedo läuft!« kommt die Meldung von vorn.
Wir halten den Atem an. Für einen Augenblick gehen mir die Seeleute durch den Kopf, die dort drüben nicht an Krieg und Tod denken. Der Obersteuermann zählt leise die Sekunden der Laufzeit. Dann Blitz und Donner der Detonation, eine hohe Stichflamme. Treffer.
Das Boot dreht schon nach steuerbord. Zweiter Tanker genau voraus. Entfernung 700 Meter. Fadenkreuz genau Mitte. »Rohr zwei fertig!« — »Rohr zwei ist fertig.« — »Rohr zwei Looos!« — »Torpedo läuft!«
Links steht der erste Tanker in Flammen. Jetzt explodiert der zweite mit hellroter Stichflamme.
Zur gleichen Zeit greifen die anderen Uboote Ziele in der Karibik an. Das Grollen der vernichtenden Torpedotreffer rollt durch die Stille der Tropennacht. — Paukenschlag. —
»Beide Maschinen große Fahrt voraus!« Kurs Hafen. Befehl ins Boot: »Artillerie klar!«
Die Männer springen aus dem Turmluk an die Waffen. Fast 200 Schuß 10,5 Zentimeter, 2500 für die 3,7, etwa das Doppelte für die Zweizentimeter stehen zur Verfügung.
Artillerieoffizier ist der II WO. Vom dunklen Vorschiff meldet er auf die Brücke hinaus: »10,5-Kanone ist klar!« Von achtern kommen wie ein Echo die Klarmeldungen der leichteren Waffen. Das Boot dreht auf Parallelkurs zur Küste, Ziel an Steuerbord. »Beide Maschinen stop!« Leise rauscht das Wasser am Bug. In 500 Meter Entfernung stehen die silbernen Tanks in den Fadenkreuzen, im Lichtermeer hell angestrahlt.
»Ziel aufgefaßt!« melden die Geschützführer. Der Kommandant reckt sich hoch wie von der Last des Wartens befreit: »Feuer frei!«
Auf dem Vorschiff Blitz und dumpf schlagender Donner, auf

dem Achterschiff bellt die 3,7 in schneller Salvenfolge, in Bogen flitzen die Zweizentimeter-Leuchtspuren auf die Tanks.
Vorn kein zweiter Schuß. »10,5 schießen!« brüllt der Kommandant durchs Megaphon. Keine Antwort.
Die Tanks liegen strahlend beleuchtet wie zuvor. Der Krach der 3,7 Zentimeter auf dem Achterschiff macht die Verständigung mit dem Vorschiff unmöglich. Wieso schießen sie nicht?
»Feuer einstellen!« Noch zweimal knallt die 3,7-Zentimeter, dann herrscht Stille.
Wir beugen uns weit vor über das Brückenkleid. In der Dunkelheit ist auf dem Vorschiff kaum etwas zu erkennen. Wir hören Gemurmel, Stöhnen. Dann eine leise Stimme: »10,5 ausgefallen — Rohrkrepierer!« Die erste Granate hat den vorderen Teil des Rohres zerrissen. Es ist nicht mehr zu gebrauchen.
Ein Verwundeter wird vorsichtig auf die Brücke gehoben und durchs Turmluk ins Boot heruntergelassen. Noch einer: Es ist unser II WO, ein Bein blutüberströmt. Er stöhnt leise.

BOOT OHNE GLÜCK?

Wir sind wie vor den Kopf geschlagen. Mit den leichten Waffen können wir an Land keine vernichtende Wirkung erzielen. Und mancher ahnt einen möglichen Bedienungsfehler, nämlich, daß der Mundpfropfen am Ende des Rohres vergessen wurde und dieser den Rohrkrepierer verursachte. Hat uns ein unglücklicher Kamerad fahrlässig selbst verstümmelt?
»Beide Maschinen halbe Fahrt voraus — hart backbord!« Wir wenden auf das dunkle Meer hinaus. Auch die achteren Geschützbedienungen verschwinden im Boot. Hinter uns liegt Oranjestadt. Auf der Reede flammt das Öl der vernichteten Tanker mit riesigen Rauchwolken. Ein Scheinwerfer tastet über das Wasser, einige Lichter an Land werden gelöscht.
»Beide Maschinen große Fahrt voraus!« Wir laufen nach Osten zum Angriff auf Nikolashafen. Auch ohne die Kanone können wir den Gegner schockieren und schädigen, vor allem mit den Torpedos.

»Schatten voraus!« meldet der Ausguck. Ein Scheinwerfer leuchtet auf, tastet übers Wasser. Zweimal wischt der Strahl über uns hinweg. Wohl ein Polizeiboot. Wir weichen aus, um nicht Abwehrkräfte auf uns zu ziehen. Nikolashafen ist wichtiger.
Aber dort haben wir wieder Pech. An der Pier liegt heute nur ein kleiner Tanker. Gestern waren es noch sechs.
Als wir anlaufen, um wenigstens ihn zu torpedieren, hören wir Motorengeräusch in der Luft. »Flugzeug!« meldet der Ausguck. Es kommt in mittlerer Höhe auf uns zu. Gerade will der Kommandant den Tauchbefehl geben, da braust es auch schon über uns hinweg. Kein gutes Gefühl im Nacken: wir warten auf Bomben. Aber es war wohl ein Zivilflugzeug.
Vor dem dunklen Hintergrund des Ufers ist der Tanker schlecht auszumachen, aber doch kaum zu verfehlen. Bei 600 Meter verläßt der Torpedo das Rohr. Wir zählen die Sekunden der Laufzeit, bis es sinnlos wird. Keine Detonation, vorbeigeschossen. Oder ein Versager? Der Torpedo hätte doch wenigstens an der Kaimauer hochgehen müssen.
Abdrehen, neuer Anlauf, Schuß. Wieder läuft die Zeit, wieder bleibt es still. Verflucht.
Alle Einstellungen waren genau. Der Tanker liegt fest an der Pier. Eine bessere Zielscheibe gibt es nicht. Und wir verschießen zwei unserer unersetzlichen Aale ohne Erfolg.
Nochmals ziehen wir alle Möglichkeiten in unsere Berechnung ein — Tiefgang des Tankers, Strömung. Gehen beim neuen Anlauf so nah wie möglich an ihn heran. Drehen und schießen mit einem Heckrohr.
Der Torpedo ist raus, wir zählen. Die Sekunden werden zu Minuten. — Der Hafen bleibt still.
Da hilft kein Fluchen und kein Schweigen. Unsere Stimmung hat den Nullpunkt erreicht. Drei Torpedos verloren an ein so kleines Ziel, die Kanone ausgefallen, die Verwundeten — das war nicht der Paukenschlag, den wir uns erhofft hatten.
Zwei Jahrzehnte später erzählt mir ein Amerikaner, den ich während der Kieler Woche traf, er habe schon 1941 einen deutschen Torpedo zerlegt, der bei Nikolashafen auf Aruba gefunden wurde — in der Nähe der Pier unbeschädigt auf den flachen Strand gelaufen.

Links: U 156, die 3,7-cm-Kanone achtern wird gepflegt. Mehr als 2 500 Schuß waren der übliche Munitionsvorrat, dazu 5 000 für die 2 cm auf dem „Wintergarten“ der Brücke. — Rechts: 10,5-cm-Ubootskanone vor dem Turm eines Typ IX-Uboots (U 123). 180 Schuß Brand- und Sprengmunition liegen im Boot bereit.

Im Bugraum eines Typ IX-Uboots (U 124, vernichtet am 3. 4. 1943, 53 Tote). Ein Torpedo ist fürs Regeln „gezogen“, die Kiste mit Äpfeln aus Nantes darunter muß lange reichen.

Im Mittelatlantik. Werner Hartenstein, Kommandant U 156, gibt der wachfreien Besatzung auf dem „Wintergarten“ hinter der Brücke an Hand einer Seekarte das Ziel der Feindfahrt bekannt: Operationsgebiet Karibische See, Ölinsel Aruba. Links mit Tropenhelm ein Ausguckposten der Brückenwache; auch im ruhigsten Seegebiet darf die Aufmerksamkeit nie nachlassen.

»Beide Maschinen halbe Fahrt voraus!« Wir laufen ab, Kurs auf die offene See.
Der Kommandant starrt zurück auf die Lichter der Insel, als der LI durchs Turmluk heraufkommt, um eine traurige Meldung zu machen. Der eine Verwundete, ein Matrosengefreiter, ist soeben gestorben. Dem II WO mußte das rechte Bein abgenommen werden. Er hat Morphium erhalten. Die Ursache des Unglücks ist nun geklärt: »Der Mundpfropfen war noch im Rohr.«
Trotz allem Exerzieren, trotz genauer Rollenverteilung an jeden Mann, war der hermetische Verschluß der Rohrmündung — in See unerläßlich, damit das Rohr innen nicht rostet — nicht abgenommen worden. Der ungeheure Druck beim Schuß hat das Rohr gesprengt.
»Danke LI, ich dachte es mir schon,« sagt der Kommandant leise. Dann steigen beide durch das Turmluk ins Boot.
Im Offiziersraum liegt der II WO. Das Bein wurde über dem Knie abgenommen, der Stumpf mit Lebertransalbe versorgt. Wir haben keinen Arzt an Bord. Die Funkmaate haben einen Sanitätslehrgang erhalten, der nicht weit über die erste Hilfe hinausgeht. Wir können in Büchern nachschlagen und uns über Funk aus der Heimat Rat geben lassen. Bei schweren Fällen sind wir jedoch recht hilflos.
Der II WO ist Leutnant zur See, 22. Sein Gesicht ist kreidebleich, er röchelt leise und wälzt sich hin und her. Auf der Koje gegenüber im Offiziersraum liegt der tote Matrose, 19 Jahre alt. Ein Stahlsplitter gab ihm einen schnellen Tod. Sein Gesicht ist friedlich, als ob er schliefe. Als der Morgen dämmert sehen wir uns die Kanone an. Der vordere Teil des Rohrs ist völlig zerrissen. Mittags tritt die Freiwache in der Zentrale an. Aufgebahrt liegt der junge Soldat. Die Kriegsflagge bedeckt den in Segeltuch eingenähten Körper. Der Kommandant spricht Worte des Abschieds, des Dankes und das Vaterunser. Wir singen das Lied vom guten Kameraden. Vorsichtig wird der Tote durchs Turmluk gehoben. Das Boot hat gestoppt. Vom Oberdeck gleitet er unter der Kriegsflagge in die See. Manche junge Kameraden können es kaum fassen, daß so plötzlich einer von ihnen aus unserer Gemeinschaft gerissen wurde.

Im Boot ist es feucht und heiß trotz ständiger Durchlüftung. Dem II WO geht es nicht gut. Immer wieder versinkt er in Bewußtlosigkeit, dann wieder schreit und tobt er. Die beiden Soldaten, die als Krankenwärter abgeteilt sind, bemühen sich in unermüdlicher Sorge um ihn. Wenn er um sich schlägt, können sie ihn mit vereinten Kräften kaum halten. Jedes Essen erbricht er. Durch innere Verletzungen oder eine Gehirnerschütterung? Mit unseren Kenntnissen können wir ihm nicht helfen.

Nicht allzu fern liegt die französische Insel Martinique. Gouverneur und Verwaltung sind der Regierung in Vichy unterstellt, die sich mit Deutschland arrangiert hat. Hier wollen wir unseren II WO zur Behandlung an Land geben. Über Funk erbitten wir die Genehmigung des Befehlshabers der Uboote; sie wird nach kurzer Zeit erteilt.

Kurs Martinique: Zwei Tage werden wir brauchen. Trotz der Sorge um den Kameraden muß die brennstoffsparende langsame Fahrstufe eingehalten werden.

Unablässig hoffen wir auch darauf, daß uns ein gegnerisches Schiff über den Kurs läuft. U 156 kann doch nicht nur Pech haben.

Endlich: »Dampfer in Sicht!« Masten am Horizont, sein Kurs ist erkennbar. Drei Stunden laufen wir mit hoher Fahrt, um uns vor ihn zu setzen. Tauchen, warten. Langsam kommt er über die Kimm. Er ist unbeladen, liegt hoch aus dem Wasser. Ein Amerikaner. 5000 Tonnen mag er haben. Minuten dehnen sich. Der Schweiß rinnt.

Um einen Treffer zu sichern schießen wir einen Zweierfächer. »Fächer fertig!« — »Fächer looos!« Die Torpedos sind aus dem Rohr, die Uhr tickt. Jetzt müßte es knallen. Wir warten, es bleibt still.

Wieder zwei Aale vorbei. Liegt es an uns? Oder an den Torpedos. Die andauernden Fehlschüsse sind uns unerklärlich. —

Wir können ihn nicht verfolgen, müssen so schnell als möglich nach Martinique. Der II WO braucht dringend Ruhe und ärztliche Behandlung. Hitze, Feuchtigkeit, Schmerzen. Sein Zustand verschlechtert sich merklich.

Durch die Nacht laufen wir mit hoher Fahrt. Gegen Morgen: »Schatten voraus!« — »Auf Gefechtsstationen!«

Es ist ein beladener Frachter, etwa 6000 Tonnen. Wir fahren Überwasserangriff aus der Dämmerung heraus. Der erste Schuß sitzt. Er bläst Dampf ab. Treffer im Kesselraum. Langsam läuft er weiter.
Plötzlich zischende, spritzende Aufschläge im Wasser um unser Boot. Man schießt vom Dampfer aus mit zwei kleinen Kanonen auf uns. »Alarm!« — Tauchen. Inzwischen ist es hell geworden.
Seine Chance wäre uns davonzulaufen. Aber er hat keinen Dampf mehr, liegt nun gestoppt. Noch zwei Torpedos ist er wert, einer trifft. Jetzt zeigt er leichte Schlagseite, beschießt unser Sehrohr.
Er hat natürlich SOS gefunkt, seinen Notruf. Ein Flugboot erscheint. Sechs Bomben fallen weit von uns entfernt. Ungezielt, ungefährlich. Im klaren Wasser der Karibik könnten wir auf Sehrohrtiefe vom Flugboot aus gesehen werden. Wir gehen auf größere Tiefe.
Immer, wenn wir auftauchen wollen erscheint das Flugboot wieder im Sehrohr, während des ganzen Tages.
Wir hoffen, daß der Dampfer durch die Torpedotreffer sinken wird.
Die Luft steht wie heißer Dampf in unserer Stahlröhre.

NACHTBESUCH AUF MARTINIQUE

In der Abenddämmerung tauchen wir auf. Das Flugboot zeigt sich nicht mehr. Auch der Dampfer ist weg. Weiter nach Martinique. Wie werden uns die Franzosen empfangen, die fern von Europa eigene Entscheidungen treffen können?
Gegen Mitternacht erscheint die Insel in der mondlosen Nacht als Schatten am Horizont. Immer höher treten die Ufer heraus. Wir fahren in die lange Bucht von Fort de France ein.
Die Einfahrt ist beunruhigend eng. Die Ufer nehmen uns die Bewegungsfreiheit. »Wie in einer Mausefalle . . .« flüstert einer. Das empfinden alle.
Es ist eine brütend heiße Finsternis, die nach Land riecht, nach Tropen und Holzfeuer. Im Hintergrund der Bucht blinzeln ein

paar Lichter, wohl der Hafen. Wir wissen nicht, ob Vichy uns angekündigt hat und ob man uns erwartet.
An Backbord ein abgeblendetes Fahrzeug. Wir schalten unsere Positionslaternen ein und beleuchten die Kriegsflagge, die wir zwischen die beiden ausgefahrenen Sehrohre gespannt haben. Wir wollen unsere friedliche Absicht zeigen. Der Kommandant brüllt durchs Megaphon auf englisch zu dem Schatten hinüber, man solle ein Boot senden. Keine Bewegung an Deck, keine Antwort.
Mit dem Handscheinwerfer morsen wir in Richtung zum Hafen. Nichts rührt sich.
Einlaufen ohne Seekarte und Kenntnis der Situation können wir nicht. Auf jeden Empfang sind wir vorbereitet. Die Torpedorohre und Flakwaffen sind besetzt; drunten im Boot stehen die Männer an den Ventilen. Wir werden uns versenken, wenn etwas schiefgeht. In fremde Hände wird unser Boot nicht fallen.
Der Schatten hat sich in Bewegung gesetzt und fährt langsam um uns herum, meldet sich aber nicht. Die 3,7-Zentimeter ist ständig auf ihn gerichtet. Eine feindliche Geste, und wir feuern.
Noch immer ist es stockdunkel, als ein helles Licht sich vom Hafen her auf uns zu bewegt. Seine Form gewinnt Gestalt: Ein Motorboot. Erleichtert atmen wir auf. Der II WO wird an Deck gebracht, während das Motorboot mit elegantem Schwung längsseit geht. Drei französische Offiziere und etwa sechs schwarze Matrosen kommen zu uns an Deck, alle blitzsauber in schneeweißen Uniformen, auf den flachen Mützen der Matrosen die roten Pompons. Einer der Offiziere ist Elsässer und spricht Deutsch. Sie wurden von Vichy benachrichtigt und werden den Verwundeten übernehmen. Vorsichtig wird der II WO ins Boot gehoben. Unsere Mannschaft darf an Deck kommen. Kameradschaftliches Schulterklopfen, Gestikulieren, Zigarettenaustausch — die meisten sehen zum erstenmal einen Neger aus nächster Nähe. Der II WO ist bei Bewußtsein. Kurzer Abschied: »Gute Besserung!« Leinen los, das Motorboot legt ab. Wenig später verlassen wir mit hoher Fahrt die Bucht, hinaus gehts in die immer noch dunkle Karibik.

Diesmal haben wir Glück, schon nach einer Stunde: »Dampfer voraus!« Kein großes Schiff, doch einen Aal riskieren wir. Schuß, Treffer Mitte. Nach wenigen Minuten sinkt er. Die Besatzung sitzt in zwei Rettungsbooten. Wir fragen sie nach Name und Größe ihres Schiffes, aber ihr Karibik-Pidgin ist nicht zu verstehen. 3000 Tonnen schätzen wir.

Unsere Torpedos vorn sind jetzt alle verschossen. Weitere Aale sind an Oberdeck außerhalb des Druckkörpers in druckfesten Behältern verstaut. Wir holen sie durchs vordere Torpedoluk ins Boot. Dreieinhalb Stunden benötigen wir für die schwere Arbeit mit den sieben Meter langen fettigen Aalen. Während dieser Zeit sind wir nicht tauchklar. Das Luk ist offen, Flaschenzüge und Hebeböcke sind an Deck aufgebaut. Wir müssen es riskieren.

Ich stehe auf Brückenwache, die Sonne scheint auf uns herab. Der Kommandant kommt herauf. Er schaut auf den Horizont, den Himmel und schließlich auf das zerfetzte Rohr. Plötzlich sagt er: »Wir werden das Rohr 30 Zentimeter absägen, dann haben wir die Kanone wieder klar.«

Ich sehe ihn an. Hat er einen Hitzschlag? Kann man ein 10,5-Zentimeter-Kanonenrohr absägen? Es ist aus bestem Stahl, und schließlich wollen wir mit dem Ding auch noch treffen.

Der Alte erklärt seelenruhig, die Geschoßbahn würde wohl nicht mehr so sein wie sie sollte. »Aber«, meint er, »wenn wir nahe an die Dampfer herangehen, treffen wir sie auch mit dem kurzen Rohr.« Ich habe Einwände: »Und wie ist es mit dem Rückstoß, dem Richten, der Pivotierung — schließlich ist ja alles berechnet . . .« Er tut die Fragen mit einem Achselzucken ab: »Muß gehen.«

Der LI entscheidet gegen den Schweißbrenner. Ein glatter Sägeschnitt soll es sein, und wir fürchten im nahenden Abend die weithin leuchtende Schweißflamme, die wir nur schlecht abdecken könnten.

Mit der kleinen Handsäge arbeiten immer zwei Mann je eine Stunde lang. Und es geht. Nach acht Stunden und sechs Sägeblättern knickt das zerrissene Ende ab und wird über Bord geworfen.

Die Kanone ist dadurch nicht mehr richtig ausbalanciert. Zwei

Ausgleichsgewichte werden am Rohr angebracht. Die Handräder fürs Richten erfordern viel Kraft, aber es geht.
Zum Probeschuß wird eine lange Leine am Abzug befestigt und zur Brücke geführt. Der Kommandant bleibt allein oben und zieht. Der Schuß kracht, in 500 bis 600 Meter steigt die Wasserfontäne des Aufschlags hoch. Unsere 10,5-Zentimeter ist wieder schußklar!
Kurs auf einen neuen »Wildwechsel". Kreuz und quer ziehen die Dampferwege durch die Karibik. Mit langsamer Fahrt stampft U 156 gegen den Passat. Wir müssen Brennstoff sparen. Seit 34 Tagen sind wir in See, der Rückmarsch ist weit. Wir wissen nicht, wie lange wir Beute suchen müssen, bis der letzte Torpedo und die Munition verschossen sind.
Der Tag mit blauem Himmel und sengender Sonne nähert sich seinem Ende. 20 Uhr: »Dampfer in Sicht!« Vier Stunden lang ziehen wir vor auf den Kurs, den seine Mastspitzen am Horizont erkennen lassen. Kaum haben wir die Position erreicht, da ruft der Ausguck: »Flieger in 40 Grad!« Alarmtauchen.
Nun sitzen wir im Keller, und unser Dampfer fährt davon. Ein halbe Stunde später ist das Flugzeug im Sehrohr verschwunden. Auftauchen. Es dunkelt, der Mond geht auf, rund und hell. »Beide Maschinen große Fahrt voraus!« Wir laufen auf den errechneten Standort vor dem Dampfer. Nach zwei Stunden erscheint er — mit Zickzackkurs. Diese Folge des deutschen Paukenschlags in der Karibik haben wir nicht so bald erwartet.
Der Mond ist zu hell, um ihn über Wasser anzugreifen. Er würde uns frühzeitig sehen und Abwehrmaßnahmen einleiten. Vielleicht ist er schneller als wir oder stark bewaffnet. Wir halten uns in gutem Abstand neben dem 6000-Tonner.
Als der Mond unter den Horizont sinkt, fahren wir den Angriff. Doch während wir anlaufen, dreht er scharf ab und zeigt uns sein Heck. Erneuter Wettlauf, bis wir ihn wieder im spitzen Winkel von vorn haben. Und wieder dreht er ab. Sehen kann er uns nicht in der dunklen Nacht. Er muß ein Horchgerät haben.
Als er uns erneut ausmanövriert, haben wir genug. Mit hoher Fahrt laufen wir auf sein Heck zu. Aus 600 Meter Entfernung: »Rohr eins — looos!«

Es ist ein Wut- und Verzweiflungsaal; Glücksache und überhaupt nicht kunstgerecht, einem Schiff nachzuschießen. Die schmale Silhouette macht den Treffer sehr fraglich.
Tatsächlich läuft unser Torpedo vorbei. Wieder einer weniger, und wir stehen wenige Seemeilen vor Puerto Rico auf flachem Wasser. Die Morgendämmerung zieht auf. Wir müssen ihn laufen lassen. 14 Stunden lang haben wir uns mit ihm abgegeben, wertvollen Brennstoff verbraucht. Die leichte Beute, die wir in diesem Seegebiet erwarteten, haben wir nicht gefunden.
Der Funkmaat meldet, daß der Dampfer, der auf uns mit seinen Kanonen schoß, gesunken ist. Er hieß »Del Plata«, 5127 Tonnen. Auch ein Trost.
Am Nachmittag kommt ein großer Brocken in Sicht, ein Tanker. Wieder donnern die Motoren Höchstfahrt. Er ist schnell, läuft 14 Knoten, 26 km/h. Die Jagd wird lang. Wir würden ihn gern noch bei Tageslicht erwischen. Es gelingt nicht.
Erst als der Mond aufgeht, stehen wir in Angriffsposition. Tauchen.
Im Mondlicht schiebt er sich langsam ins Fadenkreuz des Sehrohrs, das Auge des Kommandanten. »Rohr drei fertig!« — »Rohr drei — Looos!« Leichter Rückstoß. »Torpedo läuft!« Zur Sicherheit schießen wir gleich noch einen Aal hinterher. Dies Ziel ist wirklich zwei Torpedos wert. Die Sekunden zerhacken die Zeit. Wir zählen mit.
Donner grollt durchs Meer. Gleich darauf ein zweiter Schlag. Wir haben ihn.
Unsere Blicke hängen an den Lippen des Kommandanten, der vor sich hin spricht, was er sieht: »Schwarzer Qualm verdeckt das Schiff. Jetzt verzieht sich der Rauch. Tanker in Ballast. Er läuft weiter . . .«
Wir wissen, was das bedeutet. Beim Tanker ohne Ladung sind die Zellen so weit mit Wasser gefüllt, wie es für die Stabilität des Schiffes nötig ist. Sogar zwei große Löcher in der Bordwand machen ihm nichts aus, denn nur die dahinterliegenden Zellen sind betroffen, etwa ein Zehntel seiner Schwimmfähigkeit. Mit den unversehrten Maschinen läuft er immer noch schnell genug, um uns wiederum zu einer langen Jagd mit zweifelhaftem Erfolg zu zwingen.

Aber wir müssen ihn erwischen. Er ist für den Gegner wertvoll, leicht zu reparieren, und für uns ist es eine Ehrensache geworden.

Wir schaffen es wieder in Angriffsposition zu kommen, wieder läuft er ins Fadenkreuz. Wir schießen unsere letzten beiden Torpedos aus den Heckrohren — vorbei.

U 156, ein Boot voll Angriffsgeist, ist nicht vom Glück begünstigt. Jetzt haben wir nur noch einen einzigen Torpedo vorn, den »Heimataal«. Wenn er verschossen ist, treten wir den Rückmarsch an. Er muß treffen und versenken.

Der Gegner hält seinen Kurs, nach Stunden stehen wir zum Überwasseranlauf vor ihm. Ich habe den Dicken im Zielglas. Unser letzter Aal darf nicht vorbeigehen.

»Beide Maschinen zweimal halbe Fahrt voraus!« Wir laufen den Tanker auf der »Hundekurve« an: schräg von vorn dreht unser Boot langsam so, daß der Bug immer auf den Gegner zeigt.

Der Kommandant ruft laufend die abnehmende Entfernung aus. Der Obermaat, in der Bordhierarchie die »Seemännische Nummer 1«, steht im Turm und dreht die Werte in den Torpedovorhaltrechner ein. Die Geschwindigkeit unseres Bootes und des Gegners sind bereits im Rechner. Meine Zieloptik auf der Brücke mit dem Tanker im Fadenkreuz dreht automatisch die Richtung hinein. Im Vorhaltrechner wird der Vorhaltwinkel errechnet und sogleich im Torpedo eingestellt.

Wenn alle Werte stimmen, müssen wir den Tanker an der Stelle treffen, auf die das Fadenkreuz der Zieloptik im Augenblick des Schusses zeigt.

Das Schiff wächst förmlich ins Glas hinein, wird größer und größer. Ich sehe nur noch die hohe Bordwand, ziele etwas nach achtern, auf die Maschine.

»Jetzt!« sagt der Kommandant. Schuß auf 650 Meter. Sofort drehen wir hart nach Steuerbord, um nicht mit dem nahen Ziel zu kollidieren.

»Torpedo läuft!« Die Zeit läuft. Kein Knall. Wir waren so nah. Es mußte doch ein Treffer sein. Aber nichts — nichts — nichts . .

Der letzte Aal vorbei. Ich drehe mich um, will ihm nicht mehr nachsehen.

Da! Stichflamme. Detonation! In die Maschine getroffen.

Eine hohe schwarze Wolke steigt zum Himmel. Als sie sich verzieht, sehen wir das Achterschiff des Tankers tief im Wasser liegen. Der Bug hebt sich, die Besatzung stürzt in die Rettungsboote. Erst langsam, dann immer schneller sinkt er übers Heck, für Sekunden steht das Vorschiff wie ein Turm über dem Wasser, dann gleitet das Schiff immer schneller in die Flut. Unser letzter Torpedo hat 9000 Bruttoregistertonnen versenkt.

RÜCKMARSCH: KNAPP VORBEI AM UNTERGANG

Wir gehen auf Heimatkurs, verlassen die Karibik durch die Mona-Passage zwischen Haiti und Puerto Rico.
Unsere Munitionskammer ist noch randvoll mit Granaten gefüllt. Wir müssen noch einiges leisten.
Gegen Abend »Dampfer in Sicht!« Wir laufen in weitem Abstand neben ihm her. Der Mond ist zu hell. Erst gegen Morgen werden wir angreifen. Der Artillerieangriff wird vorbereitet.
Der Mond sinkt, wir schieben uns vor zum Anlauf. Alle Rohre sind bereit. Granaten und Munition werden durch den Turm von Mann zu Mann an Deck gegeben.
Anlauf. Näher und näher gleiten wir dem Schatten entgegen. 1000 Meter — 800 Meter — 700 Meter: »Hart Backbord!« Das Boot dreht auf Parallelkurs, Gegner an Steuerbord. — 600 Meter. Die Waffen schwenken aus. »Ziel aufgefaßt!« — »Feuer frei!«
Der Donner rollt. Die 10,5-Zentimeter mit ihrem dumpfen, tiefen Ton. Die 3,7-Zentimeter mit ihrer scharfen schnelleren Folge. Die Zweizentimeter mit ihrem hellen Rattern.
10,5-Zentimeter-Brandgranaten treffen mittschiffs, reißen große Löcher in die Bordwand des Frachters. Die Flakgranaten schlagen in die Brücke. Treffer — Treffer. Eine Explosion schießt in der Mitte des Schiffes hoch, helle Flammen folgen.
Der Dampfer stoppt, Rettungsboote werden ausgeschwungen und senken sich zum Wasser. Auf dem Heck erkennen wir eine Kanone. Sie bleibt unbesetzt.
Weiter trommeln unsere Waffen.

Nach 80 Schuß der 10,5 Zentimeter stellen wir das Feuer ein. Das Schiff brennt über das ganze Deck, eine brennende Fackel in der schwarzen Nacht. Etwa 4000 Tonnen wird er haben. Langsam neigt er sich zur Seite. Sackt achtern ab. Prasselnd und krachend erlischt das Feuer, als er sinkt.
Am Morgen schimmern in der Ferne vier weiße Segel, die Rettungsboote. Wir fahren hin, geben ihnen Kurs und Entfernung zur nächsten Insel.
Zwei Nächte später: »Tanker in Sicht!« Wieder schleichen wir uns an, beim Anlauf blitzt es auf seinem Heck. Er schießt. Aber die Aufschläge liegen weit verstreut, unsere 10,5-Zentimeter konzentriert sich auf die Brücke, die Flak bringt das Geschütz zum Schweigen. Dann schießt die 10,5-Zentimeter auf die Maschine, Feuer breitet sich auf seinem Deck aus.
Wir sehen die Seeleute hin und her laufen und stoppen das Schießen. Boote kommen zu Wasser und setzen ab.
Unsere treue abgeschnittene Kanone donnert weiter auf nächste Entfernung. Jeder Schuß ist ein Treffer in die Wasserlinie. Die Eisenplatten des Rumpfes glühen grellweiß in der Nacht.
Die Helligkeit blendet uns. Das brennende Schiff prasselt und zischt, jault und heult. Plötzlich rauscht es in unseren Ohren, immer lauter. Die Entfernung nimmt jäh ab. »Der fährt ja noch!«
Mächtig schiebt sich der brennende Tanker auf uns zu. Wir laufen auf Kollisionskurs. Mit so wenig Fahrt im Boot, daß wir nicht schnell ausweichen können.
Die Luft wird heißer und heißer. Der Kommandant brüllt: »Steuerbordmaschine große Fahrt voraus! Backbordmaschine große Fahrt zurück! Ruder hart backbord!«
Der Maschinentelegraf klingelt unten bei den Fahrmaaten. Bis die Diesel auf Touren kommen, vergeht quälend lange Zeit.
Hitze und Lärm hüllen uns ein. Immer näher schäumt die Bugwelle des Tankers an uns heran. »Geschützbedienungen festhalten!« Jeder klammert sich an, wo er steht. Die Männer an Oberdeck springen hinter den Turm.
Ein Zittern geht durchs Boot: Die Diesel arbeiten mit höchster Drehzahl gegeneinander, das Boot dreht auf der Stelle an.
Er erwischt uns. Unter der Wucht des Anpralls neigt sich U 156

stark nach backbord, schwingt zurück. Der Stoß traf uns vorn am Bug in spitzem Winkel, jetzt rutschen wir längsseit an der hohen, glühenden Bordwand entlang, über uns die Flammen und die unheimlichen Geräusche.

Schnelle Maschinen- und Ruderkommandos — nach einer Ewigkeit trennt sich unser Boot von der Glut. Der Koloß zieht langsam weiter, mit dem Rest seines Dampfes und etwas Backbordruder läuft er einen großen Kreis. Nach einer Stunde sinkt er. Hätte er uns schwerer und weiter achtern getroffen, lägen wir schon vor ihm in der Tiefe, ein ruhmloses Ende.

Keiner ist verletzt. Unser verbogener Steven sieht schlimm aus, aber der Druckkörper blieb unbeschädigt. Das Steuerbord-Tiefenruder ist zerstört, sein Gegenstück an Backbord nicht zu bewegen. Dieser Schaden ist sehr nachteilig beim Tauchen und Auftauchen und beim Tiefensteuern, macht uns aber nicht tauchunfähig. Die Lager der Ruderschäfte sind dicht geblieben.

Die letzten Granaten sind verschossen. Der Heimatkurs führt wieder über die leere Weite, durch die wir vor Wochen gekommen sind. Passat, Kalmen, Sargasso-Meer, vorbei an den Azoren. Sechs Dampfer haben wir versenkt, 25 700 Bruttoregistertonnen. Ein Toter liegt in der Tiefe des Antillen-Meers, ein Verwundeter auf Martinique.

Vor der Biskaya nimmt jeder noch ein Bad unter der Seewasserdusche im Dieselraum. Sauber und frisch gebügelt sind unsere Sachen, die Arbeitspäckchen.

Nach 58 Tagen Feindfahrt kommt die Ile de Croix in Sicht. Ein Minensuchboot blinkt mit dem Signalscheinwerfer den ersten Gruß: »Herzlich willkommen in der Heimat!«

Wir danken und scheren in sein Kielwasser ein. Der Minensucher ist unentbehrlich; stets drohen Minen des Gegners auf diesen Wegen. Auch auf Angriffe aus der Luft müssen wir gefaßt sein, die Waffen sind besetzt.

Mit sechs Versenkungswimpeln am Sehrohrmast laufen wir in Lorient ein. Jeder weht für einen Dampfer, die Tonnage ist darauf gepinselt. Die Haifischflossen am Netzabweiser sind nicht verlorengegangen. Von 10 500 Seemeilen, 19 500 Kilometer, über und unter Wasser ist das Boot grauweiß, von Wasser und Sonne gebleicht, mit Muscheln verkrustet.

Bis auf die Maschinenwache ist die Besatzung an Deck angetreten. Langsam nähern wir uns dem Anleger. Mützenschwenken, Hurra, Musik und Willkommenrufe klingen zu uns herüber. Die Leinen fliegen an Land. »Beide Maschinen stopp. Alle Maschinen Feuer aus!«

WIEDER IN DIE KARIBIK

Erst in der Heimat habe ich ganz erfaßt, was mir ein Funkspruch mitten in die Anspannung der Feindfahrt übermittelt hatte: »Ein Sohn geboren, Mutter und Kind gesund!« Wir konnten nicht feiern, als unser II WO schwer verwundet bei uns war. Auch auf dem Rückmarsch wissen wir nicht, ob wir unsere Familien wiedersehen.
Unsere Angehörigen haben es schwerer in Sorgen und Angst. Warten durch Wochen und Monate, in denen jeder Tag die schlimme Nachricht bringen kann, daß U 156 nicht zurückkehrt. Die große Freude beim Wiedersehen und der allzu kurze Urlaub — dann wieder die Trennung für die unbestimmte Zeit, vielleicht für immer. Der Abschied ist das Schlimmste.
Vor einem Jahr habe ich in Berlin geheiratet, beim Uboot-Wachoffizierlehrgang an der Ostsee konnten wir in meiner Freizeit zusammensein. Jetzt gehöre ich wieder dem Boot. An meinem ersten Hochzeitstag ist U 156 schon vier Tage in See.
Am 21. April 1942 sind wir ausgelaufen. Wieder für die Tropen ausgerüstet. Kurs West in die Biskaya, die von den britischen Flugzeugen überwacht wird. Am zweiten Tag 16 Stunden Unterwassermarsch. Wer nicht auf Wache ist, muß sich auf die Koje legen, um wenig Sauerstoff zu verbrauchen. Lesen, schlafen, denken . . . und schreiben, dies Tagebuch, hinter dem zugezogenen Vorhang im Offizierswohnraum.
Am dritten Tag 16 Stunden unter Wasser, Temperatur und Luft im Boot sind erträglich. Erst am fünften Tag marschieren wir auch bei Tag über Wasser mit unserer brennstoffsparenden Geschwindigkeit für weiteste Entfernung. Diesmal wissen wir schon, wohin es geht. Der Panama-Kanal ist das Ziel.

Mehr als viertausend Seemeilen sind es bis dorthin. Wochenlang werden wir anmarschieren, meist fern von Schiffskursen durch den Atlantik. Aber in jedem Augenblick sind wir bereit zum Einsatz. Anhand des Logbuchs hat der Kommandant beim Befehlshaber der Uboote genaue Rechenschaft über unsere zweite Feindfahrt abgelegt. Dönitz ist unerbittlich in seiner Kritik, aber stets Berater und Freund. Seine Kommandanten sind eine »band of brothers«, ein Bruderbund wie einst die Offiziere Nelsons. Wir hatten unser Bestes getan, aber noch wissen wir nicht, ob U 156 als glückliches Boot in die Chronik unserer Waffe eingehen wird.

Das Wetter ist recht unfreundlich, grauverhangen, regnerisch, mit viel Wind.

Unser Schmut ist Konditor, heute, am Sonntag, gab es Torte.

Sechster Tag: Unser Oberfähnrich, der neue II WO, ist zum Leutnant befördert worden. Für jeden ein Glas Schnaps. Sonst sture Marschfahrt mit viel Wind und hoher See.

Am siebten Tag wird der Wind zum Orkan. Aus Nord-Nordwest rollen gewaltige Wogen heran. Gischt wird zu einem meterhohen Sprühschleier hochgerissen, der wie Nebel über der tosenden Fläche liegt: »Die See kocht«.

Wir laufen mit langsamer Fahrt schräg, etwa 60 Grad, gegen Wind und Wellen an. Wie hohe Wände kommen die Wogen auf uns zu, unglaublich hoch. Das Boot klettert den Abhang hinauf. Urkräfte heben uns auf den Gipfel und lassen für Augenblicke über die Gischt hinweg die Hügelketten des Atlantik bis zum Horizont sehen, dann versacken wir atemberaubend ins tiefe Tal.

Bei Überwasserschiffen kann dies Wetter Kleinholz kosten, eingeschlagene Bullaugen und sogar Brückenfenster, eingedrückte Ladeluken, weggerissene Rettungsboote.

Solche Sorgen haben wir nicht. Das Turmluk ist geschlossen, die vier Mann auf der Brücke sind angegurtet, naß bis auf die Knochen.

Die Ansaugöffnungen für die Diesel befinden sich seitlich oben in der Brückenverkleidung. Wenn die grüne Wand eines Brechers über uns zusammenstürzt, sprudeln Wassermassen ins Boot. Der Stutzen geht nicht direkt in die Diesel; sie saugen aus

dem Bootsraum an. Für Augenblicke gibt es Unterdruck, Öl- und Auspuffgestank zieht durchs Boot. Mit dem Wasser wird die ständig laufende Hauptlenzpumpe fertig.
Wenn es über dem Wasser zu ungemütlich wird, können wir tauchen. Bis auf 70 Meter müssen wir gehen, um in völlig ruhiger Tiefe zu sein.
Am achten Tag läßt der Wind nach, aus den Sturmwellen wird lange Dünung. Für Augenblicke blitzen erste Sonnenstrahlen durch die Wolkendecke.
Der Anmarsch ist so lang, daß Kopf und Körper sich darauf einstellen wie beim Infanteristen: »Klotz am Bein, Klavier vorm Bauch, wie lang ist doch der Weg.«
Trotz der Strapazen auf der Brücke ist es schön, die See und den Himmel zu sehen. Dann hinunter zur Unterhaltung und Kartenspiel oder ans Schachbrett. In der Koje hinter dem Vorhang das gute Buch, eine andere Welt. Hinübergleiten in den Schlaf. Wieder Wache, wieder Entspannung, wieder Träume.
Am neunten Tag müssen wir die Azoren-Insel Santa Maria in Sicht bekommen, aber es regnet ununterbrochen, weiter und weiter noch vier Tage lang. Himmel und See gehen ineinander über, das ewige Grau drückt auf die Stimmung. Wir schimpfen wie die Rohrspatzen und sehnen uns nach sengender Sonne.
Endlich strahlt der Himmel, und ein Funkspruch bessert die Laune weiter auf: »Operationsgebiet nicht Panama-Kanal. Freie Jagd vor den Kleinen Antillen.«
Das ist nicht so weit, und wir sind nicht auf einen engen Raum festgelegt, haben freie Wahl für das beste Jagdgebiet wie einst die Piraten, die dort spanische Galeonen abfingen.
Zwei Wochen Marschfahrt haben wir hinter uns. Noch eine Woche, und unser Krieg beginnt. Am 16. Tag kommt endlich das Wetter, das wir von unserer letzten Fahrt kennen. Blauer Himmel, Sommerwolken, leichter kühlender Wind, klare weite Sicht.
Ein Funkspruch hat uns angewiesen, am 19. Tag ein Uboot zu treffen, das aus der Karibik zurückkehrt und Brennstoff braucht. Wir werden ihm einige Tonnen abgeben.
Wir steuern den Treffpunkt an und stoppen. Alle haben Briefe geschrieben, die das Boot mitnehmen wird. Sie kürzen die

quälende Wartezeit ab, an der die Familien der Ubootfahrer besonders schwer tragen.

Genau zur festgelegten Zeit erscheint ein schwarzer Punkt im Horizont, bald als Uboot unseres Typs zu erkennen.

Wir liegen dicht beieinander, trotz der ruhigen See nicht längsseits — die an Bug und Heck unter Wasser herausragenden Tiefenruder dürfen nicht beschädigt werden. Begrüßung von Brücke zu Brücke — seit Wochen einmal andere Stimmen. Mit unserem kleinen Schlauchboot wird das Ende des schweren Ölschlauchs hinübergepaddelt. Dann läuft die Ölpumpe, die Besatzungen stehen an Deck. Obwohl wir ganz schön brüllen müssen, ist die Unterhaltung lebhaft.

Goldene Berge versprechen uns die Kameraden. Mehr als 40 000 Tonnen müßten für uns drin sein. Die feindliche Abwehr sei aber schon ganz gut aufgebaut. Es sei nicht mehr wie zu Anfang in der Karibik, und vor feindlichen Flugzeugen werden wir gewarnt.

Nach einer Stunde ist die Brennstoffübernahme beendet. Wir holen den Schlauch wieder ein. Letzte Glückwünsche von Boot zu Boot, rufen, winken: »Gute Fahrt!«

Das Schlauchboot hat unsere Briefe hinübergebracht. Langsam dreht er ab auf Heimatkurs, wird kleiner und kleiner . . .

20. Tag. Um 17 Uhr steht die Sonne senkrecht über uns. Ob man im Boot steht, sitzt oder liegt, immer rinnt der Schweiß. Alle tragen ein Schweißtuch um den Hals, das gelegentlich ausgewrungen wird. Große Lüfter heulen Tag und Nacht; sie drücken Frischluft in Bug- und Heckraum. Viel hilft es nicht bei der Warmwasserheizung von draußen, aber ohne wäre es noch heißer.

Diesmal müssen wir nicht unbemerkt in die Karibik gelangen. Unser Kurs kreuzt einen Dampferweg, der nach Aussage des Seehandbuchs stark befahren ist. »Beide Maschinen stop!« Wir warten auf Beute.

Der Passat treibt uns nach Westen. Breitbeinig versucht jeder, mit dem heftigen Schlingern klarzukommen. Die Uboote sind rank — sie kommen leicht in Schräglage und pendeln heftig zurück; schwankende Stehaufmännchen.

Am 21. Tag der Feindfahrt liegen wir gestoppt. Um 21 Uhr

deutscher Zeit, hier früher Nachmittag, schallt der ersehnte Ruf des Ausgucks: »Dampfer in Sicht!«

FEHLSCHÜSSE UND ERSTE TREFFER

Masten über der Kimm. Auf geht's! Das Boot dreht auf Kurs. Keiner denkt mehr an den Schweiß, die Eintönigkeit des langen Anmarsches. Der Bug stößt rauschend in die Dünung, das Kielwasser zieht einen langen weißen Schweif hinter uns her.
Nach fünf Stunden stehen wir vor ihm, es ist dunkel. Torpedoangriff über Wasser. Zwei Aale verlassen die Rohre. Warten — nichts — vorbeigeschossen.
Das fängt gut an. Vielleicht hat er bei Beginn der Dunkelheit seine Geschwindigkeit geändert.
Neuer Anlauf. Alle Werte genau. Näher heran. Jetzt nur ein Torpedo: »Loos!«
Abdrehen vom Angriffskurs. Das starke Meeresleuchten läßt uns den Aal gut mit dem Glas verfolgen. Zuerst sieht es aus, als liefe er weit vorn vorbei. Dann aber schiebt sich das Ziel als schwarzer Schatten ins Doppelglas. Immer noch ist der Aal zu sehen. Er läuft genau auf den Dampfer zu. Noch Sekunden — Stichflamme. Grell blitzt es auf, dumpf rollt der Donner.
Der Dampfer stoppt, Lichter an Deck, das Heck sackt schon. Rettungsboote klatschen ins Wasser. Nach 25 Minuten hebt sich der Bug, für Sekunden ragt er senkrecht hoch, dann sind 6000 Tonnen auf dem Weg zum Meeresgrund.
Leider bekommen wir von den Männern in den Booten keinen Schiffsnamen. Ihr Sprachgemisch ist nicht zu verstehen. Sie setzen Segel und treiben im Passat den Antillen entgegen. Arme Kerls, sie werden ziemlich lange segeln müssen. Dafür ausgerüstet sind sie offenbar, sie wollen nur weg von uns.
Der 22. Tag bricht an. Am Nachmittag sichten wir wieder Mastspitzen eines Dampfers, setzen uns an der Grenze der Sichtweite vor ihn. Er ist schwierig, fährt Zickzack-Kurs. Wir peilen ihn ständig. Nach einigen Stunden können wir sein Zickzackschema und den Generalkurs aus der Karte entnehmen.

Ölförderung in der Maracaibo-See. Die Öltanks von Aruba zu beschießen, ist Operationsziel von U 156 in der Aktion „Paukenschlag".

Aus der Traum: So sieht ein Rohrkrepierer aus. Auf U 156 platzte die 10,5 beim ersten Schuß auf die Öltanks von Aruba, weil der Mündungspfropfen — in See unbedingt nötig — noch im Rohr steckte, tödliche Vergeßlichkeit. Das Bild zeigt einen Rohrkrepierer auf U 105 (vernichtet am 2. Juni 1943 vor Dakar). Auf U 156 gelang es, das weiter vorn beschädigte Rohr abzusägen, die Kanone konnte wieder eingesetzt werden.

Schöne Tage unter südlicher Sonne auf dem Atlantik. Baden an Oberdeck, im durchfluteten Raum zwischen Deck und Druckkörper.

U 156 macht einen Fang.

Es ist noch hell, als wir zum Angriff tauchen. Das Sehrohr wird ausgefahren. Der Kommandant schaut nun aus der Froschperspektive. Der Gesichtskreis ist viel kleiner geworden.

25 Seemeilen war der Dampfer entfernt, als wir tauchten, 46 Kilometer. Im Sehrohr erscheint er zunächst nicht, der Kommandant muß auf unsere Berechnungen vertrauen, nach denen der Dampfer 20 Seemeilen durchfahren muß, bis er uns vor die Rohre läuft — 37 Kilometer.

»Noch zehn Meilen,« meldet der Obersteuermann aus der Zentrale — 18,5 Kilometer. Er »fährt« den Dampfer auf der Karte weiter, koppelt den voraussichtlichen Kurs mit.

»Noch sieben!« Der Kommandant fährt das Sehrohr hoch aus, um auf größte Sichtweite zu kommen und nötige Kursverbesserungen rechtzeitig einleiten zu können. Minuten vergehen.

»Da ist er!« Mastspitzen, Schornstein, Kommandobrücke, schließlich das ganze Schiff im Blickfeld.

Der Kommandant preßt das Auge auf den Gummiring am Okular des Sehrohrs. Langsam dreht er das Rohr der Bewegung des anlaufenden Ziels nach, murmelt seine Beobachtungen: »Liegt noch ab. Ist noch zu weit weg.«

»In 30 Sekunden wird er um 30 Grad nach Backbord drehen,« meldet der Obersteuermann von unten. »Hoffentlich,« kommt's vom Sehrohr.

Zwei Torpedorohre sind bewässert, die Mündungsklappen geöffnet, die Aale fertig zum Schuß. »Er dreht auf uns zu!« ertönt es im Turm. Wir atmen auf. »Jetzt liegt er gut. Gegnerlage 45 Grad, Entfernung 1500 Meter.«

Die Kurbel am Vorhaltrechner schnurrt. »Steht!« meldet der Bootsmann, der die Werte eingedreht hat. »Lage 60 Grad, Entfernung 1000 Meter.« — »Steht.«

»Rohr drei fertig!« Aus dem Sprachrohr kommt die Antwort: »Rohr drei ist fertig!« — »Lage 75 Grad, Entfernung 700 Meter.« — »Steht!«

»Rohr drei looos!« Ich stehe neben dem Kommandanten am Abzughebel im Turm. Der Torpedomaat im Bugraum am Rohr drei schlägt zur Sicherheit mit auf die Handabfeuerung. Vibrieren, Zischen, der Aal ist raus: »Torpedo läuft!«

Der Kommandant sitzt wie mit dem Sehrohr zusammengewach-

sen, schnauft in der Anspannung. Schweiß rinnt ihm über Nakken und Arme. Wir halten den Atem an.
Rums — es dröhnt durchs Boot. »Treffer!« hallt es durch die Räume. »Treffer vorn,« berichtet der Alte ganz ruhig. »Hat im Vorschiff ein großes Loch. Boote gehen zu Wasser. Er liegt gestoppt. Sinkt vorn tiefer.« Über den Bordlautsprecher gebe ich seine Worte an die Besatzung weiter.
Langsam fahren wir auf Sehrohrtiefe um sein Heck. »City of Melbourne, Liverpool«, buchstabiert der Kommandant. Schnell ist der Name im Lloyd's Register gefunden. 6300 Bruttoregistertonnen. Ein schöner Brocken. Er will nicht sinken. Immer noch liegt er, nach vorn geneigt, in der Dünung. »Auftauchen — Artillerie klar!« Das Boot durchbricht die Wasseroberfläche. Turmluk auf, Wache auf die Brücke. Wie die Wiesel springen die Geschützbedienungen an die neue 10,5-Zentimeter-Kanone.
Nach 20 Schuß aus nächster Entfernung bricht das Schiff mit gewaltigem Krachen und Fauchen auseinander und sinkt.
Wir fahren zu den sechs Rettungsbooten, die schon Segel gesetzt haben. Kurs und Entfernung zum Land werden angesagt, Wasser und Proviant angeboten. Aber sie haben alles Notwendige an Bord. Die 400 Seemeilen bis zur nächsten Antillen-Insel werden sie bei diesem Wind in etwa acht Tagen schaffen.
23. Tag. Wir liegen wieder gestoppt. Das Sehrohr haben wir hoch ausgefahren, es erweitert unseren Gesichtskreis erheblich. Der Tag ist schön. Essen, schlafen, duschen, Wäsche waschen.
Am späten Nachmittag kommt wieder einer. Er läuft geraden Kurs. Das wird ein leichter Schuß. Vorsetzen, Angriff über Wasser in der Dunkelheit. Schuß — Spannung — vorbei. Ruhig und nichts ahnend läuft er weiter.
Stundenlang dröhnen die Diesel beim erneuten Vorsetzmanöver. Entfernung 500 Meter, alles muß stimmen. Doch wieder geht der Aal vorbei. Kann das wirklich an uns liegen? Steuerungsversager der Torpedos sind nicht selten.
Wir jagen durch die Dunkelheit, greifen auf 500 Meter erneut an. Endlich schaffen wir es. Hohe Stichflamme im Vorschiff, die Besatzung springt in die Boote. Nach einer halben Stunde sinkt er über den Bug. 4300 Tonnen — es war eine teure Beute. Die Boote segeln in die Dunkelheit.

Sofort müssen wir die vier Reserveaale vom Oberdeck ins Boot mannen. Gegen Morgen ist die schwere Arbeit beendet. Ich falle in die Koje. In zwei Stunden beginnt meine Brückenwache.
Kurz nach Mittag: »Dampfer in Sicht!« Wenn das so weitergeht, haben wir in wenigen Tagen unsere Torpedos verschossen und können nach Hause fahren.
Während wir uns vorsetzen, stoppt er plötzlich. Wir wundern uns. Hat er Maschinenschaden? Oder hat er uns gesichtet? Der Obersteuermann ruft aus der Zentrale: »Es kann sein, daß er die Schiffbrüchigen von unserem letzten Dampfer getroffen hat und sie aufnimmt.« Dann müssen die armen Deubel eben zweimal in den Bach. »Hoffentlich hat er auch die Boote mit an Deck genommen,« meint der Kommandant. Wir haben nichts gegen die Seeleute. Der Gedanke, sie in überladenen Booten in ein ungewisses Schicksal treiben zu lassen, wäre keine gute Erinnerung.
Er nimmt wieder Fahrt auf, mit scharfen Zickzackkursen ohne Schema. Also hat der Obersteuermann richtig vermutet.
Hier hilft uns nur das Glück. Wir können seine Kurse nicht vorausberechnen. Nur tauchen und hoffen, daß er uns zufällig günstig vors Rohr läuft. Er tut es. Auf 1200 Meter fällt der Schuß.
Treffer im Vorschiff! Er sackt nach vorn ab. Boote zu Wasser. Bald schwabbern zwölf Stück auf dem großen Teich. Nach 15 Minuten ist der Dampfer verschwunden. Er hatte viel Decksladung, Autos und große Flugzeugteile.
»Auftauchen!« Wir fahren zu den Booten und begrüßen unsere Bekannten vom Tag zuvor. Was sie über uns denken, ist ihnen anzusehen. Es war der Dampfer »Kupa«, ein Jugoslawe mit 4380 Tonnen. Die Rettungsboote setzen Segel und ziehen wie bei einer Regatta im Passatwind nach Westen.
Die Untergangsstelle ist übersät mit Wrackteilen. Wir fischen einige Autoschläuche und Reifen. Schade, daß wir in unserer Enge die Reifen nicht mit in die Heimat nehmen können — es sind mehr als 100. Auch Zigaretten schwimmen auf dem Wasser, Marke Chesterfield, leider ohne Packung. Wenn sie getrocknet sind, lassen sie sich vielleicht doch noch rauchen.

Wir hoffen, daß dieser ergiebige Dampferweg nicht durch Funksprüche der sinkenden Schiffe gestört ist. Am 24. Tag bleibt der Horizont leer, für U 156 ist es ein Bade- und Ruhetag. Auch am nächsten Tag vergehen die Stunden ohne Ausguckmeldung. Doch am Nachmittag: »Dampfer in Sicht!«
Er kommt genau auf uns zu. Wir laufen an der Grenze der Sicht vor ihm her, er zickzackt. Nach einer Stunde ist sein Generalkurs ermittelt. Tauchen. Langsam wandert er ins Sehrohr.
Schuß — Treffer. »Auftauchen!« — er sinkt schnell. »Bardale« aus England, 5073 Tonnen.
Viele Flugzeugteile schwimmen an der Untergangsstelle. Dazwischen entdeckt der Ausguck einen Menschen. Wir holen ihn an Bord. Es ist ein junger Seemann, Amerikaner. Ich unterhalte mich mit ihm. Sie waren auf der Fahrt von New York nach Basra am Persischen Golf. Der Junge erzählt, daß er im Frieden umgerechnet 120 Mark Monatsheuer verdient. Jetzt im Krieg bekommt er 200. Eigentlich wenig bei der Aussicht aufs Ertrinken.
Wenn die Besatzung heil irgendwo an Land kommt, muß sie sich sofort bei der Polizei melden und wird dann wieder auf einen neuen Dampfer beordert. Erfahrene Seeleute sind schon rar beim Gegner. Neue Dampfer kann man im Akkord zusammenschweißen. Gute Besatzungen lassen sich nicht so schnell ersetzen.
Wir bringen ihn zu einem der Rettungsboote. Gute Fahrt, Seemann.
Riesige Flugzeugreifen schwimmen um uns herum. Einen fischen wir, um ihn als Trophäe mit nach Hause zu nehmen.
26. Tag, frühe Morgendämmerung. In diesen Stunden sind wir besonders wachsam. Die Sichtweite wächst fast schlagartig, und es kann geschehen, daß wir plötzlich auf kurze Entfernung ein Fahrzeug vor uns haben. Wenn es ein Dampfer ist, geht es noch. Bei einem Kriegsschiff kann es sehr unangenehm werden.
»Dunkler Schatten an Steuerbord!« — »Beide Maschinen große Fahrt voraus, hart Backbord!« Erst mal Fahrt ins Boot, damit wir manövrierfähig sind. Abdrehen, das Heck zeigen — schmale Silhouette, damit er uns nicht entdeckt.

Aufs Hochdrehen der Diesel ist der Kommandant schon aus der Koje hinauf auf die Brücke geeilt. Ein kurzer Blick zum Gegner: »Auf Gefechtsstationen. Rohr drei und vier bewässern!« Alles muß sehr schnell gehen, sonst wird es zu hell für einen Überwasserangriff.

»Rohr drei fertig — Rohr drei loos!«

Treffer. Es ist ein Amerikaner, »Quaker City«, 4971 Tonnen. Die amerikanischen Seeleute in den Booten sind in guter Stimmung. Keiner ist verletzt. Als wir Proviant anbieten, lehnen sie dankend ab. »Habt ihr Spielkarten?« fragen sie. Wir werfen ihnen drei Spiele zu. Die haben Humor.

14 Uhr, eine Rauchwolke am Horizont. Wieder ein Tanker in Ballast, geschätzte Größe 8000 Tonnen. Fünf Stunden laufen wir mit hoher Fahrt in die Angriffsposition. Tauchen, Doppeltreffer. Er reagiert kaum, läuft mit elf Knoten Fahrt weiter.

Erneute Jagd bis in die Nacht, Überwasserangriff. Wieder trifft ein Aal und reißt ihm ein paar Zellen mehr auf. Aber die Maschine ist unbeschädigt, mit sieben Knoten zieht er weiter. Von seinem Heck schießt eine Kanone wild in die Gegend. Es ist sehr dunkel; zu sehen sind wir nicht.

Sieben Uhr morgens. Wieder ein Treffer, wieder keine Wirkung. Er läuft weiter, die Dämmerung setzt ein. Wir wollen nicht unseren gesamten Torpedobestand in seinen Rumpf jagen, aber noch einen Schuß ist er wert.

»Torpedo läuft!« Warten — Stille — nichts. Verdammt, auch noch vorbeigeschossen!

Es wird hell, wir drehen ab. Mit vier großen Löcher in seiner Bordwand läuft er langsam seinem Ziel entgegen.

20 Stunden lang haben wir ihn gejagt, fünfmal angegriffen, viermal getroffen und keine Tonne dazuverdient. Ein paar Wochen wird er in der Werft liegen müssen, immerhin. Unsere Stimmung ist nicht rosig.

NEUES ZIEL: MARTINIQUE

Während der Nacht zum 28. Tag der Feindfahrt erhalten wir einen Funkspruch vom Befehlshaber der Uboote. U 156 soll

vor den Haupthafen von Martinique gehen. Dort, in Fort de France, liegt der französische Flugzeugträger »Béarn« mit einigen weiteren Kriegsschiffen, die unter dem Befehl der Regierung von Vichy stehen. Der Gouverneur der Insel wird von den Amerikanern gedrängt, auf die Seite der Alliierten überzuwechseln. Die Schiffe sind für den Gegner wertvoll, Flugzeugträger bei Geleitzügen gehören zu den gefährlichsten Kampfmitteln gegen die Uboote. Wenn die Franzosen den Hafen verlassen, müssen wir zum Schuß kommen.
Wir laufen mit Kurs Martinique. Steifer Passat schräg von achtern, der Himmel ist leicht bewölkt.
Nachmittag auf Brückenwache, kurz vor der Ablösung. Kaffeeduft steigt aus dem Turmluk. Da plötzlich: »Flugzeug!« Aus einer Wolke stößt es heraus. Tauchen ist sicherer als Flakabwehr, bei der wir ein leicht verletzliches Ziel bilden.
»Alarm!« Wie die Säcke lassen wir uns ins Turmluk fallen, rutschen die steile Leiter hinunter in die Zentrale, während die Luft schon aus den vorderen Tauchtanks zischt. Der Bug schneidet unter. »Turmluk ist zu!« Die Diesel haben gestoppt, die E-Maschinen übernehmen den Antrieb.
Runter, bloß runter! In kaum 30 Sekunden ist das große Boot von der Oberfläche verschwunden. Das Flugzeug war verflucht nah. Wir halten die Luft an, ziehen die Köpfe ein. Der LI ruft die Tiefe aus: »Zehn Meter.« Gleich muß es krachen. Bomben können uns durch die Druckwelle unter Wasser vernichtend treffen.
Das Boot ist steil nach vorn geneigt, 20 Grad zeigt das Instrument. Aber der Tiefenmesser müßte sich beeilen. »20 Meter!« — da kracht es draußen schon, zweimal dicht hintereinander: Rums — Rums —.
U 156 wird geschüttelt. Glas klirrt und splittert. Das Licht geht aus. Nur in der Zentrale glimmt eine Notbeleuchtung. In den anderen Räumen hält sich jeder in der Stockfinsternis fest, wo er gerade steht. Steil wie noch nie stößt das Boot nach unten.
Keine weiteren Bomben. Das Wasser gurgelt leise. 60 Meter. »Beide Ruder hart oben!« — die Stimme des LI ist ruhig wie immer, das Boot wird abgefangen und kommt wieder in die

Horizontale. Die E-Heizer setzen Sicherungen und Birnen ein. Mit der Helligkeit löst sich die Spannung.
»Frage: Wassereinbruch?« fragt die Zentrale nach vorn und achtern.
»Vordere Räume kein Wassereinbruch — hintere Räume kein Wassereinbruch« — »Boot ist voll tauchklar,« meldet der LI dem Kommandanten.
Es ist noch einmal gut gegangen. Erst in der Nacht tauchen wir auf und holen die Reservetorpedos aus ihren Behältern an Oberdeck.
29. Tag der Feindfahrt: Ein Flugzeug wird rechtzeitig gesichtet, wir kommen ohne Bomben davon. Bei dieser Luftüberwachung können wir uns am Tag nur getaucht den Inseln nähern.
30. Tag, 16 Stunden Tauchfahrt mit 45 Grad Wärme und 98 Prozent Luftfeuchtigkeit im Boot. Der Schweiß fließt. Jeder rührt sich nur, wenn es unbedingt sein muß. Die Kammerlüfter, kleine Ventilatoren, quirlen heiße Luft auf die feuchte Haut. Es kühlt ein wenig.
Wir haben Martinique erreicht. In der Nacht schleichen wir uns über Wasser an der Küste entlang und suchen nach Kriegsschiffen.
Die See liegt dunkel unter dem tiefblauen Sternenhimmel, die Ufer sind eine schwarze Schattenwand. Immer wieder sehen Ufervorsprünge wie Schiffe aus, die vor Anker liegen. Wenn wir näher herangehen, kann uns der Diesellärm auch bei langsamer Fahrt verraten. Mit den E-Maschinen gleiten wir durch stille Buchten. Kaum Licht an Land, gelegentlich der flackernde Schein eines Feuers.
Am Morgen haben wir die Insel umrundet. Sobald es hell wird, kreuzen wir getaucht in der Bucht vor Fort de France. Beiderseits Ufer mit hohen Palmen, weit drinnen der Hafen — mit einem Flugzeugträger und fünf Tankern, wenn die Augen nicht täuschen.
Wir müssen vorsichtig sein; etwa alle halbe Stunde dreht ein Flugzeug seine Kreise über dem Wasser.
U 156 schwebt mit kleinster Fahrt und geringen Ruderausschlägen auf Sehrohrtiefe. Im Boot herrscht Totenstille wie draußen. Zwei Stunden lang geht jeder Offizier Sehrohrwache im

Turm. Die politische Lage hat sich entschieden: Wir werden jedes Schiff angreifen, das aus- oder einläuft.

Der Tag scheint sich ohne Ereignis hinzuziehen, als im Hafen eine kleine Rauchwolke erscheint und zwei Mastspitzen sich verschieben: Ein Dampfer kommt langsam heraus und wendet in die Fahrrinne.

Leben erwacht im Boot, jetzt ist der Kommandant am Sehrohr im Turm. Das Schiff ist nur klein. In der Hoffnung auf fettere Beute verraten wir uns nicht gern. Aber der Befehl gilt.

Das Ziel rückt nah: Schuß und Treffer. Der Knall ist gewaltig. Minutenlang rollen die Echos wie ein Gewitter unter Wasser von einem Steilufer zum anderen. Die Besatzung schafft es noch, in die Boote zu gehen, dann sinkt »Presidente Trujillo«, 1875 Tonnen.

Wir verziehen uns so weit wie möglich, weg vom Fahrwasser in Richtung Ufer, und können nur hoffen, daß uns kein Flugzeug als Schatten unter Wasser sichtet. Auf Grund legen wir uns nicht; der Kommandant will durchs Sehrohr beobachten, um manövrieren zu können.

Drei Flugzeuge erscheinen und werfen wahllos Bomben in die Bucht. Über eine Stunde lang donnern Detonationen und Echos. So laut, als lägen sie dicht neben dem Boot. Der krachende Hexenkessel kostet Nerven.

Dann werfen sie bis zur Dämmerung noch einzelne Bomben. Das Knallen fährt uns mehr in die Glieder als der rollende Donner zuvor.

Nach 16 Stunden atmen wir wieder Nachtluft über Wasser. Flugzeuge brummen immer noch. Einer unserer Diesel lädt die Batterien, der andere schiebt das Boot mit kleinster Fahrt, bei der uns kein helles Kielwasser verrät, aus der Bucht.

Am 31. Tag sind wir wieder 20 Stunden unten, kein Schiff zeigt sich. Es ist Pfingstsamstag, aber kein Anlaß für Festtagstimmung in diesem heißen und feuchten Keller. Der zunehmende helle Mond zwingt uns, von Nacht zu Nacht eine Stunde länger unten zu bleiben.

Am Pfingstsonntag, dem 32. Tag, sind es 21 Stunden. Das Schwitzen ist fast unerträglich. Um Sauerstoff zu sparen, muß jeder entbehrliche Mann liegen und sich bemühen, so wenig wie möglich zu atmen. Kalipatronen zur Lufterneuerung bringen nur wenig Erleichterung. Als letzte Reserve haben wir noch reinen Sauerstoff in Flaschen. Er kann nicht ergänzt werden; wir müssen ihn für äußerste Notfälle bewahren.

HEISSE HÖLLE

Nur die Notbeleuchtung glimmt, und gekocht wird nicht; jede Reserve, die in den Batterien bleibt, kann lebenswichtig sein. Appetit haben wir sowieso nicht. Küchendunst würde die Luft nur noch mehr verpesten. Etwas Keks und Schokolade genügen, dazu gibt es lauwarmen verdünnten Fruchtsaft, denn auch der Kühlschrank ist abgestellt.

So leben wir Tag für Tag im fast stockfinsteren Boot, liegen auf den Kojen, japsen wie die Fische nach Luft und dämmern vor uns hin. Gelegentlich krachen die Schreckbomben der Flieger. Es reißt jeden aus dem Halbschlaf hoch, ein Geraune geht durch die Räume, bald herrscht wieder Totenstille.

Nur noch drei Stunden können wir nachts hinauf, die Batterie laden und Frischluft durchs Boot pumpen. Der Körper empfindet Nachtluft und Fahrtwind als kalt; wir frieren beim leisesten Luftzug. Das warme Lederzeug hilft nicht über das ungemütliche Gefühl hinweg. Die Stimmung ist recht miserabel.

Am 33. Tag wagen wir nach 14 Stunden unter Wasser, in einer kleinen Nebenbucht aufzutauchen. Die Küste fällt hier steil ab, hohe Felsen ringsum sind oben mit dichtem Urwald bewachsen. Das Heck stößt fast ans Ufer. Mit den Dieseln werden die Batterien geladen, der Auspuff hämmert in der Stille,

Auf einem Felsen ist in weißen Buchstaben »France 1935« gemalt; Schiffsbesatzungen hinterlassen solche Inschriften gern an Liegeplätzen. Der LI kommt auf die Idee, rüberzupullen und »U 156« mit dem Datum darunterzuschreiben. Doch der Kommandant ist für solchen Spaß nicht zu haben. Jederzeit können wir entdeckt werden und müßten unsere Leute zurücklassen.

Ein Tropengewitter, sonst nicht die Freude des Seemanns, hebt die Stimmung. Der Regen ist so dicht, daß man kaum einen Meter weit in die Wasserwände sehen kann. Alle Mann kommen an Deck und genießen das kalte süße Wasser, obwohl die Glieder schlottern und die Zähne klappern.

So schlagartig wie Blitz, Donner und Regen kamen, ist das Gewitter urplötzlich vorbei. Alles dampft unter dem blauen Himmel im Sonnenlicht.

Die Hafenausfahrt liegt so nah, daß wir sie ständig beobachten können. Flugzeuge fürchten wir hier nicht; sie sind bisher stets draußen über der Bucht geblieben. Bei aufsteigender Dunkelheit fahren wir langsam hinaus und tauchen nicht trotz hellem Vollmond.

Schatten voraus, ein schwarzer Strich auf dem Wasser. Mit kleinster Fahrt bringen uns die E-Maschinen näher, eine Erhöhung inmitten des Schattens verdichtet sich zu einem Ubootturm. Unverkennbar ist es ein deutsches Boot. Wir rufen es an und erhalten freudige Antwort. Es ist unser Mitwächter vor Fort de France.

Die Kameraden schwitzen wie wir, leiden wie wir, fluchen wie wir und hoffen auf das baldige Auslaufen der Schiffe, wie wir. Von Turm zu Turm werden ein paar Späße und gute Wünsche ausgetauscht, dann trennen wir uns. Vor Tagesanbruch geht es wieder hinunter in den feuchtheißen Keller, mit wenig Hoffnung auf einen Erfolg.

Doch da, nach Stunden, der Ausruf am Sehrohr: »Ein Zerstörer!« Draußen vor der Bucht kreuzt er in Zickzackkursen und wirft gelegentlich Wasserbomben. Er hat uns zu den Schreckbomben der Flieger noch gefehlt, aber ihn können wir erwischen. Nicht draußen, wo wir seine Wasserbomben fürchten müssen. Aber wenn er einläuft, weil er Brennstoff braucht, haben wir ihn im Fahrwasser.

Nachts liegen wir aufgetaucht im hellen Mondlicht wie auf einer Silberplatte. In nur 200 Meter Höhe kurven die Flugzeuge, wir können sie mit bloßem Auge erkennen. Für die Flieger ist das Wasser schwarz. Wir wissen, daß wir unsichtbar sind und gehen doch jedesmal leicht in die Knie, wenn wir überflogen werden. Trotz der Bombengefahr brauchen wir die drei Stunden über Wasser, um die Batterien aufzuladen.

In der Ferne krachen die Wasserbomben, die der Zerstörer aufs Geratewohl wirft.
»Batterie ist aufgeladen!« Wir haben es geschafft. Nun wieder runter in den feuchten Keller. Es wird immer wahrscheinlicher, daß der Zerstörer früher oder später hereinkommt. Dann liegen wir an der Fahrrinne und haben ihn.
Der 35. Tag dämmert. Der Zerstörer draußen kommt in Sicht. Mit Kurs in die Bucht. »Er kommt. Auf Gefechtstationen!« Wir sind in bester Stimmung. Endlich können wir aktiv werden.
Es wird hell. Mit hochschäumender Bugsee braust er heran, dreht in die Fahrrinne ein, läuft uns genau vors Rohr. Flüsternd gehen die Kommandos an den Bugraum. 800 Meter — 700 Meter — 600 Meter. Bei 500 Meter zeigt er seine Breitseite. Schuß, der Torpedo läuft. Stichflamme, ein Donnerknall geht durch das Meer. Getroffen!
Sein Vorschiff ist weg, fast bis zur Brücke. Aber die Maschinen laufen, langsam bewegt er sich auf den Hafen zu. Wir können ihn nicht verfolgen, es wird hier zu flach. Auch ohne Versenkung ist es ein Erfolg. Dieser Gegner ist ausgeschaltet.
Leider war es nicht der einzige Zerstörer im Hafen. Während des Tages läuft einer mit hoher Fahrt hinaus. Wir haben uns nah an die Küste zurückgezogen und kommen nicht zum Schuß. Er vermutet uns draußen, läuft wilde Kreise und wirft fünfmal sechs Wasserbomben. Dann verschwindet er am Horizont.
Die Flugzeuge jagen den ganzen Tag über und werfen nun auch bei Nacht wahllos ihre Bomben in die Bucht. Es knallt fast ununterbrochen.
Unser größtes Problem sind wir selbst, die Besatzung von U 156. Wir sehen aus wie Kellerasseln. Die Haut ist grünlich weiß; welk und runzelig vom dauernden Schwitzen. Ausschlag und Abszesse quälen manche von uns. Andere haben Ohrenentzündung von Temperaturwechsel beim Auftauchen. Der Luftzug in den Räumen, wenn wir nachts auftauchen, wirkt eisig kalt. Die Seewasserdusche im Dieselraum vermittelt kein Gefühl von Frische, regt aber doch etwas an.
Ich stehe gerade darunter, als die Alarmglocken schrillen. Viermal donnert es, verdammt nah. Der Bootskörper wird geschüttelt. Rauschend geht es auf Tiefe.

Die Batterie ist erst halb geladen. Wir brauchen die volle Ladung für den nächsten Tag. »Klarmachen zum Auftauchen!« Kaum ist der Befehl ergangen, da meldet der Funker am Horchgerät Schraubengeräusche. Sie mahlen hell und laut: ein Zerstörer. Zum erstenmal hören wir an der Bordwand von U 156 das zirpende »Ping — Ping« des Asdic, des Unterwasserortungsgerätes.*) Immer näher.
»Schleichfahrt« wird befohlen. Kein Geräusch darf nach außen dringen, der leiseste Ton kann uns verraten. Jeder hört atemlos den Schallimpuls. Wenn er von unserem Boot reflektiert wird, zeigt er dem Gegner Richtung und Entfernung in der Tiefe an.
Langsam lassen wir uns auf 120 Meter fallen. Das nervenzerstörende Geräusch tönt weiter über uns hin, auch die Schrauben sind immer deutlicher zu hören.
Jetzt ist er genau über uns. Ob er uns hat? Der Atem stockt, der Rücken krümmt sich unwillkürlich in der Erwartung der Wasserbomben. Die Gefahr scheint geringer zu werden, da zerreißen sechs schwere Detonationen die unheimliche Stille. Sehr nah lagen sie, das Boot schwingt und bebt. Glas splittert. Es ist dunkel. Jedem zittern die Knie.
Es ist gerade nochmal gut gegangen, das Licht flammt auf. In unserem Horchgerät entfernen sich die Schraubengeräusche, und die Bomben in größerer Entfernung hören wir fast gelassen an.
Vorbei ist die Gefahr nicht, und in der stickigen Hitze geht der Atem schwer.
»Schraubengeräusche werden stärker!« Wir müssen hier fort, schleichen Meter um Meter aus der verdammten Bucht. Wasserbomben fallen weiter, aber anscheinend ziellos.
Fünf Stunden sind schon seit dem Alarmtauchen vergangen. Die Batterie ist fast leer, die Beleuchtung ausgeschaltet. Unter dem hellen Tag leben wir in Finsternis. Die Luft ist zum Ersticken. Liegen, nur nicht bewegen.
Erst nach acht Stunden ebben die Bombenschläge in weiter

---

*) Benannt nach den Initialen des britischen Experten-Gremiums, von dem es gegen Ende des Ersten Weltkriegs entwickelt wurde: Anti Submarin Detection Investigation Committee.

Entfernung ab. Ob wir wollen oder nicht, wir müssen jetzt hinauf: »Auf Sehrohrtiefe gehen!« Schneller Rundblick in Erwartung sofort angreifender Flugzeuge — aber die Bucht liegt leer im flimmernden Sonnenlicht. »Auftauchen.« Endlich ist das Turmluk auf. Wir trinken die herrliche frische Luft. Der Diesel springt an zum Batterieladen, es muß so schnell wie möglich gehen. Eine Stunde lang schaffen wir es, oben zu bleiben, dann wieder der Ruf: »Flugzeug!« — »Alarm!« Wieder unter Wasser. Der Kommandant entscheidet sich für Kurs in die Bucht. Vielleicht glauben sie, uns vertrieben zu haben und lassen Schiffe auslaufen.

Flugzeuge kreisen, wir bleiben dennoch auf Sehrohrtiefe. Die Einfahrt kommt näher. Nichts rührt sich im Hafen. Die Nacht bricht herein, einzelne Bomben krachen irgendwo. Kein Schiff läuft aus.

Rauf zum Laden, nach 20 Minuten Fliegeralarm, wieder runter. Keine Bomben, nach kurzer Zeit wieder hoch. Kaum ist der Diesel fürs Laden angesprungen, da müssen wir wieder runter. Versuchen es noch einmal und werden erneut unter Wasser gedrückt. Nun haben wir genug.

Getaucht fahren wir aus der Bucht hinaus in die offene See. Die Batterie ist fast am Ende. Wir auch.

In diesen hellen Mondnächten ist der Posten vor dem Hafen nicht zu halten. Nur unsichtbar können wir kämpfen und zum Erfolg kommen.

Wir tauchen auf. »Beide Maschinen große Fahrt voraus!« Die Diesel springen an, der Hexenkessel bleibt zurück.

GRENZE DER LEISTUNGSFÄHIGKEIT ERREICHT

Der Funker bekommt zu tun. Der Befehlshaber der Uboote erhält den Lagebericht unseres Kommandanten mit dem Schlußsatz: »Grenze der Leistungsfähigkeit erreicht.« Das hat seit Kriegsbeginn noch kein Boot gemeldet. Am nächsten Tag, dem 37., als die Insel weit hinter uns liegt, kommt die Antwort aus der Heimat. Der BdU hat den Entschluß gebilligt.

Das Leben wird wieder normal. Wir stampfen auch bei Tag durch die blaue Karibik. Ruhe und Schlaf, frische Luft und strahlende Sonne geben uns neue Kraft. Die warmen Mahlzeiten sind ein wahrer Genuß.

Am Nachmittag ein Dampfer. Er läuft genau auf uns zu. Tauchen, Angriff. »Torpedo loos!« — Jetzt müßte die Rückmeldung kommen: »Torpedo ist los!« Das Sprachrohr bleibt still, durch einen Bedienungsfehler ist der Schuß nicht gefallen. Ärgerlich, doch nicht zu ändern.

Auftauchen, hinterher. Der Dampfer läuft mit Kurs Martinique. Dahin wollen wir eigentlich nicht wieder.

Erst nahe der Insel erwischen wir ihn. Wir mußten ihn überholen, ohne daß er uns in Sicht bekam. Dann in der hellen Nacht unter Wasser angreifen: Schuß, Treffer Mitte. Er sinkt nicht gleich, wir denken an die Flugzeuge und schießen ihm noch einen Torpedo in den Rumpf. In die normalen Sinkgeräusche hinein krachen mehrere uns wohlbekannte Detonationen, Wasserbomben. Die hielt er wohl für uns bereit. 5000 Tonnen mag er haben. Drei Torpedos sind übrig.

Wieder Kurs in See. Sie bleibt leer, am übernächsten Tag feiern wir »Bergfest« — der Gipfel unserer Fahrt, der westlichste Punkt, ist erreicht. Am Abend Kurs Ost. Der Mond nimmt ab, die Dunkelheit wird länger. Wir werden oft bei Nacht über Wasser angreifen können — mit sicherer Sicht, schnell und manövrierfähig durch die Diesel. Es ist erfolgversprechender als der Unterwasserangriff bei Tag.

Am 40. Tag Fliegeralarm — sie haben uns nicht gesehen, keine Bomben.

Abends Mastspitzen am Horizont, wir setzen uns mit hoher Fahrt vor, tauchen. Es ist ein schöner Tanker, 6000 Tonnen groß, voll beladen. Als er ins Okular des Sehrohrs einläuft, lesen wir an seiner Bordwand »Campas« mit spanischen Kennzeichen. Ein Neutraler. Wir dürfen ihn nicht angreifen.

Am 41. Tag steuern wir den St.-Vincent-Kanal an, unseren Weg durch die Kleinen Antillen in den Atlantik zwischen Barbados und Santa Lucia, der Insel südlich Martinique.

»Dampfer in Sicht!« Tauchen, er kommt günstig. Der Torpedo trifft ins Achterschiff, die Besatzung springt in die Boote und

segelt davon. Das Schiff bleibt liegen mit dem Heck tief im Wasser, sinkt nicht. Ob sie gefunkt haben? Santa Lucia ist nahe.
Wir warten getaucht, bis die Dunkelheit uns schützt. Bisher sind keine Flugzeuge erschienen: »Auftauchen!«
20 Schuß 10,5-Zentimeter jagen wir in seinen Rumpf. Das Mündungsfeuer blitzt verräterisch. Jeden Augenblick kann ein Flugzeug da sein. Endlich sackt er weg. Mit hoher Fahrt laufen wir der Passage entgegen.
Kaum habe ich den letzten Satz ins Tagebuch geschrieben, da geht es hinunter: Alarmtauchen vor Flugzeug. Hätte es uns beim Artillerieangriff erwischt, wären wir schlimm drangewesen. Es dauert seine Zeit, bis die Artilleriemannschaften im Boot sind.
43. Tag. Am frühen Morgen unter tiefblauem Himmel mit einer Unzahl von Sternen stehen weißschimmernde Segel über der schwarzen See. Ein wunderschöner Anblick, märchenhaft und unwirklich im sanften Wind.
Einen Segler zu vernichten, der lautlos in Frieden und Ruhe dahinzieht, erscheint wie Sünde. »Alles versenken, was den Kurs kreuzt,« lautet der Befehl. Hier kann er nicht gelten.
Wir brüllen hinüber, er solle beidrehen. Er reagiert erst auf ein paar Schüsse mit der 3,7-Zentimeter vor den Bug. Ein Boot wird ausgesetzt und rudert zu uns herüber. Fünfzehn Neger sitzen drin. Reisende von Insel zu Insel. Der Kapitän und die Besatzung sind an Bord geblieben. Die Fahrgäste wollen sich keiner Gefahr aussetzen, rufen und gestikulieren durcheinander.
Der Segler heißt »Lilian«, unterwegs von Jamaika nach Trinidad mit einer Ladung Rum. Der wäre eigentlich eine schöne Beute, doch wir lassen ihn in Frieden ziehen. Schöne Grüße an den Kapitän und gute Reise.
Eilig pullen die schwarzen Passagiere zurück. Noch lange hören wir ihr Geplapper durch die stille Nacht.
Der 44. Tag verläuft ruhig, aber nicht für unsere Torpedomechaniker. Ein Aal ist unklar, sie arbeiten vom Morgen bis in die Nacht an dem komplizierten Apparat. Er ist nicht zu reparieren.

45. Tag: Um Mitternacht erreichen wir unser Jagdgebiet wieder, in dem wir zu Anfang der Feindfahrt so viel versenkten. Gestoppt treiben wir im Atlantik. Das Sehrohr ist hoch ausgefahren. Hoffentlich kommt bald einer. Wir wollen nach Hause.
Am 46. Tag werden wir wegen unserer Versenkungen im Wehrmachtsbericht genannt. Ein Schuß Cognac für jeden ist fällig.
Nachdem der 47. Tag ohne Ereignis verlief, geben wir das stille Warten auf und laufen mit den Dieseln in Marschfahrt weiter. Das Wetter wird schlecht, grau in grau. Dichte Wasservorhänge umgeben uns für einen Tag, zwei Tage, drei Tage — es schlägt aufs Gemüt.
Am 53. Tag lacht die Sonne wieder über spiegelglatter See ohne Wind. Wir haben noch für 41 Tage Proviant und können noch lange nach Beute suchen. Am 55. Tag ist ein neuer Standort erreicht — wieder verstreicht die Zeit.
Noch ein Aal ist im Rohr. Unser Gesichtskreis müßte größer sein. Ideen sprießen: Wir stellen uns einen Drachen vor, den man bemannen und hochschleppen könnte. Tage vergehen, am 61. Tag der Feindfahrt kommt der Rückmarschbefehl.
Nachmittags treffen wir ein Boot, das auch Heimatkurs steuert. Wir geben Brennstoff ab, es klappt wie damals. Sie haben alle Torpedos verschossen und werden uns über Funk Nachricht geben, wenn sie einen Dampfer sehen.
Es geht heimwärts, in zwölf Tagen werden wir in Lorient sein.
62. Tag: Um 10 Uhr Funkspruch vom Kameraden: »Wir haben einen!«
Nachmittags kommt das Boot in Sicht. Als wir neben ihm sind, sehen auch wir Mastspitzen.
Wieder der lange Marsch mit hoher Fahrt, bis wir vor ihm sind. Tauchen, zielen — da macht er kurz vorm Schuß eine Kursänderung. Auftauchen, Höchstfahrt. Es dunkelt.
Am Morgen des 63. Tages haben wir das Vorsetzen geschafft, warten auf den Monduntergang. Um sieben Uhr Angriff über Wasser.
Schuß — und enttäuschende Rückmeldung: »Rohrläufer!« Der Torpedo hat sich im Rohr verklemmt, seine Maschine läuft

Ob Sonne,
ob Kälte,
ob Nässe:
vom Ausguck
hängt das
Leben ab.

Deshalb nehmen wir alles auf uns: U 156 hat ein Ziel gefunden.

bereits. Verdammt, das muß uns mit dem letzten Aal passieren. Mit verdoppeltem Luftdruck wird er ausgestoßen, zieht als Irrläufer noch eine kurze Bahn und säuft am Ende ab.
Jetzt muß die Artillerie ran. Die Schüsse liegen gut. Die Brücke steht in Flammen. Der Dampfer bringt seine Boote zu Wasser. Nach 40 Treffern kentert die britische »Wilmontic«, sie hatte 4800 Bruttoregistertonnen.
Wir fahren zu den Booten und fragen nach dem Kapitän. Ein älterer Mann meldet sich.
Neue Schiffe baut man schnell. Die Kapitäne sind schwer zu ersetzen und sollen nach neuestem Befehl dem weiteren Kriegseinsatz durch Gefangennahme entzogen werden. Er sorgt sich um seine Besatzung, die wir ihrem Schicksal überlassen müssen. Wir haben immer geholfen, soweit möglich. Doch mehr als Proviant und Standort können wir nicht beisteuern.
Der Captain bekommt eine Koje bei uns im Offizierraum. Er ist leicht verletzt. Die gute Behandlung und Verpflegung bei uns lobt er.
65 Jahre ist er alt und fährt seit seiner Jugend zur See. Die »Wilmontic« ist der dritte Dampfer, der ihm in diesem Krieg weggeschossen wurde.
Seinen ersten versenkte ein Uboot im Nord-Atlantik, der zweite sank in der nördlichen Nordsee durch deutsche Flugzeugbomben. Diesmal haben wir seine Reise von New York nach Kapstadt unterbrochen.
Er erzählt, daß die Dampferbesatzungen jederzeit mit der Versenkung rechnen. Die Rettungsboote sind mit Motor, Segel und Proviant für viele Tage versehen. Jeder Seemann hat ständig neben seiner Schwimmweste ein Rettungsbündel griffbereit. Es enthält eine Netzhängematte, zwei Wolldecken, eine Winchesterbüchse nebst Munition, ein Beil, Streichhölzer, Verbandszeug und weitere Kleinigkeiten für den Notfall.
Wir unterhalten uns viel mit ihm und frischen dabei unsere englischen Sprachkenntnisse auf.
Während wir bei gutem Wetter jeden Tag der Heimat näher kommen, erscheint der Captain gelegentlich nachts auf der Brücke. Er zündet sich eine Zigarre an und macht es sich auf dem Klappsitz bequem. Nach dem Stand der Sterne sagt er

uns, auf welcher nördlichen Breite wir uns zur Stunde befinden. Wir staunen, denn zur Standortbestimmung nach den Sternen brauchen wir Instrumente nebst Tabellen und eine gute Zeit zum Rechnen.
Ohne Zwischenfall und bei stetig gutem Wetter laufen wir am 77. Tag in Lorient ein. Zehn Versenkungswimpel flattern am Sehrohr. 48 991 Tonnen versenkter Schiffsraum, dazu die vier Torpedotreffer in den großen Tanker und der schwer beschädigte Zerstörer sind das Ergebnis der Fahrt. Zweieinhalb Monate waren wir in See, 10 645 Seemeilen sind wir gefahren. Nach dieser Reise werde ich abkommandiert. Ich nehme Abschied von U 156 und den Kameraden.
Ein Wiedersehen gab es nicht.
Am 8. März 1943 wurde U 156 in der Karibik östlich von Barbados durch Fliegerbomben versenkt; die gesamte Besatzung fand den Tod.
Der Kommandant, Korvettenkapitän Werner Hartenstein, war 35 Jahre alt geworden. Kaum zwei Wochen vor dem Untergang hatte er Geburtstag. Seit dem 17. September 1942 trug er das Ritterkreuz. Er war der 125. Marineangehörige, dem diese Auszeichnung für besondere Tapferkeit vor dem Feinde und hervorragende Verdienste in der Truppenführung verliehen wurde.
Als Junggeselle aus Prinzip war er mit seinem Beruf verheiratet, typischer Torpedobootsoffizier: Erstklassiger Fahrer, ein »schneidiger Hund«.
In der Kaiserlichen Marine hatten sich die Torpedobootsleute als eine Art Garde gefühlt. Schutz und vorstoßender Stachel der großen Schlachtflotte; Hartenstein hätte gut in jene Jahre gepaßt. Seine Intelligenz konnte sich sehr spitz äußern, seine Kritik klang oft arrogant. »Am liebsten würde er ein Monokel tragen«, sagten wir. Aber er lebte für uns, wir lebten mit ihm, empfanden seine Sorgen und Enttäuschungen mit, und die Freude am Erfolg.
Die Besatzung war nervlich sehr abgearbeitet, als ich U 156 verließ. Für den Kommandanten, der sich nie ganz entspannen konnte, muß jede Stunde doppelt gezählt haben, und ein Hartenstein war nicht der Mann, sich im kurzen Urlaub zwi-

schen den Feindfahrten vom Gedanken an den Dienst zu lösen. Ich fühlte mich fast schuldig, nicht dabeigewesen zu sein, als sie wieder dort draußen in stickiger Hitze ihr Bestes taten — bis zum Ende.

DAS EIGENE BOOT: U 546

Ich wurde Kapitänleutnant, kurz Kaleu genannt, und meinen Ordenssegen bekam ich auch. Das Deutsche Kreuz in Gold folgte, nachdem mir der Reichsmarschall damals den »Ehrenpokal« zuerkannte — aus dem wir Sekt tranken; beim Großbrand durch Bomben auf Hamburg wurde der Becher mit der Wohnung vernichtet. Die Frontflugspange in Gold bekam ich in Caen nach 162 Frontflügen, das Uboots-Kriegsabzeichen für die Karibik-Fahrten. Viel Hochgefühl war mit den Dekorationen nicht verbunden. Jeder wußte, daß der Krieg bitter ernst geworden war und uns wenig Chancen zum Überleben ließ.

Ich hatte erwartet, bald wieder an die Front zu kommen. Doch für eineinhalb Jahre sollte ich fern vom Schuß bleiben. Um Kommandant zu werden, war ich von U 156 zum knapp vierwöchigen Lehrgang in Memel kommandiert worden. Aber mein erstes Boot war U 66 vom kleinen Typ II; es diente zur Schulung für die Lehrgänge bei der 7. U-Flottille in Pillau, bis nach sechs Monaten Routinedienst in der Ostsee der ersehnte Befehl kam: U 546 übernehmen.

Wieder in Aktion, wenn auch zunächst für die Baubelehrung der neuen Besatzung. Ausrüsten, Einfahren mit Ausbildung — volle neun Monate beansprucht dies alles, eine Geduldprobe in schwerer Zeit.

Rückschläge an allen Fronten, Niederlagen in Rußland und Afrika, Landung der Alliierten in Sizilien, Schutt und Trümmer in Deutschland unter dem Hagel der Bomben. Von den Greueln im Osten, die unseren Kampf beschmutzen, dringt kaum eine Andeutung in die Hafenstädte und Ubootsstützpunkte.

Um so mehr wissen wir vom Drama des Kampfs im Atlantik. Radar*), dessen Erforschung in Deutschland kurzsichtig abgeblockt worden war, macht die Uboote über Wasser und sogar mit zu weit hochragendem Sehrohr bei Unterwasserfahrt zur sicheren Beute.

Am 5. Mai 1943 setze ich Flagge und Kommandantenwimpel auf U 546. 41 Uboote gehen in diesem Monat verloren. Wir brauchen Radarbeobachtungsgeräte, um nicht überrascht zu werden; das provisorische »Biskaya-Kreuz« muß reichen — es ist ein Holzkreuz mit einer Drahtschleife, das durchs Turmluk nach oben genommen wird. An Antiradarbeschichtung für Ubootstürme und an Störvorrichtungen wird gearbeitet, an neuen Torpedos, am flächenabsuchenden Torpedo (Fat), der nach einer bestimmten Strecke rechtwinklig von seinem Kurs im Zickzack läuft und die Trefferchancen vor allem bei Fächerschüssen erhöht.

Akustisch zielsuchende Torpedos gegen Zerstörer werden entwickelt — sie laufen dem Schraubengeräusch nach und steuern sich selbsttätig auf den Rumpf des Schiffes ein, das sie im Zickzack überholen. Vieles andere wird erwogen. Doch Tatsache ist, daß die britischen und amerikanischen Flugzeuge unsere Uboote unter Wasser drücken, wo die E-Maschinen nur langsame Fahrt mit geringem Aktionsradius leisten. Das klassische Überholen der Geleitzüge oder der immer häufiger allein fahrenden Schiffe über Wasser ist zum tödlichen Risiko geworden. Der Summton, mit dem das Biskaya-Kreuz die Ortung anzeigt, läßt nicht erkennen, ob der Orter fern oder nah, Flugzeug oder Schiff ist.

Schon im Frühjahr 1942 begann die Radar-Gefahr. Jetzt sind die Geräte auf allen gegnerischen Zerstörern und Sicherungsfahrzeugen wie in den Flugzeugen eingebaut.

Mehr Flakwaffen haben wir bekommen, die 10,5-Zentimeter-Kanone auf dem Vorschiff ist weggefallen. Der Anbau hinter dem Turm, auch Wintergarten genannt, ist nun zweistufig ausgeführt. Oben, in Höhe der Brücke sind zwei 2-Zentimeter-Zwilling-Fla-Maschinengewehre montiert und dahinter, auf der

---

*) Radio Detection and Ranging — Ortung und Entfernungsmessen mit sehr kurzen elektro-magnetischen Wellen

zweiten Stufe steht eine doppelläufige 3,7-Zentimeter-Fla-Kanone.
Daß Boote in Gruppen durch die Biskaya marschierten, um mehr Feuerkraft zu bieten war nur eine Notlösung auf Zeit, ebenso die schwerbewaffneten »Flakfallen«-Boote; dies waren durch Schadensfolgen nicht mehr tauchfähige Uboote.
Doch nur eines kann helfen: Die Uboote müssen auch mit Diesel unter Wasser marschieren können. Mit dem Walter-Antrieb laufen Experimente; Sauerstoff (Wasserstoffsuperoxyd) wird verwendet, um in einer Brennkammer eine Mischung von Dampf und Gas zu erzeugen, mit der eine Turbine angetrieben werden soll.
In der Praxis muß es dann doch beim Diesel bleiben. Schon vor dem Krieg waren die Holländer auf den »Schnorchel« gekommen. Es ist ein Ansaug- und Auspuffmast für die Diesel. Der Zwang zum Auftauchen beim Batterieladen fällt dann weg. — Er wird entwickelt. —
U 546 läuft Ende Januar 1944 zur ersten Feindfahrt aus — Zeit ging durch Nachrüstungen verloren, ein Schnorchel ist noch nicht eingebaut, und die Operationsaufgabe klingt nicht nach Ruhm. Als Wetterboot im Nord-Atlantik soll U 546 zunächst dienen; eine wichtige Funktion für die Gesamtkriegführung.
Von Kiel sind wir gut durch Belt, Skagerrak und Nordsee auf unsere Position im Nordatlantik gekommen, drei Wochen fahren wir schon in einem Quadrat von 50 Seemeilen auf und ab, tags unter Wasser. Um sechs Uhr morgens und um sechs Uhr abends wird mit Funkspruch das Wetter an die Heimat gemeldet.
Natürlich sind wir mit Torpedos voll gerüstet und hoffen, sie mit Treffern loszuwerden. So lange wir jedoch in unserem Quadrat stehen, wird daraus kaum etwas werden. Der Gegner hat unseren Standort bei den täglichen Funksprüchen längst eingepeilt. Kein Kurzsignal ist kurz genug, um nicht von den Spezialisten in England, Irland, Kanada und Nordamerika mit der genauen Peilung erfaßt zu werden. Wir sind als Gefahrenpunkt in die Karten eingetragen, die Schiffahrt wird uns mit Abstand umfahren. Eher könnte plötzlich ein Ubootjagdfahrzeug aufkreuzen.

Nacht für Nacht stehe ich auf der Brücke. Der Horizont ist nicht auszumachen. Wir haben inzwischen halben Mond, er wirft ein unwirkliches Licht, in der Ferne verschwimmt die See mit dem Himmel. Schwer stampft das Boot, der Wind heult und pfeift, zerreißt die Wolken zu Fetzen über uns.
Durch die Wochen geht es an die Nerven, Nacht für Nacht ins Nichts zu starren. Wir werden naß, wir werden trocken. Wir schmecken das Salz auf unseren Lippen, atmen den frischen Wind, steigen wieder runter in den Ubootmief.
Lesen, schreiben, Musik hören, Karten spielen, wieder Dienst, wieder lesen, schreiben und so fort — da müssen wir uns etwas einfallen lassen, damit die Stimmung nicht sinkt.
Jeder einzelne wird dazu gebracht, sich nach Wunsch und Talent zu engagieren. Er kann singen, zeichnen, Gedichte machen, und wir alle werden zur engeren Gemeinschaft auf unserem Boot in der Einsamkeit.
Zum Samstag ist großes Sich-Waschen. Stundenlang läuft das Seewasser aus der Brause, und der Sonntag beginnt mit einem großen Weckkonzert über den Bordlautsprecher. Jeder zieht saubere Wäsche an. Zum Frühstück gibt es Honig statt der Alltagsmarmelade. Gelegentlich bäckt der Schmut sogar Semmeln. Zum Mittag bietet er natürlich etwas Besonderes, nachmittags Kaffee und Kuchen, anschließend das große Wunschkonzert mit lustigen Einlagen und Ansagen. Sonntag ist schön.
Der Tag ist unsere Nacht: Unterwasserfahrt. Fast alles Licht ist gelöscht. Wer nicht Wache hat, liegt in der Koje, schläft oder versucht zu schlafen.
Die Wache fährt das Boot. In der Zentrale ein Offizier, der Rudergänger fürs Kurssteuern und die beiden Tiefenrudergänger. Dazu der Zentrale-Unteroffizier, der Manometer und Wasserstandsgläser beobachtet. In der E-Maschine ist ein Fahrmaat auf Wache.
Und noch einer schläft nicht, unser wichtigster Mann bei der nächtlichen Unterwasserfahrt: Der Funker am Horchgerät. Die geheimnisvollen Geräusche des Meeres tönen unablässig im Kopfhörer. Wir fahren auf 90 Meter Tiefe, dreitausend Meter sind unter uns.
Es ist schwer, mit ständiger Aufmerksamkeit in diese fremde

Welt hineinzuhorchen. Mal wollen die Augen zufallen, mal mischt sich ein bisher noch nicht gehörtes Geräusch ein. Eine Selbsttäuschung?

Wie in dieser Nacht: Es kommt und bleibt, ein leises Surren, ein Schnarren und Rasseln, leises Rattern und Scheppern. Genau weiterhorchen. Die Richtung bleibt, der Ton scheint etwas lauter und dunkler zu werden.

Ein leiser Ruf in die Zentrale, der Wachoffizier kommt. Eine halbe Stunde lang horchen beide, dann verschwindet das Geräusch. Es war zu leise und unbestimmt, als daß man den Kommandanten hätte wecken müssen. Ein Reflex unseres eigenen Fahrgeräusches an einem Fischschwarm? Wir müssen auch auf gegnerische Uboote gefaßt sein.

Wenn ein fernes Geräusch nach Schiffsschrauben klingt, gibt es leisen Alarm: Nur keinen Lärm machen, der Gegner könnte uns hören. Wir sind blind in der Tiefe und müssen hinauf für einen Rundblick. »Auf Sehrohrtiefe gehen!« Langsam und vorsichtig steuert der LI das Boot aufwärts.

Ich starre ins elektrische Licht, um meine Augen an die Helligkeit zu gewöhnen, die ich gleich sehen werde. Seit Wochen, bald Monaten, sind wir nicht bei Tageslicht oben gewesen.

Vor dem Okular wird das Wasser heller, jetzt stößt der Spargel durch die Oberfläche. Schneller Rundblick, auch nach oben. Schlimmste Vision ist ein Zerstörerbug oder ein Bomber im Anflug.

Aber See und Himmel sind frei. Noch etwas höher für mehr Fernblick, dann verschwinden wir wieder: »Auf 90 Meter gehen!« Langsam neigt sich das Boot. Nach einer kleinen Unterhaltung liegen alle wieder auf ihren Kojen, und die Wache tut ihre Pflicht.

»Des Dienstes ewig gleichgestellte Uhr« läuft weiter. Oft werde ich aus Schlaf oder Halbschlaf gerüttelt: Ein Geräusch — doch immer wieder ist es verschwunden, bis ich am Gerät bin. »Macht nichts,« sage ich zum Funker. »Lieber einmal zu viel wecken als ein einziges Mal zu wenig. Gute Wache!«

Seit sechs Wochen sind wir Wetterboot. Manchmal hören wir über den Funk von Geleitzugkämpfen, weit unten im Süden. Für uns ist nichts drin, wir kommen uns vor wie ein vergessener Wachposten. Ich säge und schnitze einen Hampelmann für meinen Sohn. Ein Debattierclub beschäftigt die Besatzung, Dichten wird Mode.
Acht Wochen als Wetterboot. Wir glauben kaum noch, daß das Wettermachen für uns mal ein Ende haben wird. Da endlich werden wir erlöst.
Jagd auf einen Geleitzug: Fünf Tage und Nächte mit höchster Fahrtstufe durch den Atlantik. Mehrfach Flugzeuge — tauchen. Dann wieder hinauf und beide Maschinen große Fahrt voraus.
Aber die Flugzeuge haben uns wertvolle Zeit gekostet. Ein Funkbefehl beendet die Jagd: »Operation abbrechen. Geleitzug ist in die Irische See eingelaufen. Neue Suchposition im Quadrat XX besetzen.«
Wir stehen so weit in Mitte Atlantik, daß die Fliegergefahr nur noch gering ist. Auch bei Tage können wir über Wasser bleiben. Die Sonne strahlt, wir bekommen wieder Farbe. Das Kellerdasein im Wetterboot hatte uns so bleich gemacht, daß wir kaum mehr wie Seeleute aussahen. Mit Stärke vier bläst der Wind aus Nordwest, der Seegang ist mäßig.
Ausnahmsweise hoffen wir, keinen Gegner zu sichten. Den ganzen Vormittag schon wird an der 3,7-Zentimeter-Kanone gearbeitet. Die automatische Nachlade- und Abfeuereinrichtung funktioniert nicht. Die Störung ist nicht zu beheben. Wir werden eben jedes Geschoß einzeln laden und abfeuern müssen. Das schwächt unsere Abwehrkraft gegen Flugzeuge beträchtlich.
Kaum sitzen wir beim Mittagessen, da kommt schon einer: »Flieger!« ist der Alarmruf im Unterschied zum Tauchbefehl »Alarm!« — Es gibt lustige und auch schlimme Geschichten von Fällen, in denen jemand »Fliegeralarm« gerufen hat. Eine Brückenwache konnte gerade noch das Turmluk zuschlagen, ehe das Boot unter ihnen wegtauchte.
Wenn es geht, wird getaucht. Aber wenn das Flugzeug schon so nah heran ist, daß wir während des Tauchmanövers für Minuten

ein wehrloses Opfer wären, alarmiert der Ruf »Flieger« die Bedienungsmannschaft für unsere Flak.
Verdammt, daß es ausgerechnet passieren muß, während die 3,7-Zentimeter geschwächt ist. In Sekunden bin ich auf der Brücke. Hinter mir springen die Fla-Bedienungsmannschaften aus dem Turmluk.
»Da ist er!« brüllt der WO. Ein dickes Flugboot hat uns aus einer Wolke heraus überrascht.
»Beide Maschinen äußerste Kraft voraus!« Ich brauche höchste Fahrt, um mit dem Boot schnellstens reagieren zu können. »Feuer frei!!« Die beiden 2-Zentimeter-Zwillinge . . . los, an der doppelten 3,7-Zentimeter-Kanone reicht das Laden von Hand immerhin noch für Schüsse in Sekundenabstand.
Der Angreifer ist eine »Sunderland«, das größte britische Flugboot für den Ferneinsatz auf dem Atlantik. Dieser Gegner ist sehr gefährlich. 24 Bomben soll er an Bord haben, mit vier Kanonen und zahlreichen Maschinengewehren kann er uns beharken. Sie sind zum Teil starr eingebaut, er greift an wie ein Jäger.
Als Flieger weiß ich nur zu genau, wie er uns unter sich sieht. Mit Hartruder lege ich U 546 so auf Kurs, daß er uns von hinten anfliegen muß, wo unsere Waffen freies Schußfeld haben.
Er schießt aus allen Knopflöchern mit den eingebauten Waffen, die Fontänen schieben sich wie ein Gartenzaun auf uns zu. Zwei- bis dreihundert Meter mag er hoch sein. Sein tiefes Orgeln übertönt schon unsere Diesel, der Gartenzaun nähert sich.
Ruhe bewahren, den Bomber ganz genau beobachten. Sein Vernichtungsschlag sind die Bomben, wenn er nahe genug heran ist. Aber wir haben eine Chance. Sofort harte Kursänderung, wenn die dicken Dinger fallen.
Da! Die Schächte sind geöffnet, ganz deutlich zu sehen. Jetzt kurvt er in unser Kielwasser ein, kommt genau von hinten. Seine Maschinenwaffen spucken Flammen, auf 100 Meter ist er herunter, wächst zum Riesenvogel. Jetzt fallen die Bomben, sechs Stück!
»Hart steuerbord!« brülle ich ins Turmluk. Durch die hohe Fahrt schwingt das Boot scharf herum, legt sich weit nach Back-

bord über. Jetzt ist das Flugboot über uns. Die Bomben schlagen ins Wasser. Haushoch stehen für Sekunden die Wassersäulen genau in unserem vorher gefahrenen Kurs, die nächste nur wenige Meter vom Heck entfernt.
Wir alle haben die Köpfe eingezogen und uns festgeklammert, sind mit stockendem Atem in die Knie gegangen . . .
Glück gehabt. Das Flugboot donnert dicht über unser drehendes Boot hinweg, unsere Waffen ballern ihm nach. Schon von der Flakschule weiß jeder, daß das Nachschießen nichts bringt, nur zufällig könnte ein Schuß sitzen. Aber es entspannt, und auch er hat Nerven, allein so weit draußen auf dem Atlantik.
Er kreist in einiger Entfernung, wir drehen ihm ständig das Heck zu und zeigen ihm schießend die Zähne, wenn er näher kommt. Ein Blick über die Männer. Neben mir kauert immer noch einer hinter dem Brückenkleid. Die Bedienungen an den Fla-Waffen sind vollzählig. Keiner ist verwundet, auch die Brückenwache auf ihrem Posten.
Ich beuge mich zu dem Mann neben mir hinunter: »Stehen Sie auf, van der Kamp, es ist vorbei.« — Er bewegt sich nicht. Für ihn ist das Leben vorbei. Ein kleines Loch in der Stirn, kein Blut . . . man könnte schlimmer sterben. Zwei Mann fassen den Toten und lassen ihn langsam ins Turmluk gleiten.
Die Sunderland hält sich auf Entfernung. Vielleicht bereitet sie sich auf einen neuen Angriff vor, meldet jedenfalls über Funk unseren Standort und wird Verstärkung alarmieren.
»Boot ist tauchklar!« kommt die Meldung aus der Zentrale. »Zweizentimeter Feuer einstellen!« — Die Entfernung ist zu groß. Die 3,7-Zentimeter-Kanone schießt weiter, am Schluß der Flugbahn explodieren ihre Geschosse mit weißen Wattebäuschchen. Recht nah am Gegner, der achtungsvollen Abstand hält. Wenn er mal näher herankommt, kurvt er nach ein paar Schüssen wieder ab. Er operiert auf Zeit und rechnet damit, daß wir das Tauchen nicht wagen. Wenn er ein zweites Flugboot herangelotst hat, sind wir ausweglos dran.
Wir werden tauchen. Die Zweizentimeter-Bedienung entlasse ich ins Boot — mit Abständen Mann für Mann, damit der Sunderland-Besatzung die Bewegung nicht auffällt. »An LI: In wenigen Minuten wird getaucht. Alles vorbereiten!«

Dann lasse ich die Brückenwache einsteigen. Nur ich bin noch oben, dazu die nötigsten Leute an der 3,7-Zentimeter. »Noch ein paar Schuß!«

Es donnert über die See, die Explosionen liegen ganz nah beim Flugboot. Genau beobachten: Es kurvt ab. »3,7-Bedienung einsteigen!« Wie die Windhunde sausen sie über die Brücke, hinein ins Turmluk. »Alarm!« Ich springe hinterher, Turmluk zu. Schon neigt sich der Bug, U 546 verschwindet so schnell wie möglich in der Tiefe. Jetzt werden sie da oben fluchen. Zehn um zehn Meter werden ausgerufen. Wir warten auf Bomben — es bleibt still.

Der LI bringt das Boot auf 120 Meter und trimmt es aus. Wir sind davongekommen.

»Der hatte noch mehr Angst als wir,« meint der Fähnrich.

Zehn Stunden später, Mitternacht. Die Besatzung drängt sich in der Zentrale. Der junge Obergefreite, den die Kugel traf, ist in eine Hängematte eingenäht, bedeckt mit der Kriegsflagge.

Es ist totenstill. Trauermusik klingt aus dem Lautsprecher. Ich sehe in die Augen meiner jungen Soldaten. Meist noch kindliche Augen, voller Trauer und Staunen vor dem Unbegreiflichen. Alle hatten sich freiwillig gemeldet, um Ubootfahrer zu werden; keiner hatte bisher einen Schuß gehört.

Der Obersteuermann spricht die Abschiedsworte, ich das Vaterunser. Das Lied vom guten Kameraden klingt dumpf in dem engen Raum. Dann tauchen wir auf und übergeben ihn dem Meer.

FEUER IN DER MASCHINE

Weiter, weiter: Schlechtes Wetter, gutes Wetter, Tage vergehen und Wochen. Wir jagen den Gegner, immer wieder drücken uns Flugzeuge unter Wasser, immer wieder ist der Kontakt verloren.

Ob wir im Rudel mit anderen operieren oder allein vor einem Geleitzug stehen, ganz selten nur kommt noch ein Boot zum Erfolg.

U 546 hat noch keinen Torpedo geschossen. Nur etwa 40 Boote und weniger befinden sich überhaupt noch in See. Viele sind in der Heimat und werden mit dem Schnorchel ausgerüstet, ohne den es kaum noch möglich ist, an den radargesicherten Gegner heranzukommen, der zudem mehr Flugzeuge hat als je zuvor; sie wurden von den Landfronten frei.

Dreieinhalb Monate sind wir in See, nur selten waren wir bei Tageslicht über Wasser; das Tauchboot ist wirklich zum Unterseeboot geworden.

Ein Tag beginnt wie jeder andere. Wenn es droben hell wird, beginnt unsere Nacht auf 90 Meter Tiefe. Da kommt die Meldung aus dem Funkraum: »Schraubengeräusche in 73 Grad!« Blitzschnell bin ich über den Gang hinweg am Horchgerät. »Auf Gefechtstation! — Auf Sehrohrtiefe gehen!«

Drei Schrauben haben wir ausgemacht, drei Schiffe mit hoher Fahrt. Wenn ich sie vors Sehrohr bekomme, habe ich eine tolle Chance. Von Asdic war nichts zu hören, die starken Schraubengeräusche deuten auf volle Marschfahrt hin. Alle Torpedos sind klar zum Schuß.

Ich starre ins Sehrohr, helles Wasser: der Spargel stößt durch. Schneller Rundblick — kein Schiff, aber Nebel ringsum, brodelnd und dampfend über spiegelglatter See, kaum 100 Meter Sicht. Auftauchen. Die Diesel springen an. Kurs auf die georteten Geräusche. Höchstfahrt, bis wir nah an der geschätzten Entfernung sind. Dicker Nebel. Zum Horchen runter, tauchen auf 30 Meter. »Ruhe im Boot. Horchfahrt!«

Die Schraubengeräusche im Horchgerät sind stark und deutlich. Offenbar drei Zerstörer in hoher Fahrt, eine U-Jagdgruppe?

»Auftauchen!« Wieder Fahrt hinein in den Nebel. In jeder Sekunde können wir auf den Gegner treffen. Wir müssen die Zerstörer so früh wie möglich sehen, um aus günstiger Lage unseren Schuß anzubringen. Die Nerven sind bis zum Zerreißen gespannt.

Daß uns das Radar erfassen kann — nicht daran denken. Ran an den Feind, dafür sind wir eingesetzt.

Vor den Augen geistern Phantome, der Nebel scheint sich zu Schiffsformen zu verdichten, und wir dürfen nicht ins Leere hinein vorbeistoßen ...

»Feuer in der Maschine!« Ich höre den Ruf und mag es nicht fassen. Ausgerechnet jetzt, und dann auch noch das Schlimmste . . .

Die Bugwelle schäumt, die Hecksee sprudelt scheinbar unverändert vom Schlag der Schrauben. »Beide Maschinen halbe Fahrt voraus!« Gleich darauf kommt die Meldung von unten: »Eine E-Maschine ausgefallen, Brand ist gelöscht!«

Mit nur einer E-Maschine kann ich mich nicht mit Zerstörern herumschlagen, verdammt; das hat uns gerade noch gefehlt.

Ich gehe weiter mit der Fahrt herunter. Durchs Boot zieht beißender Rauch, es wird gründlich durchlüftet. Dann tauchen wir. Die Geräusche sind nur noch schwach zu hören und stark ausgewandert, stehen jetzt hinter uns. Entweder haben die Zerstörer eine starke Kursänderung gemacht oder wir sind tatsächlich aneinander vorbeigelaufen. Pech auf der ganzen Linie. Einmal dies, einmal jenes, alle Torpedos in den Rohren. Die Schraubengeräusche verlieren sich und verstummen.

Auch ohne den Defekt hätten wir bald den Rückmarsch antreten müssen. Lorient ist Einlaufhafen, Stützpunkt für unsere künftigen Unternehmungen. Vielleicht liegt nun der schwerste Teil der Reise vor uns. Wir müssen durch die Biskaya, wo Tag und Nacht 50 und mehr britische Flugzeuge auf Uboot-Jagd sind. Alle Kurse zu unseren Atlantikhäfen sind hier gebündelt. Wir fühlen uns wie Infanteristen vor einem Sturmangriff.

Wieder tagsüber ständige Tauchfahrt, auch nachts nur fürs Batterieladen hoch. Der Diesel dröhnt auf Hochtouren, die See ist glatt, der Mond fast untergegangen.

Die Zweizentimeter sind besetzt. Die 3,7-Zentimeter, die wir nur noch von Hand laden können, lasse ich nicht besetzen. Sie steht mir zu weit achtern auf ihrem Balkon: wenn wir tauchen müssen, zählen Sekundenbruchteile, um die Leute ins Boot zu bekommen.

Der nichtladende Diesel läuft große Fahrt. Daß die See glatt ist, gefällt mir nicht. Hohe Wellen würden die Radarortung vom Flugzeug aus erschweren, hat man uns gesagt. Die Zeit schleicht dahin.

»Leuchtbomben am Horizont!« meldet ein Ausguck. Tatsächlich, der Blick durchs Glas zeigt eine in weiter Entfernung, noch

eine. Zerstörer schießen Leuchtgranaten, wenn ihr Geleitzug von Ubooten angegriffen wird. Ein Geleitzug in dieser Gegend?
Ein Ziel kann es sein. Ich lasse die Ladung abschalten, die Batterie ist ohnehin fast voll. »Beide Maschinen äußerste Kraft voraus!«
Der Mond ist untergegangen, die Nacht könnte kaum schwärzer sein. Wir starren hinein, nichts ist zu sehen. Stunde um Stunde laufen wir entgegen unserem Heimatkurs. Aber vielleicht haben wir Glück und kommen vor der Haustür noch zum Schuß.
Nach über zwei Stunden steuere ich auf einen großen Kreis ein, zurück auf den Heimatkurs. Plötzlich ein lauter Knall im Boot. Der Steuerbord-Diesel rumpelt, pufft noch ein paarmal und steht. »Feuer im Diesel«“ kommt der Ruf durchs Turmluk. »Backbord-Maschine stopp!« befehle ich, und auch der zweite Motor steht.
Totenstille. Das Boot schlingert leicht in der See. Jeder denkt wie ich: Das kann doch nicht wahr sein. Erst eine E-Maschine, dann ein Diesel — so seltenes Pech müssen ausgerechnet wir haben. Blauer Qualm steigt stinkend aus dem Turmluk.
Jetzt meldet sich der LI: »Kurbelwannenexplosion!« Die Männer im Boot haben Atemmasken angelegt, drei Mann in der Maschine sind gasvergiftet. Zum Glück sind wir medizinisch nicht so hilflos wie damals U 156 in der Karibik. Unser Stabsarzt ist am Werk, während sich die stickigen Gase langsam verziehen. Die Lüfter laufen. »Feuer ist gelöscht!« kommt die Meldung von unten.
Ich kann mir meinen Suchkreis sparen, zum zweitenmal innerhalb weniger Tage zwingt uns eine Verkrüppelung zum Abbruch der Jagd nach dem Gegner.
Nachdem das Boot gründlich durchgelüftet ist, tauchen wir. Die drei Umgefallenen stehen wieder auf den Beinen. Der LI mit seinen Leuten räumt auf. Der Diesel ist hin, aber sie arbeiten an der E-Maschine. Morgen wird sie wieder klar sein.
Kriegsrat im Offiziersraum. Nur ein Diesel fürs Batterieladen und Fahren — das bedeutet langsame Fahrt mit gleichzeitigem Batterieladen. Wir werden mindestens drei Tage und Nächte länger für die Durchquerung der Biskaya bis in den gesicherten

Küstenbereich brauchen. Wenn ich die Überwasserfahrt zum Laden dazurechne, können wir täglich knapp 50 Seemeilen schaffen. Gute 200 liegen vor uns.
Während wir unter Wasser langsam dahinziehen, bin ich zur Untätigkeit verurteilt wie die meisten anderen. Lesen, Schreiben, Kartenspielen gehen nicht, die Unterhaltung wird leer; wir sind deprimiert und auch schon zu lange in dieser engen Röhre zusammen. Jeder weiß, was der andere sagen wird, wenn er den Mund aufmacht. Man liegt auf der Koje und döst in der Dunkelheit vor sich hin, will nicht denken und kommt doch von Gedanken nicht los in der Totenstille.
Zwei Uhr nachts: »Klarmachen zum Auftauchen!« Wie die Mäuse kommen alle aus ihren Löchern, eilen auf die Stationen. Es gibt wieder Scherze, Lachen, Leben. Turmluk auf, dunkle Nacht, frische Luft, spiegelglatte See. Der Diesel springt an, wir nehmen Fahrt auf. U 546 ist eine lahme Ente, aber die Bugwelle rauscht wieder.
Wir starren in die Finsternis, die Zweizentimeter-Zwillinge sind besetzt, durchgeladen und entsichert, die Läufe nach steuerbord und backbord ausgeschwungen, nach oben gerichtet, schußbereit. Der Diesel schiebt uns voran und lädt zugleich die Batterie.
Hinter mir ein Ruf: »Gelbes Licht achteraus!« Ich denke an eine Leuchtbombe wie in der vergangenen Nacht. Nein, es ist ein Scheinwerfer. Schräg von oben, schon ganz nah. Verdammtes Radar, ein Flugzeug direkt auf uns zu, im Tiefflug — 100 Meter hoch, keine 1000 Meter entfernt.
Die Leuchtspur der Zweizentimeter spritzt ihm entgegen. »Hart steuerbord!« Mit beiden Dieseln würde das Boot besser andrehen. Schon ist er über uns, ein schneller Jagdbomber. Bomben donnern um uns herum, zwei an Backbord, vier an Steuerbord ganz nah. Die Wasserfontänen stürzen über uns zusammen.
Der Jagdbomber läßt die Scheinwerfer an, fliegt eine flache Kurve. Wir müssen runter. »Alarm!« Die Männer springen ins Luk. Ich will hinterher, habe aber den Gegner noch im Auge. Er fliegt ganz tief, plötzlich schlägt er aufs Wasser. Eine Feuersäule loht auf, erlischt — Dunkelheit.
»Abschuß!« brülle ich. Das Vorschiff schneidet schon unter Wasser, rein ins Turmluk, zudrehen. Wie ein Sack lasse ich mich

in die Zentrale fallen. Gebrüll und Begeisterung um mich herum. »Ahlheit hat ihn abgeschossen!« Der Gefreite strahlt. Schulterklopfen, Händeschütteln.
Das Boot wird abgefangen. Die Batterie ist noch nicht voll geladen, wir müssen wieder hoch. Unser Radarwarngerät ist längst ausgefallen, wir sind dem überraschenden Angriff aus stockdunkler Nacht auf kürzeste Entfernung ausgeliefert.
Das Hochgefühl, einen dieser abscheulichen Gegner erledigt zu haben, weicht schnell wieder der Anspannung — die Zeit in der Biskaya dehnt sich zur Unendlichkeit von nervenzersägenden Minuten auf der Brücke und noch mehr im Boot, wo die Kameraden blind auf ihren Stationen stehen.
»Scheinwerfer!« Diesmal ist er weiter weg, ich kann noch tauchen. Hat er uns auf seinem Radarschirm gehabt? Wir fallen in die Tiefe, nichts geschieht.
Eine halbe Stunde lang waren wir oben. Die Batterie ist noch lange nicht aufgeladen. Beim Alarmtauchen müssen die E-Maschinen auf Maximal-Drehzahl hochgefahren werden, das kostet den Strom von mehr als einer halben Ladestunde.
20 Stunden kriechen wir mit geringster Fahrt unter Wasser weiter. Die Gedanken kreisen ständig um die eine Frage, wie wir die Batterie wieder voll bekommen. Wir müssen durch, wollen uns hier nicht aushungern lassen.
Endlich die nächste Nacht. »Auftauchen!« Noch nie habe ich mich so nach einem Sturm gesehnt wie in dieser spiegelglatten See.
Jedes Geräusch zerrt an den Nerven. Immer wieder blicke ich auf die Leuchtziffern der Armbanduhr. Wenn die Ladung nur schneller ginge. Eine Viertelstunde, eine halbe Stunde, eine ganze Stunde haben wir nun schon geschafft. »Scheinwerfer!«
Das Flugzeug kommt näher und näher, unsere Zweizentimeter-Leuchtspurgeschosse sprühen ihm entgegen wie spritzendes Wasser aus einem Gartenschlauch. Ich kann den Gegner genau in unserem Kielwasser halten. Er ist nicht so schneidig wie der von gestern, er läßt seine Bomben früh in ungefährlichem Abstand fallen. »Alarm!« Hinein, Turmluk zu, steil stößt das Boot nach vorn hinunter. Keine Bombe folgt uns.
102 Minuten lang haben wir laden können, das reicht erst mal.

Lorient, 15. Juni 1944: Mit Blumenschmuck und guter Hoffnung läuft U 546 zur zweiten Feindfahrt aus.

Schön könnte die Seefahrt unter südlicher Sonne sein, aber die Zukunft ist dunkel.

In einer guten Stunde wird es droben Tag, wir bleiben in der schützenden Tiefe.

HEIMKEHR NACH DREI MONATEN

Wenn wir früher von der Feindfahrt zurückkamen, fuhren wir tags getaucht und nachts mit beiden Dieseln hohe Fahrt, zwölf Stunden lang. Die gegnerischen Flugzeuge hatten noch kein Radar, wir schafften die Biskaya in zweimal 24 Stunden. Ich weiß nicht, wie lange wir diesmal brauchen werden und ob wir es schaffen.

Zwölf Uhr mittags, ich liege auf der Koje in der Dunkelheit. Soll ich Überwasserfahrt bei Tag riskieren? — Da sieht man die Flugzeuge wenigstens schon von weitem, kann rechtzeitig tauchen. Vielleicht fliegen am Tag auch nicht so viele, da alle Uboote bei Helligkeit unter Wasser marschieren.

Ich lasse das Boot auf Sehrohrtiefe steuern. Der Sehrohrkopf kommt frei. Ich genieße den Blick ins Tageslicht nach den langen Nächten. Die Sonne scheint, wenige Wolken stehen am Himmel, die See liegt ruhig. Mehrfach drehe ich das Sehrohr — kein Flugzeug in Sicht.

»Auftauchen!« Die Brückenwache hat unablässig nur den Himmel zu beobachten. Die Gläser kommen nicht von den Augen. Aufmerksamkeit bedeutet jetzt Leben. Nach einer knappen Stunde sieht einer einen winzigen schwarzen Punkt. Alle starren hin — es ist keine Möwe. »Alarm!«

Wieder sind wir drunten. Die Batterie konnte nur wenig aufgeladen werden. Der LI rechnet und rechnet, doch es wird nicht mehr. Langsam kommen wir an die Grenze, an der es nicht mehr weitergeht; der Strom wird dann auch für langsamste Fahrt mit einer Schraube nicht mehr reichen.

Alles Hin- und Herdenken hilft nichts. Wir müssen hinauf, so lange wie möglich. Früher als sonst wage ich es in dieser Nacht. Wir haben Angst, wirklich Angst. Unser Radarwarngerät scheint wieder zu funktionieren, summt. Werden wir geortet? Runter: »Alarm!«

Wir sind am Ende. So geht es nicht weiter. Noch ein vergeblicher Ladeversuch mit Alarmtauchen, und die Batterien sind völlig leer.
In einer Stunde werde ich wieder auftauchen und einen Funkspruch an den Befehlshaber der Uboote abgeben. Ich muß um Sicherung durch deutsche Jagdbomber bitten. Wir stehen nahe vor der Küste. Hier müßte man doch beschützt werden können. Ich denke an Hermann Göring und seine Voraussagen, die auf der ganzen Linie so enttäuscht haben.
Um 0 Uhr 20 wird der Funkspruch abgesetzt. 90 Minuten laden wir, dann summt es wieder im Warngerät.
Fast ohne Fahrt lassen wir uns langsam wegsacken, nicht mit Alarm und hoher elektrischer Fahrt.
Wir wissen nicht mehr genau, wo wir sind. Seit vielen Nächten konnten wir keine Sterne mehr schießen. Der Obersteuermann hat so gut wie möglich mitgekoppelt, die wahrscheinlich zurückgelegten Entfernungen in die Karte eingetragen. Funknavigation müßte es geben, Peilen von Sendern mit bekanntem Standort . . . Die Wunschgedanken helfen nicht.
In der nächsten Nacht wieder hoch, zwei Stunden lädt der Diesel, dann hat uns einer: urplötzlich von oben, die Bomben liegen ganz nah. Glas splittert, Lampen fallen aus. Wenigstens haben wir den Funkspruch vom Befehlshaber bekommen: »Jagdschutz kann nicht gestellt werden, da nicht verfügbar.« Was auf U 546 über die deutsche Luftwaffe gesprochen wird, ist nicht salonfähig.
Noch eine Nacht. Wir fahren, starren in die Dunkelheit, fluchen und hoffen. Wenn wir doch nur schneller fahren könnten. Die Küste kann nicht mehr fern sein. Ich lasse das Tiefenlot anstellen: »Sofort melden, wenn es 200 Meter anzeigt!«
Irgendwie rechne ich die Zeit nur noch in Viertelstunden. Sie addieren sich, drei Stunden sind um. Die Batterie ist noch nicht randvoll, doch es genügt mir. Wir brauchen auch im ungünstigsten Fall nur noch Strom für 21 Stunden Unterwasserfahrt. Den haben wir. Die Nerven zittern. Man soll das Schicksal nicht herausfordern. Wir tauchen.
Heute müßten wir die 200-Meter-Linie erreichen. Ununterbrochen tastet der Schallsender in die Tiefe, kein Echo kommt zu-

rück. Meile um Meile geht es weiter . . . Haben wir uns völlig verrechnet und sind noch weit draußen?
Endlich, um sieben Uhr abends: »200-Meter-Linie erreicht!« Ein Freudengebrüll hallt durchs Boot. Alles Licht wird eingeschaltet. Es gibt warmen Kaffee und warmes Essen. Der Druck der Finsternis und die Bombenangst fallen von unseren Schultern.
Am nächsten Morgen, eine Stunde vor Dämmerungsbeginn, tauchen wir auf. Der Diesel läuft große Fahrt. Nun wird nicht mehr geladen. Die Gefahr ist noch nicht vorbei, alle Fla-Waffen sind besetzt, geladen und entsichert. Aber wir haben nur noch wenige Meilen vor uns.
Langsam dämmert der Morgen herauf. Ein dunkler Strich steht am Horizont: Die Küste. Nach 92 Tagen und langen, langen Nächten liegt das Land vor uns. Ein Minensucher kommt fern in Sicht, ein Signalscheinwerfer blinzelt: »Herzlich willkommen in der Heimat!«
Seit Tagen erwartet er uns hier. Wir danken für seinen Gruß und scheren in sein Kielwasser ein. Das Licht des Tages hat uns wieder.

VERFLUCHTER SCHNORCHEL

Acht Wochen liegt U 546 für Reparaturen und Überholung in Lorient. Wir fahren in Urlaub, nach sechs Wochen komme ich Anfang Juni 1944 zurück. Zweimal hat der Zug auf freier Strecke im französischen Hinterland gehalten: Tiefangriff feindlicher Jabos. Alle stürzen aus den Waggons und suchen Deckung im freien Feld.
In Tours hält der Zug endgültig. Die Strecke nach Lorient ist zerstört. In abenteuerlicher Fahrt geht es im Auto durch Westfrankreich. Ständig starren wir zum Himmel, um die Jabos rechtzeitig zu sehen — dann volle Deckung im Straßengraben. Sie fliegen Menschenjagd. Lastwagen sind mit Maschinengewehren bestückt, die nicht viel nützen.
Immer müssen wir auf Partisanenüberfälle gefaßt sein. Jeder

von uns hat eine entsicherte Maschinenpistole auf den Knien. Die Franzosen sind mobil geworden.

Kaum bin ich bei meinem Boot in Lorient, da kommt die Nachricht vom schwersten Schlag, der uns treffen konnte: Am 6. Juni 1944 hat die Invasion an der Kanalküste begonnen. Sie wurde lange erwartet, aber wir glaubten kaum, daß der Gegner den Sprung wagen würde. Von den Kämpfen an der neuen Front im Norden hören wir wenig. Fast jeder ist sicher, daß unsere kampferprobten Truppen den Gegner in seiner ungünstigen Lage an der Küste schlagen und ins Meer drängen werden. Von Wunderwaffen ist die Rede, die alles wenden werden.

Alle Werftarbeiten an den Booten werden in den großen Uboot-Bunkern durchgeführt. Die Besatzungen sind in Wohnbunkern untergebracht, auch die Küche mit Speisesaal und die Messe liegen unter meterdicken Betondecken. In Tag- und Nachtangriffen fliegt der Gegner an, Tonnen von Sprengstoff lassen Decken und Wände beben und schwanken, aber noch keine Bombe konnte die Bunker durchschlagen.

Engländer und Amerikaner beherrschen den Luftraum über Deutschland und den besetzten Gebieten. Unsere Luftwaffe ist geschwächt und verzettelt. Ihre wenigen Erfolge kosten hohe Verluste.

Von morgens bis in die späte Nacht arbeiten wir schwer an Einrichtung und Ausrüstung des Boots und den Vorbereitungen für die Feindfahrt. Da bleiben nur wenige Gedanken über das große Kriegsgeschehen. Glaube und Hoffnung sind ungebrochen. Wer sich seine eigenen Gedanken macht, auch mit Kameraden darüber spricht, denkt doch nicht an Kapitulation vor unserer Aufgabe.

Am 15. Juni 1944 läuft U 546 aus. Turm und Brücke sind mit Blumen geschmückt. Die Flottille bereitet uns einen sehr herzlichen Abschied mit Händeschütteln, Musik, Sprechchören.

Langsam gleitet das Boot aus dem Bunker. Die beiden Zweizentimeter-Zwillinge sind durch einen Vierling ersetzt, einen gegen Tiefangriffe sehr wirkungsvollen Feuerspeier. Auch die 3,7-Zentimeter mit Doppellafette ist schußbereit. Erst jenseits von Hafen und Ausfahrt können wir tauchen; bis dahin besteht höchste Gefahr.

Vor wenigen Tagen wurde ein von der Feindfahrt einlaufendes Boot in der Hafeneinfahrt angegriffen. Die Besatzung war schon für den feierlichen Empfang angetreten. Mit vier Toten und vielen Verletzten auf dem blutüberströmten Oberdeck lief das Boot in den Bunker ein.

Unser Radarwarngerät ist zwar neu, aber fast ebenso primitiv wie das alte. Der geringe Fortschritt auf diesem Gebiet ist deprimierend.

Doch wir haben einen Schnorchel bekommen, den Ansaug- und Auspuffmast für die Diesel. Jetzt können wir bei Tauchfahrt in Sehrohrtiefe die Batterie aufladen. Beim tieferen Tauchen und bei Überwasserfahrt liegt dieser Klappschornstein an Deck.

U 546 kommt gut hinaus. Doch kaum hat uns das geleitende, mit Waffen bespickte Vorpostenboot einen letzten guten Wunsch übermittelt, da piepst schon das Radarwarngerät: Tauchen.

Nachts gehe ich zum Laden auf Sehrohrtiefe. Es ist sehr dunkel, Seegang vier, leichte Dünung. Beim Schnorcheln ist genaues Tiefensteuern wichtig. Wenn der Schnorchelkopf unterschneidet, wird er automatisch durch sein Schwimmerventil geschlossen. In diesem Augenblick müssen die Diesel schon abgestellt sein, denn sie saugen aus dem Boot. Wenn sie noch laufen, erzeugen sie Unterdruck, der unsere Trommelfelle heftig quält; auch schlagen Auspuffgase durch die Ansaugstutzen zurück und verpesten die Atemluft.

Unser LI, der das Tiefensteuern leitet, hat fast keine Erfahrung im Schnorcheln. Der Lehrgang war kurz; nur einmal wurde bei ruhigem Wetter in der Ostsee geschnorchelt.

»Klarmachen zum Schnorcheln!« Der Mast wird hydraulisch aufgerichtet. Ein kleiner Ruck zeigt an, daß er senkrecht eingerastet ist. Wir haben uns genau an die Vorschrift gehalten und gewinnen Vertrauen in das neue Wunder.

Zwei Tage marschieren wir unter Wasser nach Westen, am dritten Tag machen wir auf 250 Meter Wassertiefe den vorgeschriebenen Tieftauchversuch. Das Boot sinkt auf 100 Meter — 110 — 120 — 130 — 140 — 150 ... Da knallt etwas, irgendwo im oder am Boot. Es geht uns allen in die Knie, mit großer Fahrt steuern wir nach oben bis auf 20 Meter. Alles wird untersucht, kein Wassereinbruch gemeldet. Vielleicht hat sich irgend-

ein Metallteil im Decksbereich unter dem hohen Druck gebogen und ist an den Druckkörper geschlagen.
Wir fahren weiter. Abends kommt die Ladezeit und eine schlimme Meldung. Der Schnorchelmast läßt sich nicht aufrichten. Das war der Grund für den Schreckschuß. Wir müssen nach Lorient zurück — knapp 70 Seemeilen sind wir nutzlos gefahren, 130 Kilometer.
Die ständige Unterwasserfahrt zehrt an der Batterie, zum Laden müssen wir voll auftauchen. Sofort piept das Warngerät. Runter, nach einiger Zeit wieder hinauf, wieder Ortung, wieder runter. Und bei letzter Dunkelheit das gleiche nochmal.
Am Tag müssen wir unten bleiben, am Abend ist die Batterie leer. Wir sind notgedrungen ein Überwasserschiff. Auftauchen, alle Fla-Waffen besetzen, die Diesel laufen Höchstfahrt. Fast fünf Stunden sind wir ein Leckerbissen für die Jabos, Alarmtauchen ist unmöglich, wir könnten uns nur wie ein Stein fallen lassen, manövrierunfähig.
U 546 hat Glück. Lorient sieht uns wieder.

FEHLSCHUSS AUF EIN TRAUMZIEL

Am 26. Juni 1944 laufen wir erneut aus; ohne Abschiedsrede, Winken und Musik.
Jetzt funktioniert der Schnorchel, macht uns zum Unterseeboot im wahren Sinn des Wortes. Tag und Nacht marschieren wir unter Wasser, Kurs Südwest.
Das Leben in der engen Röhre, Mensch dicht an Mensch, macht keine besonderen Schwierigkeiten. Die Besatzung ist während der ersten Fahrt zusammengewachsen. Jeder kennt den anderen und kommt ihm nicht unnötig in die Quere. Wenn es passiert, landet auch mal eine Faust am Kinn. Es kann heilsam sein, Geist und Disziplin leiden nicht.
Mit meiner Stimmung steht es nicht zum Besten. Wie ein ungeheurer Berg liegt die Feindfahrt vor mir. Die täglichen Nachrichten von den Fronten im Osten und Süden sind bedrückend, die Invasion ist nicht bezwungen. Können wir noch siegen?

Fast fünf Jahre lang stehe ich an der Front. Die Aussicht auf Erfolg, die uns einst beflügelte, ist dahin. Die monatlichen Versenkungszahlen feindlicher Tonnagen fallen kaum noch ins Gewicht. Wir binden Abwehrkräfte, die nicht auf anderen Kriegsschauplätzen eingesetzt werden können. Ein Schrecken der Meere sind wir nicht mehr. Verlängern wir nur den Krieg? Ich darf nicht daran denken.

Wir leben von der Hoffnung, unsere Torpedos zum Erfolg zu bringen. Auch damit aber steht es nicht mehr zum Besten, seit der Gegner die Abwehrmittel gefunden hat und perfekt handhabt. Unser Geräuschtorpedo TF 5, der »Zaunkönig«, der unfehlbar treffen mußte, kann durch nachgeschleppte Geräuschbojen abgelenkt werden. »Rabatzbojen« nennen wir sie; der Humor ist dem Seemann wenigstens geblieben.

Es gibt andere Fortschritte: Der flächenabsuchende Torpedo (Fat), der nach einer eingestellten Entfernung im Zickzack rechtwinklig zu seinem Kurs lief, ist durch den lageunabhängigen Torpedo (Lut) abgelöst worden, bei dem auch der Kurs des Gegners eingestellt werden kann. U 546 hat ihn noch nicht.

Müde werden gilt nicht. Wir umrunden die Nordwestspitze Spaniens, Cap Finisterre, in großem Abstand weit draußen im Atlantik. Jetzt erst wird uns über Funk das Operationsgebiet zugewiesen: Die Gewässer vor dem nördlichen Westafrika in Höhe von Dakar.

12. Juli, Tauchfahrt am Tag, der unsere Nacht ist.

13 Uhr: »Schraubengeräusche in 170 Grad!« meldet der Funker am Horchgerät. »Auf Sehrohrtiefe gehen! Auf Gefechtsstationen!«

Das Boot steigt. Bei 14 Meter fahre ich das Sehrohr aus. »Boot steigt weiter — Sehrohr kommt frei!« meldet der LI.

Heller Himmel, weite Sicht. Es ist windstill, die See liegt glatt mit geringer Dünung.

»Frage Geräuschpeilung?« Durchs Sprachrohr kommt aus dem Funkraum die Antwort: »In 170 Grad«. Null Grad unserer Skala ist der Blick genau voraus, 180 Grad die Gegenrichtung übers Heck. 170 Grad liegen fast achteraus etwas an Steuerbord.

»Schraubengeräusche werden lauter,« meldet der Funker. Wir stehen auf der Höhe von Gibraltar. Hoffentlich ist es kein neu-

traler Spanier. »Es sind mehrere Geräusche,« kommt es aus dem Sprachrohr. Jetzt habe ich ihn im Okular. Mastspitze, flacher Schornstein: Ein Zerstörer. Links von ihm in größerer Entfernung noch zwei weitere. Kein Zickzackkurs.
Der rechte Zerstörer müßte am ehesten in Schußweite kommen. Da sehe ich hinter ihm einen viereckigen dunklen Kasten über die Kimm hochkommen. »Ein Flugzeugträger,« murmle ich. Wie der Blitz geht das Wort durchs Boot.
Alle Torpedorohre sind bewässert, klar zum Schuß. Ich habe ein Ziel vor mir, von dem jeder Kommandant träumt. Schon ganz nah, etwa fünf Seemeilen, acht Kilometer.
Ich drehe U 546 so, daß der Bug ständig auf den nächststehenden Zerstörer zeigt. Die See ist spiegelglatt. Um uns nicht zu verraten, gebrauche ich das Sehrohr nur sehr sparsam. Kurzer Blick auf den Gegner, Sehrohr wieder runter.
Wir laufen die geringste Fahrtstufe; Schleichfahrt, um uns nicht durch Geräusche zu verraten. Auch darf der Sehrohrkopf keinen verräterischen Schaumstreifen verursachen.
Beim Bewässern der Rohre ist ein Fehler gemacht worden. Über ein offenes Entwässerungsventil ist eine größere Wassermenge in den Bugraum gedrungen. Wenn die Torpedos nicht schußbereit sein müssen, sind die Mündungsklappen geschlossen, der Torpedo kann ins trockene Rohr geladen oder fürs Einstellen »gezogen« werden — etwa zur Hälfte ins Boot.
Durch Absicherungen ist es eigentlich nicht möglich, daß das Rohr beim Bewässern hinten offen oder nicht dicht ist. Aber es ist nun mal passiert. Lenzen oder trimmen können wir das Wasser nicht, da uns das Pumpengeräusch verraten würde.
Das Wasser beeinträchtigt unsere Trimmlage, das Boot hängt vorn herunter. Der LI bittet um Fahrtvermehrung, da er bei der geringen Fahrt die Sehrohrtiefe sonst nicht genau steuern kann. Ich will keine höhere Fahrt laufen, damit wir nicht durch Schraubengeräusche geortet werden können. Das Sehrohr schneidet unter — wir sind blind.
Es reißt mir an den Nerven. Die Entfernung zum Gegner nimmt schnell ab. Ich muß ihn sehen. Wenn er den Kurs ändert, muß ich sofort die Schußwerte ändern, sonst ist die große Gelegenheit vorbei.

Das Wasser vor dem Okular wird hellgrün, jetzt kommt das Sehrohr frei. Die Hände pressen die Führungsgriffe. Meine Stirn klebt an dem Gummiring. Wieder grüne Schäume. Endlich freier Blick.
Der erste Zerstörer kommt näher und näher. Langsam dreht das Boot.
Wenn der Zerstörer uns nicht ortet, wird er den Kurs halten. Sobald er einen Angriff einleitet, schieße ich. Aber der Flugzeugträger ist das wertvollere Ziel. Ich will den Zerstörer vorbeilaufen lassen und einen Viererfächer auf den Träger schießen.
Der Zerstörer ist nah, zeigt immer mehr Breitseite. Das Mahlen seiner Schrauben kann jeder auf U 546 hören. Entfernung 400 Meter, querab. Lage 90 Grad — genau rechtwinklig zu meiner Blickrichtung.
Noch nie habe ich einen unserer gefährlichsten Gegner so nah gesehen, noch nie in so günstiger Schußposition. Mein Atem stockt, aber ich darf mich nicht durch einen unbedachten Schuß verraten.
Er läuft ab, Sehrohr ein. Wieder rauf für den Blick auf den Träger. Mit weißschäumender Bugwelle kommt er wie im Bilderbuch.
Entfernung 2500 Meter, Lage 30. Sehrohr ein — warten — Sehrohr aus. Rundblick auf die Zerstörer; sie laufen mit unverändertem Kurs, ebenso der Träger. Sehrohr ein, warten . . .
In die Stille kracht ein Donnerschlag. Noch einer, noch einer. Wasser- oder Fliegerbomben? Haben sie uns entdeckt? Gerade jetzt ist das Boot stark untergeschnitten. Hoch, hoch — ich muß sehen, zum Schuß kommen. Qualvoll lang dauert es, bis das Sehrohr freikommt. Fast zu spät: Der Träger ist schon vorbei, wir stehen leicht achterlich. »Entfernung 2000, Lage 110.« »Fächer fertig! — Fächer los!« Zwei Bombenschläge lassen das Boot zittern. Das Sehrohr schneidet unter, die Torpedos sind raus. »Auf 150 Meter gehen!«
Meldung aus dem Bugraum: »Nur ein Torpedo aus Rohr 3 ist raus.« Es ist zum Heulen.
Ich habe einen Fehler gemacht. Die Rohre waren auf Einzelschuß eingestellt. Gegen den Zerstörer, falls er gefährlich würde.

Auf »Fächer fertig!« hätte ich die Rückmeldung abwarten müssen: »Fächer ist fertig!« Ich habe sofort »Fächer los!« kommandiert — nur der eine Schuß ging raus, der ein Glückstreffer hätte sein müssen.
Die tiefe Verzweiflung haut mich fast um. Aber ich muß mich zusammenreißen. Droben kurven die Zerstörer, Wasserbomben krachen. Zum Glück ungezielt, unregelmäßig. Man hat uns noch nicht im Suchgerät.
»Auf 180 Meter gehen.« Langsam lassen wir uns weiter fallen. Das suchende »Ping« des Asdic klingt mal nah und mal fern. Wir schleichen stundenlang durch die Tiefe. Oben wird es Nacht, Schraubengeräusche überlaufen uns kreuz und quer. Bomben krachen, mehr oder weniger in der Ferne.
Erst in später Stunde wird es langsam ruhiger. Unsere Schäden sind gering.

BIN ICH VERBRAUCHT?

In allen Räumen wird debattiert. Alle klammern sich an die Hoffnung, daß der eine Torpedo vielleicht doch getroffen hätte. Ich glaube nicht daran. Der Flugzeugträger war recht schnell und schon an uns vorbei. Ob ihn der Torpedo noch im Nachlaufen erwischen konnte, ist mehr als fraglich.
Aber woher kamen die Bomben? Von den Zerstörern? Vielleicht hat uns ein Flugzeug von oben im klaren und ruhigen Wasser ausgemacht. Ich hatte keines gesehen, war auch ganz auf die Schiffe konzentriert.
Der mißglückte Angriff hängt an mir wie Blei. Immer wieder rekonstruiere ich den Ablauf. Ich war nicht ruhig. Eine noch nie erlebte Nervosität hatte mich gepackt. Bin ich verbraucht, zu lange an der Front? Wenn ich dies Gefühl nicht loswerde, muß ich nach der Reise um meine Ablösung bitten. Ich wäre nicht der erste. Aber lebenslang würde mich der Gedanke verfolgen, daß ich meine Besatzung verließ.
Ich denke zurück an Hartenstein, wie er hinter seinem grünen Vorhang wohl ähnliche Gedanken haben mußte, als die 10,5-

Zentimeter vor Aruba explodiert war. Nicht durch seine Schuld, aber unter seiner Verantwortung. Und wieviele Kameraden hatten vorbeigeschossen. Ich weiß, daß in den Blicken der Besatzung kein Vorwurf liegt, aber ich mag ihnen nicht in die Augen sehen.
Was hilft's? Weiter Kurs Süd. Wir stehen auf Höhe der Kanarischen Inseln, als die Funkmeldung kommt, die keiner für möglich gehalten hätte: Attentat auf den Führer und Reichskanzler. Mißglückt. Zusatz von Dönitz: »Die Marine steht in unverbrüchlicher Treue zum Führer«.
Wenn Adolf Hitler tot wäre — was würde es ändern? Die Bombe hätte viel früher gelegt werden müssen, doch damals siegten wir ja noch. Gedanken werden zurückgedrängt. Wir sind Soldaten. Noch gilt der Eid. Wir haben einen Befehl, wir werden ihn ausführen.
Anfang August nähern wir uns dem Operationsgebiet vor Dakar. Langsam heranrücken an die Küste, die Ortungen werden häufiger. Starke Überwachung aus der Luft, ständige Tauchfahrt.
Am 8. August Funkspruch: »Unsere Truppen ziehen sich auf Lorient zurück. Rückmarsch und Einlaufen in Süd-Norwegen planen.« Das sind 1000 Seemeilen mehr als vorgesehen, 1850 Kilometer. Wir müssen Brennstoff sparen, den Proviant gut einteilen.
Meile um Meile pirscht sich U 546 unter Wasser näher an Dakar heran. Die Sicht ist und bleibt sehr schlecht, gelber Dunst liegt über der See.
Jetzt sind wir nah genug heran. Mit gestoppten Maschinen schweben wir in 70 Meter Tauchtiefe auf einer Wasserschicht mit erhöhtem Salzgehalt. Sie hindert das exakt ausgewogene Boot am weiteren Absinken. Solche Schichten kann es in jeder Tiefe geben.
Vom ständig besetzten Horchgerät werden gelegentlich Schraubengeräusche gemeldet, stets schwach und bald verschwindend. Auftauchen ist wegen der ständigen Überwachung aus der Luft sinnlos. Hin und wieder wechsle ich die Position, aber es wird noch stiller. Das zermürbende Warten ist zum Verrücktwerden.

Schließlich wird klar, daß hier nichts zu holen ist. Wenigstens scheinen wir bewirkt zu haben, daß der Hafen Dakar zur Zeit gesperrt ist.

Irgendwo muß doch Dampferverkehr zu treffen sein. Also Kurs Süd-Südost, parallel zur Küste vorbei an Freetown. Daß ich dort einmal als Kadett auf der »Schlesien« schöne Tage verbrachte, ist nur noch eine unwirkliche Erinnerung. Kurs Südost, um Kap Palmas. Pfefferküste, Elfenbeinküste, Goldküste, Sklavenküste — wir kreuzen tief hinein in den Golf von Guinea, nun ständig über Wasser, Tag und Nacht. See und Himmel sind leer.

Der LI rechnet am Brennstoff herum. Am 3. September 1944 müssen wir den Rückmarsch antreten. Immer noch geben wir die Hoffnung nicht auf. Acht bis zehn Wochen werden wir unterwegs sein, durch den Mittel- und Nord-Atlantik, die Island-Passage und die Nordsee — da muß sich doch ein Ziel finden.

Bei den Azoren ist endlich etwas zu sehen: Mastspitzen am Horizont. Wir sind so weit draußen im Atlantik, daß wir mit hoher Fahrt über Wasser an der Grenze der Sichtweite in Angriffsposition fahren können. Von früh morgens bis in den späten Abend schieben die Diesel uns mit hoher Fahrt.

Das Schiff ist ein schneller Einzelfahrer. Endlich stehen wir vor ihm. Tauchen. Genau läuft er auf uns zu. Die Rohre sind fertig zum Schuß. Da sehe ich Farben und Schrift an der Bordwand: Gelbes Kreuz in blauem Feld, in großen Lettern »Schweden«. Vierzehn Stunden Verfolgung waren umsonst. Der Neutrale zieht davon, wir sitzen enttäuscht im Keller.

Nach Tagen Schraubengeräusche im Horchgerät. Zu spät: In weiter Ferne sehe ich einen kleinen Geleitzug auf ablaufendem Kurs. Ein Zerstörer und zwei Flugzeuge sind als Sicherung auszumachen. Aber ein Geleitzug ist langsam. Als alles außer Sicht ist, tauche ich auf, um mit hoher Fahrt nachzusetzen. Drei Stunden lang geht es gut, dann erscheint ein Flugzeug. Tauchen — nach einiger Zeit auf Sehrohrtiefe: Immer noch Flugzeuge. Das gleiche nochmal und nochmal. Nichts zu machen.

Wir erreichen den Nord-Atlantik, wo sich einst auf die Meldungen der Fühlungshalter hin die Ubootsrudel auf die Geleitzüge stürzten. Jetzt werden hier keine Schlachten mehr geschlagen. Wir sichten nichts und bekommen keine Meldung — es kann ja auch kaum ein Boot mehr wagen, fürs Funken in Feindnähe hochzukommen.

Trotz der Erfolglosigkeit ist die Stimmung der Besatzung gut. Alle sind gesund. Was sich an den Fronten und in der Heimat abspielt, liegt im Hintergrund wie eine Kulisse; für uns gilt nur der Horizont um unser Boot. Jeden Sonntag ist großes Wunschkonzert. Alle beteiligen sich. Schmissige Musik, Humor und gute Laune bringen Stimmung in die engen Räume.

Obwohl wir einen Monat länger als geplant unterwegs sein werden, müssen wir auf gute Verpflegung nicht verzichten. Wir haben sorgsam eingeteilt. Zweimal in der Woche gibt's einfachen, aber deftigen Eintopf, es bleibt beim guten Sonntagsessen mit Kaffee und Kuchen am Nachmittag.

Knapper dran sind wir mit dem Dieselöl. Längere Vorsetzmanöver mit auf Vollast laufenden Dieseln sind nicht mehr drin.

Westlich der Islandpassage sind wir am dicken Ende angelangt: Was fast zur friedlichen Reise wurde, ist wieder Feindfahrt. Nachdem die Biskaya für uns ausgefallen ist, kann der Gegner seine Überwachung durch Flugzeuge hier oben und über der ganzen Nordsee konzentrieren.

Von hier ab marschieren wir nur noch unter Wasser. Alle vier Tage tauchen wir nachts für kurze zehn Minuten auf, um Abfälle hinauszuwerfen. Innerhalb von 24 Stunden schnorcheln wir zweimal zwei Stunden lang, um die Batterie gut zu laden und das Boot zu durchlüften.

Der LI wird zum perfekten Schnorchler. Mal tobt droben ein Orkan mit riesigen Wogenbergen, mal ist die See glatt wie ein Spiegel, aber ganz selten nur schneidet der Schnorchelkopf unter, so daß der Unterdruck unsere Trommelfelle fast platzen läßt.

Das Nordmeer empfängt uns mit dem Wetter, das wir im Frieden schätzen würden: Heller Vollmond und glatte See. Auch Schnorchelkopf und Auspuffschwall können geortet werden, aber wir brauchen die Ladestunden und haben Glück.

Schon zwölf Tage lang fahren wir getaucht. Um den genauen Standort zu bestimmen, müßten wir hinauf und mit dem Sex-

tanten hantieren. Das geht nicht. Wir wissen nur, daß irgendwo voraus die norwegische Küste liegt. Der Obersteuermann meint, ich müßte sie durchs Sehrohr schon sichten. Aber erst nach sieben Stunden taucht Land im Morgenlicht auf.
Keine Landmarke ist zu sehen, an der wir uns orientieren könnten. Stundenlang wird anhand der Karte überlegt, wo wir sein könnten. Schließlich peilen wir uns einen Standort zurecht, steuern Südkurs entlang der Küste, aber dann stimmt wieder nichts mehr.
Der Luftraum vor Norwegen gehört völlig dem Gegner. Wir fahren auf 70 Meter. Plötzlich knallt es weitab, immer wieder mehrfach nacheinander . . . Fliegerbomben? Es ist irgendwie ein anderer Knall, dafür haben wir Ohren. Nach kurzer Zeit knallt es erneut, in der Frühdämmerung nochmal.
»Auf Sehrohrtiefe gehen!« Das Sehrohr ist unser Peilgerät. Wieder glauben wir, einen Standort gefunden zu haben, aber weitere Peilungen stimmen wieder nicht.
Endlich kommt einer auf die Idee, der Kreiselkompaß könne falsch anzeigen, und tatsächlich tut er's. Nach dem Magnetkompaß stimmen Peilung und Rechnung endlich. Aber der Standort jagt uns einen eisigen Schrecken ein: Mitten in einem deutschen Minenfeld.
Droben läuft Sturm mit Stärke zehn. Hier vor der Küste liegen keine Magnetminen; nach alter Art stehen die runden Sprengkörper etwa drei bis vier Meter unter der Wasseroberfläche, mit langen Trossen verankert. Im Seegang sind Minen aneinandergeschlagen und hochgegangen; das waren die Explosionsschläge in der Nacht.
Auftauchen ist ausgeschlossen. Keiner von uns wird die Fahrt je vergessen — durch den Wald von Minenankertauen, von denen wir nicht wissen, wo und wie nah aneinander sie stehen. Wenn wir ein Ankertau erwischen, ziehen wir die Mine zu uns herunter. Wird eines ihrer Bleihörner umgebogen, zerbricht ein darin liegendes Glasröhrchen mit Säure, die den Zündkontakt einleitet.
U 546 kommt heil davon. Am Abend des 18. November 1944 um 19 Uhr tauchen wir neben dem Vorpostenboot auf, das auf unser Funksignal hin wartet. Fünf Monate lang waren wir

unterwegs, zuletzt 45 Tage ununterbrochen unter Wasser. Ohne Schußerfolg. Wenigstens haben wir unsere Pflicht getan, so gut wir konnten.
Einen festlichen Empfang haben wir nicht erwartet. Aber auf dem Vorpostenboot, das uns in den kleinen norwegischen Hafen nahe Egersund gelotst hat, sind wir eingeladen. Seine kleinen Räume kommen uns riesengroß vor, und das Licht strahlt in ungewohnter Helligkeit.
Wir heben das Glas und lassen uns viel erzählen. Die Welt ist ein gutes Stück weitergegangen. — Ungut, doch es wird gelacht, gesungen, erzählt, und manche qualmen wie die Schlote: Endlich nicht mehr Zwangsnichtraucher.
Für die Werftliegezeit fahren wir ohne Zwischenfall durch Skagerrak und Belt nach Kiel.
Der Krieg steht schlecht. An Sieg glaubt keiner mehr, wenn es so weitergeht. Aber vielleicht kommen doch noch die Wunderwaffen, die das Schicksal wenden sollen. Und keiner kann glauben, daß Deutschland völlig überrannt würde.
U 546 wird wieder an den Feind gehen.

MÄRZ 1945: WIEDER AM FEIND

19. März 1945, 24 Uhr. Wir sind klar zum Auslaufen. Fast vier Monate lang hat U 546 in der Werft gelegen statt nach wenigen Wochen wieder hinauszugehen.
Schwerste Bombenangriffe zielten fast täglich auf die Werftanlagen und lähmten die Arbeit. Notwendige Ersatzteile aus dem Binnenland wurden schon in den Fabriken vernichtet oder brauchten Wochen auf dem Weg über zerstörte Straßen und Eisenbahnen.
Im Westen kämpfen unsere Truppen am Rhein, im Osten an der Oder. »Erfolgreiche Rückzüge« sehen auf der Landkarte nicht nach Erfolgen aus. »Wunderwaffen« sollen das Schicksal wenden, Presse und Rundfunk beschwören zum Durchhalten für den Endsieg, an den viele immer noch glauben.
Für uns gibt es nur die Pflichterfüllung. Die Arbeit am Boot

lenkt von trüben Gedanken ab, doch ein großer Teil der Besatzung lebt in quälender Ungewißheit über das Schicksal der Familien in der Heimat, soweit sie noch eine Heimat haben. Millionen sind auf der Flucht aus verlorenen Provinzen in ein zerbombtes Deutschland. Vielleicht sind die Angehörigen längst tot, auf der Flucht oder in den Trümmern der Häuser. Die Tragödie der Flüchtlingsschiffe aus Ostpreußen hatten wir vor Augen, als 400 Überlebende der »Wilhelm Gustloff« erschöpft und vom Schock gezeichnet in Kiel an Land gesetzt wurden; 5000 Menschen waren an Bord des einstigen »Kraft durch Freude«-Urlauberschiffs gewesen, das von einem sowjetischen Uboot mit Torpedos versenkt wurde.

Uboote neuester Konstruktion liegen im Kieler Hafen; kleine vom Typ XXIII, große vom Typ XXI. Sie sind nicht Tauchboote, sondern wirkliche Unterseeboote, für dauernde Tauchfahrt bestimmt. Der Typ XXI ist unter Wasser so schnell wie über Wasser. Wunderdinge werden erzählt vom Aktionsradius, vom Schießen aus größeren Tauchtiefen, von der Wohnlichkeit und den vielen technischen Neuerungen. Eine Schlacht im Atlantik mit diesen Booten könnte das Kriegsglück noch einmal wenden.

Aber die Erprobung und das Einfahren von Booten und Besatzungen dauern sehr lange, und für die kleinen Boote vom Typ XXIII fehlen die Stützpunkte im Atlantik und im Mittelmeer, für die sie gedacht waren. Die Kleinkampfverbände, mit Freiwilligen besetzte Ein-Mann-Torpedos und Kleinst-Uboote, sollen der Invasionsflotte schwere Schäden zugefügt haben, aber alles kam zu spät. Britische Bomber werfen Nacht für Nacht Grundminen in die Kieler Bucht. Die neuen Boote, wohl etwa 50 oder 60, sind für ihre Probefahrten auf engste Gewässer beschränkt.

Manche Besatzungen haben ihr altes Boot außer Dienst gestellt und sind auf den Typ XXI übergestiegen, für den Typ XXIII sind durchweg junge Besatzungen zusammengestellt worden. Auf manchen haben nur Kommandant, LI und einzelne Unteroffiziere Fronterfahrung. Ohne die alten Boote mit ihren eingefuchsten Crews wird es noch für lange Zeit nicht gehen — wenn wir noch lange Zeit haben.

Begegnung in See. Rechts das typische breite Deck des großen Typs IX, links Typ VII C, das meistgebaute Uboot (Bild: U 154 und U 546).

In der stickigen Hitze geht der Atem schwer (Bild: U 107).

Inferno ohne Ende: Wollen wir das wirklich noch? An den Sieg

ȯnnen wir kaum noch glauben, doch der Krieg hält uns gefangen.

ımer wieder das gleiche Bild: Menschen, die ihr Schiff verloren.

Nicht Schiffe, sondern Menschen kämpfen: Besatzung U 546.

Das Gesicht des Kommandanten von U 546

Norwegen ist uns als Sprungbrett in den Atlantik geblieben. Am frühen Morgen des 20. März läuft U 546 mit fünf weiteren Booten in Kiellinie durch die Kieler Bucht in den Großen Belt. Vor uns ein Minensuchboot, entmagnetisiert und mit der großen Kabelschleife, mit deren Magnetfeld Grundminen zur Explosion gebracht werden.

Zweimal steigen vor uns die Wassersäulen solcher Minen hoch; der harte Stoß läßt uns an die Wasserbomben des Gegners denken.

Im Kattegat zwischen dem nördlichen Dänemark und Südschweden bleiben uns englische Flugzeuge zum Glück erspart, durch das Skagerrak laufen wir nachts mit hoher Fahrt hinüber an die norwegische Küste nach Christiansand.

Torpedos und Artilleriewaffen werden nochmals gewartet und justiert, die Vorräte aufgefüllt, und Ende März geht es hinaus: Kurs Nordsee — Nordmeer — Atlantik. Wir sind jung und ungebrochen, obwohl fast jedem der Urlaub nachhängt, der im Elend der Heimat bald entzaubert war. Auch ich denke zurück an die Beschwörungen, wir sollten in einem verlorenen Krieg die Waffen rechtzeitig hinwerfen. Lieber lebend heimkehren als einer Ehre nachjagen, die ihren Sinn verloren hat . . . .

Ich kam nach dem Abschied erschüttert in den Kreis der Kameraden zurück, und ihre Augen sind wie Spiegel meiner Empfindungen. Aber das Gefühl der Aufgabe hier an Bord läßt dunkle Gedanken und Sorgen zurücktreten.

Nur selten noch hören wir die Funknachrichten aus der Heimat. Die gefärbten und erlogenen Meldungen über die Lage an den Fronten stoßen uns ab. Der Eid bindet uns, der Befehl gilt, die Pflicht muß getan werden.

Marschfahrt ist dauernde Tauchfahrt. Wegen der Fliegergefahr werden wir erst weit draußen im Atlantik wieder über Wasser fahren.

Island wird angesteuert bis dicht unter die Küste, dann ist Kurs West in den Nord-Atlantik befohlen; nach 18 Tagen Anmarsch werden wir weitere Befehle vom BdU erhalten.

Zehnter Tag: »Horchpeilung — Schraubengeräusche in 70 Grad!« Wir stehen nordöstlich von Schottland, etwa auf der Höhe der Färoer Inseln.

Auf Sehrohrtiefe: Die Sicht oben ist sehr gut, und am Horizont stehen zwei Mastspitzen. Ein Dampfer, Kurs etwa West.
Ich kann es nicht wagen, U 546 aufgetaucht mit hoher Fahrt vor ihn zu setzen. Aber wir wollen ran, so gut es geht. Vielleicht läuft er Zickzackkurs und kommt näher an uns heran.
Die Batterie kann nur noch eine Stunde für die E-Maschinen liefern, also Schnorchel aufrichten. Mit acht Knoten, 15 km/h, bringe ich U 546 dem Ziel näher, aber es wandert doch nach links aus.
Ich starre durchs Okular. Ist da noch etwas am Horizont? Tatsächlich: Noch mehr Mastspitzen, darüber ein Flugzeug. Ich sehe das ersehnte Ziel, einen Geleitzug. Die Diesel drehen, so hoch es geht; etwas mehr als acht Knoten werden herauskommen. Die Torpedos sind fertig zum Schuß. Die Schornsteine und Aufbauten der Schiffe wachsen hoch, immer noch zu weit entfernt.
Murmansk-Geleit — die Brücke zwischen den westlichen Alliierten und der Sowjet-Union, seit Jahren Ziel unserer Eismeer-Uboote. Tausende von Tonnen Kriegsmaterial auf Kurs Ost und leere Schiffe auf Kurs West sind hier versenkt worden. Die Kämpfe in Nebel, Eis und Sturm waren für Freund und Feind besonders hart und grauenvoll.
Die Frachter vor meinen Augen bilden unabsehbare Kolonnen neben- und hintereinander. Vorn und seitlich sehe ich Zerstörer und Fregatten, darüber Flugzeuge. Auf schnell wechselnden Kursen stoßen die Geleitfahrzeuge vor, um Uboote zu suchen und Angriffe zu erschweren.
Ich zähle 60 bis 80 Dampfer, genau voraus. Die Schußweite reicht nicht. Dennoch lasse ich weiter schnorcheln. Vielleicht haben wir doch noch Glück und können einen Nachzügler erwischen.
Aber die hoffnungsvolle Spannung, die uns alle beherrscht, wird enttäuscht. Langsam verschwinden die ersten Dampfer unter dem Horizont, noch eine Stunde lang folgen wir dem ablaufenden Geleitzug. »Schnorcheln abstellen! — Auf 90 Meter gehen!« Im Horchgerät verklingen die Schraubengeräusche.
Noch tagelang sprechen alle von dem großen Geleitzug. Was hätten wir tun sollen, um zum Erfolg zu kommen? Wir können

uns nicht mehr unbemerkt mit hoher Fahrt über Wasser in Schußposition setzen. Radar und Flugzeuge würden uns sofort unters Wasser drücken. Jeder malt sich aus, wie wir mit dem neuen Typ XXI hineingestoßen wären.
Weiter, ständig Tauchfahrt, der altvertraute Trott. Empfindlich kalt ist es im Boot, das Wasser hat nur plus vier Grad. Die kleinen Heizkörper bringen nicht viel, wir stecken in Felljacken und dickem Unterzeug; trotzdem ist es feucht und kalt, das Leben höchst ungemütlich.
Mit den E-Maschinen kommen wir nur langsam voran. Alle zwölf Stunden wird geschnorchelt, um die Batterie aufzuladen und das Uboot durchzulüften. Endlich erreichen wir den nördlichsten Punkt. Jetzt Kurs West-Südwest. Je weiter wir in den Atlantik vordringen, desto mehr macht sich der Golfstrom bemerkbar. Es wird wärmer und angenehmer im Boot.
Am Morgen des 17. Tages nach unserem Auslaufen aus Norwegen tauchen wir auf. Die Sicht ist klar, eine lange Dünung rollt. Die langen Wellenberge heben und senken uns in gleichmäßigem Rhythmus. Die herrlich reine Luft ist ein Genuß nach der langen Tauchfahrt, der Wind gering, die Sonne blitzt hin und wieder durch die Wolken. Mit einem Diesel laden wir die Batterie. Wir dürfen nicht riskieren, von einem Zerstörer oder Flugzeug bemerkt zu werden. Sie können uns unversehens im Radar haben. Unsere Taktik ist vorgeschrieben: Unbemerkter Anmarsch ins Operationsgebiet — nur eine sichere Schußgelegenheit wäre die Ausnahme.

OPERATION SEEWOLF

Am 18. Tag Funkspruch an uns und fünf weitere Boote, die im gleichen Seegebiet stehen: »Suchstreifen bilden.« Ein Quadrat in unserer Karte des östlichen Atlantik ist als Ausgangsposition angegeben. »Ab 20. April 1945 Vormarsch. Westliche Kurse. Suche auf Geleitzugweg New York-England. Tags getaucht, nachts aufgetaucht marschieren. Name des Rudels: Gruppe Seewolf.«
Immer wieder lese ich den Einsatzbefehl durch. Er enthält ein hohes Risiko.

Das Zusammenführen von sechs Booten auf einem Suchstreifen von kaum 100 Seemeilen Breite, 185 Kilometer, ist bei der heutigen Konzentration von Flugzeugträgern und Flugzeugen auf den Geleitzugrouten im nördlichen Atlantik sehr bedenklich. Ein einzelnes Flugzeug kann schon in der ersten Nacht die aufgetaucht fahrenden Uboote im Rader erfassen und melden. Der Standort in der nächsten Nacht verrät den Vormarschkurs, Ortung die Zahl der Boote. Geleitzüge werden umgeleitet, Abwehrkräfte zusammengezogen.
Aber Diskussionen gibt es nicht. Absolute Funkstille ist befohlen. Der Befehlshaber hat den größeren Überblick. Vielleicht führt er uns einem Geleitzug entgegen, den er schon in seine große Lagekarte eingezeichnet hat — die Rudeltaktik war stets unser Erfolgsrezept.
Wir steuern die befohlene Ausgangsposition an. 19. April, unter Wasser am frühen Vormittag. »Schraubengeräusche!« Hoch und Sehrohr raus: Ein Dampfer. Für den Unterwasserschuß ist er nicht nah genug. Wenn ich auftauche, wird er sofort auf allen Wellen Notrufe aussenden. Dann haben wir die Abwehr auf dem Hals. Also getaucht bleiben, bis er hinter dem Horizont verschwindet, dann auftauchen. Die vier Posten der Brückenwache beobachten mit ihren scharfen Gläsern den Himmel, die beiden Zweizentimeter-Zwillinge sind besetzt.
Die Masten des Dampfers erscheinen als winzige Punkte über der Kimm. Wir laufen äußerste Kraft voraus, Höchstfahrt. In großem Bogen, an der Grenze der Sicht, versuche ich mich vor den Dampfer in Angriffsposition zu manövrieren.
Der Wind hat aufgefrischt. Das Boot dröhnt und zittert, Brecher krachen über uns.
Es scheint ein schneller Einzelfahrer zu sein; er dampft mit hoher Fahrt auf östlichen Kursen im Zickzack den Britischen Inseln entgegen.
Grad um Grad, Meile um Meile, boxen wir uns vor. Die Sicht ist gut, die Wolkendecke hoch. Nur jetzt keine Flieger, sonst müssen wir tauchen, und er geht uns auf Nimmerwiedersehen davon. Wir spüren nicht das Wasser, das in Bächen am Körper herunterfließt; Kälte und Wind sind vergessen. Wir müssen ihn erwischen.

Unendlich langsam wandert die Peilung aus, schon acht Stunden dauert die wilde Jagd. Er ist wirklich sehr schnell.
U 546 läuft damit von der Position ab, die wir morgen erreichen sollten. Ein Dampfer ist es wert. Wenn er nur nicht abzackt, das heißt durch Kursänderung von uns weg verschwindet!
Es geht auf den Abend zu. Der Wind frischt auf, kommt jetzt aus Nord. Donnernd knallt die See gegen das Boot. Ich schaffe es nicht mehr, bei Tageslicht in Schußposition zu kommen. Aber je dunkler es wird, desto näher kann ich an ihn heran.
In der aufkommenden Nacht hängen die Wolken immer tiefer, ich drehe auf den Gegner zu.
Zehn Stunden sind seit der Sichtung vergangen. Die Arme zittern beim Heben des Fernglases, kein Faden am Leib ist trocken. Es beginnt zu regnen.
Die letzte Abenddämmerung verwandelt sich in schwarze Nacht. Zeitweise kommt der Dampfer außer Sicht. Ich muß die letzte Chance wahrnehmen, U 546 läuft jetzt mit höchster Kraft direkt auf ihn zu. Sicht kaum drei Seemeilen, Windstärke 6; fast von vorn kommt die See, hemmt die Fahrt.
Unsere Augen starren nach vorn, aber der Dampfer ist nicht zu sehen. Weiter auf gleichem Kurs, bis die Hoffnung sinkt. Wenn wir ihn jetzt noch finden, ist es reines Glück. Ein gutes Ortungsgerät müßten wir haben wie die gegnerischen Kriegsschiffe.
U 546 stößt ins Nichts. Ich muß mich der bitteren Erkenntnis beugen, daß die Jagd vergeblich war.
»Beide Maschinen halbe Fahrt voraus!«. Wie die Drehzahl der Motoren abfällt, das Dröhnen in ruhiges Brummen übergeht, so sacken auch wir zusammen. Zwölf Stunden Anspannung aller Kräfte, zwölf Stunden umsonst. Wir waren nicht schnell genug, Wetter und Dunkelheit haben uns geschlagen.
Müde klettern wir hinunter in die Wärme des Boots. Die ganze Besatzung ist erschöpft, Schlaf muß sein; der Tag ist wieder unsere Nacht. Nun geht es auf Position. Wir werden nicht rechtzeitig dort sein, stehen 80 Seemeilen zurück, 150 Kilometer. Aber was ist das schon auf diesem riesigen Ozean.
Heute beginnt der Vormarsch auf dem Suchstreifen. Sobald es

dunkel geworden ist, tauchen wir auf. Der Wind bläst stark aus Nordwest, die See geht hoch, Wolkenfetzen jagen über den Himmel. Wir laufen mit beiden Maschinen hohe Fahrt, um uns in die Linie der anderen Boote einzureihen. Sehen können wir uns gegenseitig nicht; der Abstand von einander mag 20 Seemeilen betragen, 37 Kilometer.

So fahren wir durch die Nacht. Die Wache auf dem Turm sucht angespannt den nächtlich schwarzen Horizont ab.

Ich habe es mir unter der Brücke leidlich bequem gemacht — im Turm, wo der Rudergänger das Boot auf Kurs hält. Es ist zugig hier, kühl und stockfinster. Aber ich bin in nächster Nähe zu den Männern oben. Die Sichtweite ist so gering, daß wir in jedem Augenblick dicht am Gegner sein können. Dann muß ich mit einem Satz oben sein. Entscheidungen müssen auf den ersten Blick sofort folgen.

Als die gegnerischen Kräfte noch nicht so stark waren wie heute, konnte der wachhabende Offizier die Lage beurteilen und Aktionen einleiten, ehe der Kommandant neben ihm stand. Heute ist alles schneller, härter, gefährlicher.

Vier Stunden steht jede Wache auf dem Turm: Ein Offizier und drei Mann, jeder muß mit seinem scharfen Nachtglas seinen Sektor von 90 Grad beobachten. Das Schicksal des Boots und der Besatzung, Erfolg oder Untergang, stehen auf dem Spiel. Kein Wort wird gesprochen. Nur manchmal nehmen sie für einen Moment der Entspannung die Gläser von den Augen.

Mitternacht, pünktliche Ablösung. Die Männer springen in den Turm, rutschen die steile Leiter hinunter in die Zentrale. Wenige Schritte zum Wohnraum, die nassen Kleider ausziehen und zum Trocknen aufhängen, hinein in die Koje. Die müden vom Salz geröteten Augen fallen sofort zu. Kein noch so lautes Geräusch kann aus dem Tiefschlaf aufschrecken.

Die Nacht vergeht. Fast unmerklich wird es im Osten hell. In der Dämmerung tauchen wir. Nichts haben wir gesehen, nichts ist passiert. Hier draußen im weiten Nordatlantik scheint die Flugüberwachung schwächer zu sein als erwartet. Während des Tages fahren wir auf 90 Meter Tiefe. Eine E-Maschine dreht fast unhörbar für langsame, stromsparende Fahrt. Es ist dunkel im Boot. Nur im Maschinenraum und in der Zentrale

sind die wenigen Männer der Tauchwache auf Station im matten Licht der nötigsten Beleuchtung.
Die anderen liegen auf den Kojen; schlafend, schnarchend, dösend oder in Gedanken.
Viel wird uns abverlangt. Das Dasein hier ist fast unerträglich, aber die Tiefe vermittelt doch auch Geborgenheit . . .
Der Tag vergeht. Wir tauchen auf unter dem stark bewölkten Himmel einer düsteren Nacht. Der Wind hat kaum abgeflaut, eine hohe Dünung läuft; Schaumkronen tanzen wie Irrlichter.
Über das Vorschiff rollen die Wellenberge, knallen donnernd gegen den Turm und hüllen uns in die Schleier ihrer Gischt.
Wenn der Bug sich hebt und das Heck tief eintaucht, röchelt der ständig fauchende Auspuff der Diesel am Ende des Boots gegen den Wasserdruck an, kommt zischend wie erleichtert wieder frei, während der Bug sich in den nächsten anlaufenden Hügel einbohrt.
So geht es auf und ab, Stunde um Stunde. Kälte, Nässe, ständiges Auswiegen der Bootsbewegungen mit dem Körper, Konzentration mit brennenden Augen.
Mittelwache — von Mitternacht bis vier Uhr morgens. Die Blicke bohren sich in die Dunkelheit — nichts.

»ORTUNG — ALARM!«

Plötzlich der Summton des Radarwarngeräts! »Ortung!« — »Alarm!« — Tauchen, hinunter in den Keller!
Wir haben noch nicht den fest eingebauten »Dipol« der neuen Boote, nur das primitive Biskaya-Kreuz: Ein hölzerner Stock mit einer Antennenschleife, die den Radarimpuls empfängt. Ein fünfter Mann auf der Brücke hält es in den Händen senkrecht und dreht es dabei ständig. Ein Kabel führt ins Boot. Wenn ein Ortungsstrahl unser Boot trifft, ertönt ein Summton im Kopfhörer des Postens.
Es ist harte Arbeit, das Biskaya-Kreuz vier Stunden lang bei Sturm, Kälte und hohem Seegang zu halten und zu drehen. Und es wäre tödlich für uns alle, wenn sich das Kabel beim

Alarmtauchen draußen verhaken und vom Turmluk eingeklemmt würde. Das Tauchen ist nicht zu stoppen, gegen den Wasserdruck kann das Turmluk nicht angehoben werden; wir würden rettungslos absaufen.
Also Ruhe bewahren: Erst Warngerät und Kabel ins Turmluk, dann die Männer der Wache. »Turmluk ist zu!« ruft der Wachoffizier, während er mit dem Handrad das zugeschlagene Turmluk sichert.
In weniger als einer Minute verschwindet das fast hundert Meter lange und tausend Tonnen schwere Boot von der Wasseroberfläche. Dann wird die Fahrt vermindert, mit den Tiefenrudern das Fallen des Boots abgefangen. Durchpendeln, damit letzte Luft entweicht, Einsteuern auf die befohlene Wassertiefe, Austrimmen auf ebenen Kiel mit den Trimmzellen vorn und achtern — dann ziehen wir wieder durch die Tiefe, 90 Meter unter der Oberfläche, 3000 Meter unter dem Kiel.
Aber hier unten sind wir blind. Wir müssen hinauf auf unsere Position im Suchstreifen. Nach einer Stunde ist kaum mehr mit dem Flugzeug zu rechnen, wir tauchen auf. Gegen fünf Uhr müssen wir wieder hinunter: Ortung, Alarm. Um sechs Uhr sind wir wieder oben, um sieben Uhr wieder unten — es wird Tag, wir bleiben getaucht.
Im Lagezimmer des Befehlshabers der Uboote sind wir ein Fähnchen auf der großen Lagekarte. Unser Vormarsch wird mitgekoppelt; täglich rückt das Fähnchen um 100 Seemeilen vor. Daß wir immer wieder unter Wasser gedrückt werden, können wir nicht melden, Funkstille ist befohlen. Bei Überwasserfahrt laufen wir zehn Seemeilen, getaucht kommen wir in der Stunde nur eine Meile voran. So weichen unsere tatsächlichen Standorte stark von den Fähnchen ab. Eine exakte Führung wie einst ist nicht mehr möglich.
Wir stehen weit draußen im Atlantik auf 30 Grad westlicher Länge. Wenn unser Chronometer, der nie verstellt wird, zwölf Uhr mittags anzeigt, ist es bei uns erst neun Uhr morgens.
Dreimal wurden wir in dieser Nacht geortet, dreimal mußten wir das Boot auf den Kopf stellen und uns in Sicherheit bringen. Bei Tag aufzutauchen, ist ausgeschlossen; wir essen unser morgendliches Abendbrot und legen uns schlafen.

Die starke Luftüberwachung macht uns unsicher. Ist es stets das gleiche Flugzeug, das vielleicht einen Geleitzug sichert? Ist es nah oder fern?

Der Funker sitzt vor dem großen Horchgerät. Langsam dreht er das Ohr des Bootes um die Kreisskala. Sein Kopfhörer verbindet ihn mit der vielstimmigen Tonwelt des Meeres. Von nah und fern, leiser und lauter, kommen klopfende, gluckernde, röhrende Geräusche. Es zirpt und piept, schnalzt und zwitschert. Einige Laute sind aus Erfahrung erklärbar; die schrillen Verständigungslaute der Delphine und andere Lebensäußerungen der Mitbewohner unserer Unterwasserwelt. Anderes bleibt geheimnisvoller als der Sternenhimmel.

Plötzlich stoppt der Funker das Handrad. In 77 Grad paßt ein Geräusch nicht in die Symphonie des Meeres. Er beugt sich vor, als wolle er in den Kopfhörer hineinkriechen, starrt auf die Skala, dreht den Zeiger mit gespanntester Aufmerksamkeit vor und zurück.

Das verdächtige Geräusch schwillt an und ab. 77 Grad — 78 Grad — ein leises, metallisches, im Rhythmus wiederkehrendes Mahlen.

Nochmals drüberdrehen, horchen um den ganzen Kreis, nicht auf die Skala sehen. Da ist es wieder: »Meldung an Kommandant: Schraubengeräusche in 78 Grad!«

Mit einem Satz springe ich aus der Koje hoch, bin sofort im Horchraum am Gerät. Ganz leise Schraubengeräusche sind nun deutlich auszumachen. Ein Schiff in großer Entfernung. Das Horchgerät gibt nur die Richtung an.

Ich lasse auf Sehrohrtiefe steuern; so hoch wie möglich, ohne daß der Turm die Wasseroberfläche durchbricht.

Ich sehe schlechtes Wetter, tiefe Wolken, hohen Seegang bei steifem Wind. Das Geräusch verliert sich in der Ferne. 15 Uhr: Ruhe im Boot, weiterschlafen.

Als es dunkelt, tauchen wir auf. Der Sturm heult, die See ist hoch getürmt. Schwer stampft das Boot dagegen an. Bis über die Knie stehen wir auf dem Turm im Wasser. Kaum hat uns eine Welle überlaufen, schlägt schon die nächste über unsere eingezogenen Köpfe hinweg.

Nur eine halbe Stunde läßt uns der Gegner oben, da hat er

uns schon wieder geortet. Abwärts, abwarten. Wieder hinauf, nach 20 Minuten erneuter Alarm, runter.

Was ist nur los? Ein Geleitzug wäre längst vorbeigezogen, die Schraubengeräusche vom Nachmittag deuten darauf hin. Warum bleiben die Flugzeuge hier? Ist unser Suchstreifen entdeckt worden?

Wir schnorcheln durch die Nacht, um die Batterie wieder aufzuladen. Nachdem sie voll ist, tauchen wir auf — wieder nur für allzu kurze Zeit. Um drei Uhr schallt der verhaßte Ruf: »Ortung!« Runter!

Erst seit zwei Tagen läuft unsere Operation. Kann uns der Gegner so schnell aufgespürt haben? Ich sitze in meiner Kammer und zerbreche mir den Kopf. Noch nie habe ich die Einsamkeit des Kommandanten so empfunden wie heute.

In die Stille des abgedunkelten Raums hallt der Schlag kräftiger Männerfäuste auf den Tisch der Offiziersmesse: Ein zünftiger Skat läßt für kurze Augenblicke den Feind und seine Flugzeuge vergessen.

Plötzlich ein Knall im Meer: Bombendetonation. Sehr fern, aber deutlich. Jäh ist das Spiel unterbrochen. Der Funker am Horchgerät hatte sich nicht gemeldet. »Frage: Schraubengeräusche?« — »Keine.«

War es eine Wasserbombe oder ein Torpedo? Die anderen Boote sind nicht weit entfernt. Hat einer geschossen und getroffen, oder wurde er gebombt. Nichts weiter ist zu hören. Wir sind blind und ratlos.

Eine Stunde warten, dann müssen wir wieder hinauf in die Nacht zum Weitermarsch. »Nachts aufgetaucht marschieren,« lautet der Befehl. Kaum haben wir an der frischen Luft einen Atemzug getan, da werden wir schon wieder zum Tauchen gezwungen: »Ortung!« Wir sind mitten drin in einem Schlamassel. Fragt sich nur, in welchem.

Zum fünften Mal in dieser Nacht hinauf, Ortung, hinunter — ich gebe es auf, wir bleiben getaucht.

Gegen Morgen hören wir in der Ferne zwei kurz aufeinanderfolgende Detonationen. Kein Zweifel: Das Suchen und Bomben gilt uns, der Gruppe Seewolf. Ich vermute einen Flugzeugträger in der Nähe. Wenn er uns doch vor die Rohre liefe!

Lautlos und langsam halten wir unter Wasser den befohlenen Kurs. Warten und horchen — mehr können wir nicht tun.

Oben wird es Mittag, für uns ist es Mitternacht. Da erreicht mich der Ruf des Funkers: »Schnelle Schraubengeräusche! Anscheinend Zerstörer!«

Angriff ist unser Handwerk: »Auf Sehrohrtiefe gehen!«

Wir müssen vorsichtig sein. Daß oben höllischer Seegang herrscht, spüren wir schon in 50 Meter Tiefe; das Boot beginnt sanft zu schlingern, beim weiteren Steigen werden die Bewegungen stärker. Auf keinen Fall dürfen wir die Oberfläche durchbrechen. Ich lasse parallel zu den Wellen steuern.

Ganz vorsichtig, mit größter Konzentration, muß der LI das lange Boot steuern, um es bei so starkem Seegang auf Sehrohrtiefe zu halten, zwölf Meter unter der Wasseroberfläche. Ein Pendeln um nur wenige Grad kann schon genügen, Bug oder Heck aus dem Wasser zu heben. Dann gibt's kein Halten mehr; das ganze Boot kommt hoch und ist dem unmittelbaren Angriff preisgegeben.

Die Besatzung steht auf Gefechtstationen. Die Torpedos sind klar zum Schuß.

Der Zerstörer scheint die Gefahr zu ahnen. Seine Schrauben sind jetzt nicht mehr zu hören. Er hat wohl gestoppt.

»Alle Torpedos fertig!« — Die Aale werden entsichert.

»Sehrohr ausfahren!« Durchs Okular sehe ich Licht, bald grünes Wasser; für Sekunden wird in einem Wellental die Sicht frei. Windstärke zehn, fast Orkan. Schäumende Gischt hängt als Schleier über riesigen Wellenbergen. Nur 50 Zentimeter ragt der Sehrohrkopf am tiefsten Punkt des Wellentals aus dem Wasser; ich sehe Wasserberge aus der Froschperspektive.

Der LI steht in der Zentrale, starrt auf das Pendeln des Tiefenmessers. Flüsternd gibt er die Befehle an die beiden vor ihm sitzenden Gefechtsrudergänger für das vordere und hintere Tiefenruder. Ganz vorsichtig tippen sie die Tasten der elektrischen Kontaktgeber. Nur mit geringen Ausschlägen wird gesteuert; es geht um zentimetergenaues Halten der Sehrohrtiefe.

Die Männer haben viele Feindfahrten hinter sich. Sie ahnen die Bewegungstendenzen des Boots voraus. Wenn der Befehl kommt, fahren sie bereits die Ruder in die entsprechende Lage. Der LI und seine Rudergänger sind eine eingespielte Mannschaft.

»Höher, LI!« rufe ich vom Sehrohrsitz im Turm. »Geht nicht mehr, Herr Kaleu!« kommt es von unten. Er steuert schon so hoch wie möglich.

Immer wieder starre ich in grünes Wasser, da wird der Blick frei, sekundenlang hoch auf einem Wellenberg. Schneller Rundblick, der Sehrohrmotor schnurrt. Ich habe kein Schiff gesehen, U 546 sackt wieder ins Wellental. Aber als die nächste Woge uns hebt, erfaßt das Okular einen Zerstörer.

Fast genau voraus, auf einem Wellenberg wie wir, zeigt er seine Breitseite. Anscheinend hat er »beigedreht,« fährt mit langsamer Fahrt schräg zu den anrollenden Wellen.

»Entfernung 600 Meter — Lage 90 — Fahrt null — Rohr eins Looos!« Noch während ich blitzschnell die Kommandos gebe, versacken wir wie das Ziel im Wellental. »Torpedo läuft!« kommt die Meldung aus dem Bugraum. Mehr ist nicht zu tun: »Auf 90 Meter gehen!« Sanft, um Strom zu sparen, zieht der LI das Boot hinunter.

Wir halten den Atem an. Da Zerstörer keinen großen Tiefgang haben, mußte ich die Lauftiefe des Torpedos sehr flach einstellen lassen. Er läuft knapp unter der Oberfläche gegen die hohe, lange Dünung. Wir hoffen, daß er dabei nicht herausspringt. Geschieht es, so arbeitet sein Tiefensteuerapparat nicht mehr korrekt, er wird zum Irrläufer. Wenn die Batterien seines Elektroantriebs erschöpft sind, geht der Aal auf Tiefe.

Der Obersteuermann hat beim Abschuß die Stoppuhr gedrückt und zählt Sekunden. Sechzig sind schon vergangen. Kein Knall — nichts. Horchen, Warten. Mit sinkender Hoffnung — da hallt nach 110 Sekunden eine Detonation durchs Wasser. Ob es der Torpedo oder eine Bombe war, ist am Klang nicht genau auszumachen. Die Männer brüllen begeistert: »Getroffen!« Ich kann ihren Jubel nicht teilen. Das Horchgerät hat weder Schrauben- noch Sinkgeräusche registriert. Außerdem war die Laufzeit des Aals nach meiner Schätzung zu lang.

Ich lasse es mir nicht anmerken. Mögen sie sich freuen, mögen sie glauben — sie haben es verdient.

Gegen 23 Uhr tauchen wir wieder auf. Verdrießlich klettere ich auf die Brücke. Die Erregung der vergangenen Stunden sitzt mir noch in den Knochen. Einen Zerstörer so dicht vor den Augen gehabt zu haben, die Schwierigkeit des Angriffs und dann die Enttäuschung haben die Nerven mal wieder erheblich ramponiert.

Die frische Luft tut gut — doch nur ein paar Atemzüge gönnt uns der Gegner: Ortung. Wutentbrannt muß ich mich damit abfinden, daß wir die Batterie nicht bei Überwasserfahrt laden können. Durch die lange Tauchfahrt am Tag und den Torpedoangriff auf den Zerstörer ist sie fast leer. Wenn wir jetzt auf Tiefe gehen müßten, wären wir nach kurzer Zeit manövrierunfähig.

Das Schnorcheln auf Sehrohrtiefe, während der Feind ringsum und aus der Luft droht, ist für uns alle eine unsagbar hohe Nervenbelastung. Wir müssen exakt zwölf Meter Tiefe halten, damit der Schnorchelkopf aus dem Wasser ragt, aber nicht zu hoch kommt — er könnte geortet werden wie das aufgetauchte Boot. Der Dieselmotorlärm ist nicht nur im Boot, sondern auch nach außen auf weite Entfernung zu hören und macht unser eigenes Horchgerät nutzlos.

Auch wenn der Schnorchelkopf normal aus dem Wasser ragt, etwa eineinhalb Meter hoch, kann er im Ortungsgerät eines Flugzeugs erfaßt werden, und unterhalb der Luftansaugöffnung stößt er die Auspuffgase der Diesel aus; dies und die Fahrt des Bootes erzeugen einen Gischtschwall, der unter günstigen Bedingungen die Ortung erleichtert und vom Flugzeug gesichtet werden kann. So fahren wir blind und taub mit dem nervenzerreißenden Gefühl, uns wehrlos auf dem Präsentierteller anzubieten. Oben ist es Nacht, aber der Gegner hat Radaraugen.

Um dies schreckliche Gefühl zu mindern, stehe ich im Turm am ausgefahrenen Nachtzielsehrohr. Aus meiner Froschperspektive reicht die Sichtweite kaum über 30 Meter. Wenn uns ein Schiff mit hoher Fahrt durch Rammstoß vernichten will, bleiben noch Sekundenbruchteile zum Reagieren. Es ist eine Fahrt auf Leben und Tod.

Alle Viertelstunde lasse ich die Diesel stoppen, und der Funker dreht das Horchgerät über den ganzen Kreis.

Immer wieder Totenstille ringsum; weiter geht die Schnorchelfahrt. Über Wasser würden wir nur die halbe Zeit zum Laden brauchen. Sogar die Stille ist bedrückend; Radarstrahlen tasten lautlos.
Nur die neuesten Boote, die noch in den Werften liegen, haben die Antenne des Funkmeßbeobachtungsgeräts auf dem Schnorchelkopf — zwei kleine Stahlfinger, wie Blitzableiter, auf einem Gitterrahmen. Grimmig denke ich daran, daß sie für Neubauten in den Werften lagern, während wir draußen nur mit Glück dem Gegner entgehen können.

FLUGZEUGTRÄGER IN SICHT

Unsere Lage ist verzweifelt. Der Befehlshaber kann uns nicht mehr führen wie zu den Erfolgszeiten der Rudeltaktik in den Atlantikschlachten. Die Verbände von Flugzeugträgern und Zerstörern sind auf Orten und Bekämpfen eingespielt, eine einzige Trägergruppe überwacht Tausende von Quadratseemeilen.
Auch wenn wir noch so sehr Strom sparen und jeder Mann nur die notwendigste Bewegung ausführt, müssen wir nach 24 Stunden Schleichfahrt hinauf, den Schnorchelmast aufrichten und die unmittelbare Gefahr auf uns nehmen. Vier Wochen lang müßten wir schleichen und schnorcheln im Wechsel, um einem Trägerverband zu entgehen, der in diesem Seegebiet bleibt.
Jetzt registriert das Horchgerät Schraubengeräusche. Sie schwellen auf und ab, bis sie sich endlich entfernen.
Stille — plötzlich zerrissen durch sechs Detonationen kurz hintereinander. Fliegerbomben? Wasserbomben?
Leises Knistern ist zu hören, fernes Krachen — Bersten — Poltern — Röhren — Rauschen. Sind es Sinkgeräusche? Wer sinkt? Fast kann ich nicht mehr glauben, daß eines unserer Boote zum Schuß gekommen ist; eher der Gegner mit einem Vernichtungsangriff. Es wird wieder still . . .
24. April 1945, 10.15 Uhr: Schraubengeräusche von mehreren Schiffen. Teils schnell drehend, teils langsam mahlend.
Oben muß es schon hell sein: »Auf Sehrohrtiefe gehen!«

Schneller Rundblick. Der Wind hat abgeflaut, die stürmische See ist in eine hohe, lange Dünung übergegangen. Die Sicht ist gut, kein Gegner in der Nähe. Doch am Horizont steht ein großes dunkles Viereck. Die Silhouette kenne ich von der letzten Reise: ein Flugzeugträger.

Seine Sicherung, die Zerstörer, sind nicht zu sehen, am Himmel keine Flugzeuge.

Die Form eines Flugzeugträgers macht es schwer, den Kurs zu erkennen. Ich bleibe auf Sehrohrtiefe und beobachte weiter. Himmel und Meer wirken so friedlich, daß der Krieg nicht hierherzupassen scheint. Und der Kasten am Horizont verschwindet allmählich.

Es hätte keinen Sinn, wenn wir uns zum Ziel machen würden, ohne selbst eine Angriffsmöglichkeit zu haben. Also tauchen, hinunter auf 90 Meter. Und horchen.

Schon kurz nach elf Uhr kommen Schraubengeräusche auf. Das sind die Zerstörer, die Sicherung des Trägers.

Jetzt können wir es sein, die überraschend zuschlagen. Hinauf, auf Sehrohrtiefe, Blick in Richtung des Geräuschs: Tatsächlich, sechs Zerstörer. In Dwarslinie, nebeneinander in breiter Formation, fahren sie fast genau auf uns zu. Sie bilden einen Suchstreifen. In der Tiefe könnten sie uns mit ihren Ortungsgeräten eher fassen als hier oben, dicht unter der Wasseroberfläche.

Noch schnell ein Rundblick über den ganzen Horizont, ob keine Gefahr von hinten droht. Alles ist frei.

ZERSTÖRER VERSENKT — UND GEGENSCHLAG

Vom Träger ist nichts zu sehen. Die Zerstörer laufen hohe Fahrt. Sie sind schlank und schön, durchschneiden die langlaufende Dünung wie mit einem Messer. Es ist ein herrlicher, ein gefährlicher Anblick.

Alle Mann sind auf Gefechtstationen, alle Torpedos fertig zum Schuß. Spannung, Konzentration.

Leise schnurrt der Sehrohrantrieb. Ich fahre das Okular immer nur in geringster Höhe aus dem Wasser. Die Ausguckposten auf

den Zerstörern sind geübt, das »du oder ich« gilt erbarmungslos für sie und uns.
Der linke Flügelmann ist in meinem Fadenkreuz. Langsam folgt das Sehrohr, als er näher und näher herankommt.
»Gegnerfahrt 28 Seemeilen — Entfernung 900 Meter — Lage 40« — Die Lage ist der Winkel zwischen meiner Blickrichtung und dem Kurs des Zerstörers.
Der I WO steht neben mir im Turm und dreht meine Schätzungen in den Vorhaltrechner für die Torpedos ein. »Entfernung 800 Meter — Lage 50«. Seine Brücke ist im Fadenkreuz. Er zeigt mehr und mehr Breitseite. »Entfernung 700 — Lage 60.«
Die Zeit scheint zu schleichen, Schweiß steht auf meiner Stirn. »Entfernung 600 — Lage 70«. Noch Sekunden warten, der Atem stockt, der Mund ist trocken . . .
»Rohr zwei fertig!« — »Rohr zwei ist fertig!«
Jetzt zeigt er fast volle Breitseite. »Entfernung 400 — Lage 80!« — »Rohr zwo — looos!«
Leichter Rückstoß im ruhig schwebenden Boot, der Aal ist raus. »Torpedo läuft!« Jetzt aber weg.
»Auf 120 Meter gehen!« Das Boot kippt an, wie ein Stein läßt es der LI steil in die Tiefe gleiten. Es fällt und fällt, der Obersteuermann zählt laut die Sekunden, wir alle zählen mit.
35 — 36 — 37 — jetzt eine krachende, ohrenbetäubende Detonation. Ein Aufschrei geht durchs Boot. Getroffen!
Krachen und Bersten hallt durchs Wasser, Gurgeln, Sinkgeräusche. Dann unheimliche Ruhe. Die Ruhe vor dem Sturm der Wasserbomben, mit denen wir rechnen müssen, wenn uns die Horchgeräte erfassen. Fünf Zerstörer gegen ein Uboot; eine Hölle erwartet uns.
Noch meldet das Horchgerät nur langsame, ruhige Schraubendrehungen, dann eine beklemmende Stille.
»Wegtreten von Gefechtstationen! Alle wachfreien Leute auf die Kojen legen!«
Wir müssen Atemluft sparen; kein Laut und keine Bewegung im Boot darf uns verraten. Mit Schleichfahrt ziehen wir uns vom Ort unserer Tat weg.
Immer wieder langsame, träge Schraubengeräusche. Sie werden ihre Kameraden retten und Tote bergen.

U 546 erst einmal glücklich heimgebracht: Paul Just in Lorient.

Nach dem Einlaufen: Sitzprobe auf fester Mauer nach Monaten auf schlingerndem Boot.

Symbol der letzten Phase: Schnorchel mit Dipol des Radar-Warngeräts.

Mein Auge: Das Sehrohr.

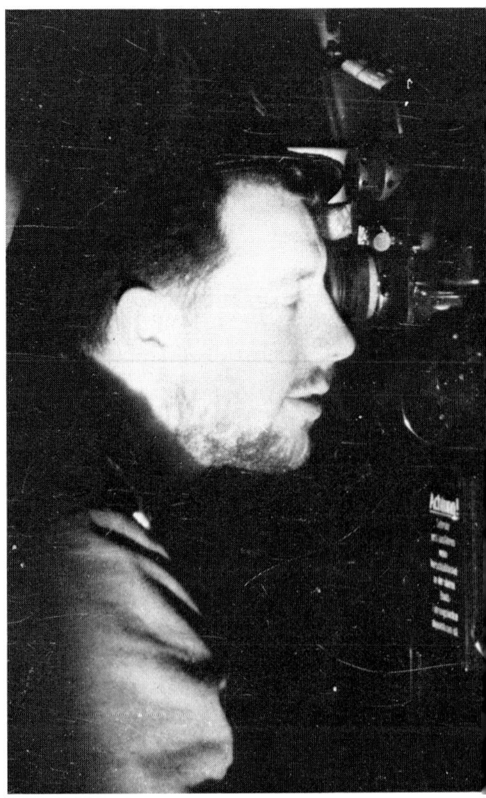

Der Bootsarzt, Dr. Elmar Rudolf: unablässig um die Gesundheit der Besatzung besorgt.

Der LI von U 546: Oberleutnant Ing. Baron von Beer. Er fiel bei der Versenkung.

Kameraden im Boot.

Sonntag: Der Smut präsentiert die Torte.

Die Zeit dehnt sich. Eine halbe Stunde ist seit dem Schuß vergangen. Der Fluchtinstinkt läßt uns wünschen, mit voller Kraft der Elektromotoren abzulaufen. Doch nur kleinste Fahrt mit nur einer langsam drehenden Schraube ist fast unhörbar. Fahrt: 1 Seemeile pro Stunde, 1,8 km.

Eine halbe Meile, knapp 900 Meter, haben wir uns von der Schußstelle entfernt, als der Funker vom Horchgerät meldet, daß die Schraubengeräusche stärker und schneller werden.

Fünf starke Geräuschpunkte sind zu hören. Was oben geschieht, ist unverkennbar. Die fünf Zerstörer laufen auseinander, stellen sich in einer breiten Formation auf. Ihre Schrauben drehen an, die Jagd auf uns beginnt.

Ich lasse U 546 leise auf 150 Meter sinken. Bei 200 Meter liegt die absolute Grenze der Tauchtiefe, dann lasten 20 Atmosphären Wasserdruck auf dem Bootskörper.

Wir bleiben auf 150 Meter, um noch Reserve unter uns zu haben. »Geräusche werden lauter!« Sie kommen!

Wir können nur warten und hoffen, sind entsetzlich ausgeliefert, unsagbar unbeweglich. Es kann sein, daß sie an uns vorbeistoßen. Vielleicht haben sie uns aber schon in ihren Suchgeräten, können die Wasserbomben mit tödlicher Sicherheit in unsere Nähe werfen. Nicht nur ein Treffer, sondern schon der Wasserdruck bei einer nahen Detonation ist die Gefahr.

45 Minuten sind seit dem Schuß vergangen. »Geräusche werden stärker, laufen direkt auf uns zu!«

Wir ziehen die Köpfe ein. Jetzt hört man das Mahlen der Schrauben deutlich im Boot. Der Atem geht schneller. Schweiß bricht aus. Immer lauter werden die Geräusche, ganz deutlich sind die Schläge der Schrauben zu hören. Sie müssen genau über uns sein.

Wie lange sinken die Bomben Meter um Meter, bis sie detonieren? Dreitausend Meter Ozean haben wir unter dem Kiel. Wenn der Druckkörper beschädigt wird, fallen wir in die tödliche Tiefe.

Unsere Hände umkrallen kaltes Eisen in Erwartung der Donnerschläge. Da: Peng — Peng — Peng . . . Keine Wasserbomben, nur fünf bis sechs kleine metallische Knalle ganz nah am Boot . . .

Die Schraubengeräusche entfernen sich. »Zerstörer laufen ab!« meldet der Horcher.
Die Anspannung läßt nach, aber die Knalle waren unheimlich. Haben sie ein neues Suchverfahren? Die Schraubengeräusche sind nur noch schwach.
»Neuer Kurs 270 Grad, auf 180 Meter gehen!« Wenn es kleine Peilbomben waren, dann wissen sie, daß wir auf 150 Meter standen. Darauf stellen sie ihre Wasserbomben ein. Wir sind jetzt 30 Meter tiefer. Der Druck der Bombe ist am stärksten nach oben, weil dorthin der Wasserdruck abnimmt. Soll ich auf 200 Meter gehen? Die richtigen Wasserbomben, die großen, scharfen, vernichtenden — sie werden nicht auf sich warten lassen.
Tatsächlich: »Zerstörer kommen zurück! Laufen an!« meldet der Funker so klar und korrekt wie bei einer Übung in der Ostsee.
»Auf 190 Meter gehen!« Wir starren auf den Tiefenmesser. Meter um Meter fällt der Zeiger. Hier und da knistert das Holz einer Innenverkleidung. Unheimlich klingt es in der atemlosen Stille. 19 Atü Wasserdruck pressen die Stahlröhre zusammen, in der wir leben, aufs Überleben hoffen.
Da sind die Schraubengeräusche! Die Knie zittern, das Auge sucht einen Blickpunkt, Muskeln spannen sich unwillkürlich an, Hände verkrampfen sich schweißig.
Lauter und lauter rappeln die Schrauben. Sie sind wie Schläge auf unsere Schädel. Jetzt haben wir sie über uns, Gott hilf!
Dann kracht es um uns. Sechs schwere Bomben sehr nah. Das ganze Boot wird erschüttert, Glas klirrt, Gegenstände fliegen durch die Räume, das Licht fällt aus. Nur die dünne Notbeleuchtung über den Instrumenten dämpft die Finsternis ein wenig.
Langsam lösen wir uns aus der Erstarrung. »Frage, Wassereinbruch?« wird nach vorn und achtern gerufen. »E-Maschinenraum macht wenig Wasser!« — »Torpedorohre machen Wasser!« kommen die Meldungen.
Es sind nur kleine Leckagen. Überall blitzen die Scheine der Taschenlampen, in alle Ecken und Winkel wird hineingeleuchtet. Die Durchführungen von Leitungen, die durch den Druck-

körper nach außen gehen, werden nachgezogen, die Glühbirnen ersetzt.
Wieder ist der Gegner abgelaufen, kaum noch zu hören. Wird er jetzt schon aufgeben? Ich lasse auf 140 Meter gehen. Wir heben nicht nur das Boot, auch unsere Stimmung. Die große Tauchtiefe war zwanghaft bedrückend.
Wir sind nicht verzweifelt. Bei keinem von uns sind die Nerven am Ende. Jeder steht auf seinem Posten hat seine Aufgabe. Wir werden herauskommen, das glauben wir ganz fest.
»Zerstörer laufen an!« Also doch! Noch einmal das Theater, an dessen Schrecken wir nicht denken wollen. Noch einmal die Angst, der wir nicht entgehen können.
Stille im Boot — abwarten. Wieder fallen und knallen die kleinen Bomben. Wir wissen nun, daß es Ortungsbomben sind. Ihr »Peng« verrät dem Gegner unseren Standort in der Tiefe.
Ich lasse »Bolde« ausstoßen. Das sind Patronen, die durch ein chemisches Gemisch im Wasser eine große Wolke winziger Wasserperlen bilden. Dieser Schleier soll die Unterwasserortung des Gegners erschweren. Wenn seine Asdic-Peilstrahlen den festen Bootskörper treffen, laufen sie als Echo zurück. Die Zeit wird gemesssen und damit die Tauchtiefe des Boots ermittelt. Die Perlwolken verursachen ein Echo wie das Uboot.
Ob diese Bolde wirklich wirken, ob sie in unserem Fall Sinn haben, weiß ich nicht. Es ist unser einziges Abwehrmittel. Dazu können wir Kurs und Tiefe ändern.
Ich lasse U 546 um 90 Grad abschwenken und auf 180 Meter gehen. Wenn wir nur schneller fahren könnten. Aber wir sind zum langsamen Schleichen verurteilt. Nicht nur wegen der gegnerischen Horchgeräte, sondern weil unsere Batterie sonst in wenigen Stunden leer wäre. Es ist noch nicht einmal Mittag; wir müssen bis zur Dunkelheit durchhalten. Vielleicht können wir dann auftauchen und dem schrecklichen Geschehen entrinnen.
Der Feind läuft an. Erneut droht uns der Todesstoß. Die Schraubengeräusche werden deutlicher. Man möchte sich die Ohren zuhalten, möchte schreien, sich wegwünschen ...
Wie ein Ungewitter donnert es auf uns hernieder. Fünf Bomben hart und so verflucht nah, daß das Boot sich wälzt und schüt-

telt. Sie werfen sparsam, aber durch die Suchbomben genau gezielt.
Wassereinbrüche werden aus allen Räumen gemeldet. Das Ruder klemmt hart backbord. Wir fahren einen ungewollten Kreis. Aber es ist gleichgültig; wir stehen ohnehin so gut wie auf der Stelle.
Im Boot sieht es wüst aus. Was nicht niet- und nagelfest ist, liegt zertrümmert auf dem Boden. Es ist stockdunkel. Die Glühbirnen sind zerstört, wir haben keine Reserve mehr. Hier und da glimmt noch die Notbeleuchtung. Überall gurgelt, rinnt und zischt das Wasser. Hastig werden die größeren Lecks gedichtet, so gut es geht.
Die Zerstörer drehen zum nächsten Anlauf, wieder schwellen die Schraubengeräusche an. Wir müssen rauskommen, dürfen nicht aufgeben.
Keiner dreht durch. Überall wird in Windeseile gearbeitet. Angst haben wir alle, wenn der Angriff beginnt, schreckliche Angst. Doch wenn der Segen vorbei ist, sind wir wieder da. Die Hälfte der Besatzung liegt auf den Kojen, um Luft zu sparen.

TODESKAMPF

Die Peilbomben knallen. Zum wievielten Mal? Wir wissen es kaum noch. Der Obersteuermann notiert es fürs Kriegstagebuch. Abwarten, horchen, Tiefe ändern. Bolde ausstoßen. Alles ist schon fast Routine. Was kann ich sonst noch tun? Nur Gelassenheit zeigen, Ruhe ausstrahlen. Mit dem LI eine kurze Unterhaltung, auch mit dem Zentralemaat. An den Kartentisch treten; der Obersteuermann zeigt auf den Standort.
»Wenn der Alte noch so ruhig ist, dann ist kein Grund zum Durchdrehen. Er wird schon wissen, wie wir rauskommen.«
Die Augen der Männer hängen an mir.
Wieder Angriff. Wieder bricht das Donnern und Krachen über uns herein. »Großer Wassereinbruch im Dieselraum!« Das ist ernst.

Es pfeift, zischt und rauscht. Mit lautem Knall ist der Verschluß eines Bordventils zerrissen. 180 Meter Wassertiefe — das sind 18 Atmosphären Druck, mit dem das Wasser durch ein Loch von etwa 15 Zentimetern Durchmesser in den Raum schießt. Kein Wasserstrahl mehr, der einströmt; es ist eine unheimliche Masse, eine Lawine von weißem Wasserstaub. Tonnenschwer wird das Gewicht in kürzester Zeit ins Boot gedrückt. Die Bilge, der Raum unter den Flurplatten, füllt sich in Minuten. U 546 sinkt.

Das ausgewogen schwebende Boot sackt nach achtern ab. Die Füße verlieren den Halt. Jeder hält sich fest, so gut er kann; nur nicht nach hinten stürzen. Überall ächzt und knistert es in der Stockfinsternis; wir sehen uns nicht mehr. Gegenstände fliegen wie Geschosse an die hintere Wand. Ist dies das Ende?

»Beide Maschinen große Fahrt voraus! Beide Tiefenruder hart oben! Alle Mann festhalten!« Das Boot muß hoch. Wir wollen nicht ersaufen. »Hauptlenzpumpe anstellen!«

Es kann uns nicht mehr kümmern, ob der Gegner unser Schraubengeräusch hört, ob die große Pumpe durch die Stille des Meeres wummert. Jetzt geht es ums Allerletzte.

Fünf Tonnen Wasser sind im Boot, im Dieselraum steht es schon hoch über den Flurplatten. Wir müssen das Boot schnellstens in die Waagerechte bringen. Wenn es sich weiter nach hinten neigt, läuft das Wasser durchs Luk in den E-Maschinenraum. Dann Blitz — Knall — Kurzschluß — Ende. Ohne die E-Maschinen könnten wir das Boot nicht mehr heben. Es ginge nur noch abwärts, krachend und berstend in den Tod.

Trotz großer Fahrt und harter Tiefenruderlage kommt das Heck nicht hoch. U 546 verharrt in der entsetzlichen, uns alle entnervenden Schräglage. Letzte, allerletzte Maßnahme: »Achtere Tauchzelle anblasen!« Pfeifend verdrängt die Preßluft das Wasser aus der Zelle, gibt Auftrieb. Wir denken nicht mehr an die Zerstörer. Nur hoch, hinauf, was auch immer dort drohen mag.

Der Tiefenmesser zeigt nicht mehr an. Wir sind weit unter 200 Meter. Die Lenzpumpe arbeitet schwer. Wenn wir das Boot ins Steigen bringen, wird sie mit dem verringerten Wasserdruck mehr schaffen. Das verklemmte Ruder hemmt uns, aber noch haben wir vollen elektrischen Strom, die E-Maschinen laufen. Ein tröstliches Geräusch in einer Lage, in der ein Strohhalm von Hoffnung bleibt. Festgeklammert, eingeklemmt, hängt jeder auf seinem Platz. Wenn man wenigstens etwas sehen könnte.

Langsam, qualvoll langsam, ist die Wirkung von Maschinen, Tiefenrudern und ausgeblasener achterer Tauchzelle zu spüren. Laut rasselt und keucht die große Lenzpumpe. Der Zug nach hinten läßt nach, der Boden hängt nicht mehr so steil, die Füße finden Halt.

Am Tiefenmesser ist die Notbeleuchtung nicht ausgefallen. Wir starren auf die matte Scheibe. Steigt das Boot? Jetzt: Der Zeiger zittert, bewegt sich, Meter um Meter. Acht Tonnen Wasser haben wir im Boot, aber es geht aufwärts. Wir müssen die Bewegung in der Gewalt behalten. Die Artilleristen der Zerstörer warten darauf, uns mit einem Feuerhagel einzudecken, wenn wir oben erscheinen.

»Auf 20 Meter gehen!« In der geringen Tiefe könnten wir es schaffen, das Leck zu dichten. Die Lenzpumpe ist sehr wirksam, wenn sie nicht gegen hohen Außendruck arbeiten muß.

»Schraubengeräusche werden lauter!« meldet der Funker. Na wenn schon. Gegenüber der Rettung des Boots ist es fast unwichtig geworden. Ich lasse das Horchgerät abstellen. Es macht uns nur nervös. Wenn sie bomben, wenn sie uns treffen, dann Gott befohlen.

Wir steigen weiter. Es bleibt bei den acht Tonnen Wasserlast im Heck. Beim Steigen dehnt sich die Luftblase in der achteren Tauchzelle aus, wir gewinnen mehr Auftrieb.

Jetzt kommt es auf die Tiefensteuerkunst unseres LI an. Wir führen eines der schwierigsten Manöver des Ubootfahrens durch. Wenn der Auftrieb zu stark wird, unserer Kontrolle entgleitet, reißt uns das Heck an die Oberfläche.

Je höher wir kommen, desto mehr muß Luft aus der Zelle abgelassen werden. Jahrelange Erfahrung und feines Gefühl gehören dazu, ein so schwer beschädigtes Boot mit Hilfe einer Luftblase aus mehr als 200 Meter Tiefe auf 20 Meter in schwebendem Zustand hochzusteuern. Unser LI schafft es. Meter um Meter steigen wir. Die Pumpe drückt jetzt große Wassermengen hinaus.

Endlich sind wir auf 20 Meter. Der Druck ist nur noch gering, die Reparatur kann beginnen.
Unsere Techniker beweisen ruhige Nerven. Sie schneiden eine Stahlplatte passend, bohren 17 Löcher hinein. Dazu werden auf der Drehbank in exakter Arbeit 17 Schrauben gedreht. Während über uns fünf Zerstörer suchen und kreisen, um Verderben und Vernichtung auf uns zu werfen, wird eine Stunde lang gewissenhaft und schnell gearbeitet, Hand in Hand.
Endlich: Das Leck ist dicht, das Wasser aus dem Boot. Wir sind klar. Viel kostbaren Strom haben wir verbraucht. Die Luft im Boot ist kaum noch zu atmen, aber das Leben hat uns wieder.
Keine Bomben fielen. Es ist ein Wunder, denn wir haben viel Lärm gemacht, verräterische Blasen sind aus der Tauchzelle hochgestiegen. Sie müssen uns verloren haben.
Horchgerät anstellen. Ich muß nun wissen, was sich oben tut. »Auf 60 Meter gehen!« Wir hören leise Schraubengeräusche. Sie sind also immer noch da. Ich hatte gehofft, sie seien abgelaufen. Langsam geht das Boot auf Tiefe, ständig wird die Dichtung überprüft.
Acht Stunden dauert der Kampf nun schon. Durst und Hunger waren vergessen; ich lasse Milch und Schokolade verteilen.
Kaum kann man schlucken, der Mund ist wie ausgedörrt. Der Atem geht schnell, in kurzen Stößen. Kalipatronen werden zur Lufterneuerung in die Umwälzlüfter eingesetzt. Jede Viertelstunde lasse ich Sauerstoff aus Flaschen ins Boot blasen.
Seit gestern Abend sind wir auf den Beinen. Jetzt ist es Nachmittag. 18 Stunden lang haben wir keine Ruhe gehabt. Wie lange wird diese Höllenfahrt noch dauern?
»Gegner läuft an!« Sie wissen, daß wir noch da sind. Kein Ölfleck an der Oberfläche, keine Sinkgeräusche — die Jäger haben Zeit.
Wieder die kleinen Bomben. Langsam, ganz vorsichtig steuern wir das Boot auf 120 Meter. Wird die Dichtung halten? Es kann noch nicht das Ende sein.
Der Atem keucht, Schweiß rinnt. Wir ducken uns zusammen. — Dann kracht es wieder Schlag auf Schlag, fürchterlich.

Die Zertrümmerungen und Zerstörungen im Boot sind unbeschreiblich. Man watet förmlich durch zerschlagene Gegenstände. Zolldicke Verschraubungen haben sich aus den Stahlwänden gelöst. Große elektrische Geräte sind losgerissen und hängen an ihren Kabeln von der Decke. Alle Spinde sind geborsten; Kleider, Schuhe, Geschirr häufen sich in wüstem Durcheinander. Wer auf seiner Koje liegt, zieht den Tauchretter vor Mund und Nase und japst die verbrauchte Luft.

Wir stehen in der Zentrale. Der LI hat 13 Ubootfahrten hinter sich. Langsam wendet er sich mir zu und sieht mich voll an: »Ich habe schon viel erlebt, aber so wie jetzt wurde ich noch nie verhauen.« Vielleicht hilft uns doch noch die Dunkelheit. Manche Schlacht galt schon als verloren, als in hoffnungsloser Lage doch noch die glückhafte Wendung kam. Wir wurden zum Durchhalten, zum Nichtaufgeben erzogen. »Kampf bis zur letzten Patrone« war die Parole. Kein Zweifel kommt auf, daß wir durchhalten müssen.

Ob wir U 546 noch in die Heimat bringen können, weiß ich nicht. Viele Zellen der Batterie sind gesprungen, in der Bilge mischen sich Salzsäure und Seewasser, die Luft wird beißend. Sind die Brennstoffzuleitungen für die Diesel noch brauchbar? Werden wir das Ruder reparieren können? Ist der Schnorchel noch aufzurichten?

Auftauchen, in Gefangenschaft gehen? Ich schaue meine Leute in der Zentrale an. Ob sie Ähnliches denken? »Habt ihr Angst?« Schweigen, keiner antwortet. »Ich schon ...« sage ich. Sie lachen. Es klingt hohl.

»Neuer Anlauf!« Fast zwölf Stunden sind vergangen, seit wir geschossen haben — mit Erfolg, aber zu unserem Unheil. Wieder bersten die Bomben, so nah wie nie zuvor. Aus allen Räumen werden Wassereinbrüche gemeldet. In der Zentrale sprüht es überall.

Das Ende ist da. Wir müssen hoch. »Auf 20 Meter gehen! Klarmachen zum Aussteigen! Tauchretter und Schwimmwesten anlegen!« U 546 ist verloren.

Ohne besondere Hast, fast mechanisch werden die Vorberei-

tungen getroffen. Das Boot darf nicht in Feindeshand fallen. Das Versenken ist Sache des LI. Er wird als letzter im Boot bleiben, die Flutventile aufreißen und sich dann ebenfalls in Sicherheit bringen.
Mit unseren Bordwaffen werden wir den Gegner so lange abwehren, bis das Boot sinkt.
Ich weiß, daß die Kanonen vielleicht unbrauchbar sind. Dennoch: Wir werden keine weiße Fahne zeigen.
Die letzten Befehle sind erteilt. Ich lasse mir meine Schwimmweste und das kleine Paket mit dem Einmannschlauchboot reichen. Im engen Raum stehen wir, einer hinter dem anderen. Leise Fragen: »Wo ist mein Schlauchboot?« Etwas Gedränge, Geschiebe, aber trotz höchster Nervenanspannung gerät niemand in Panik, keiner drängt sich vor.
Jahrelang wurden wir zur Disziplin und zur Rücksichtnahme auf den Kameraden erzogen, haben zusammengelebt und wissen, daß jeder Schritt und jeder Handgriff ruhig und mit Bedacht getan werden muß. Kein Befehl, kein Wort ist dazu nötig.
»Kameraden, ich danke euch. Ich hoffe, wir werden uns heil und gesund wiedersehen. Unserem guten Boot, U 546, Hurra — Hurra — Hurra!«
»Auftauchen — anblasen!« Die Ventile werden aufgerissen. Fauchend drückt die Luft das Wasser aus den Tauchzellen. Gott sei es gedankt, wir haben noch Preßluft, die Leitungen sind in Ordnung. Wir steigen. Jetzt — das Boot ist raus! Es wiegt sich in der Dünung.
Ich springe in den stockfinsteren Turm, will das Luk öffnen, greife ins Leere. Das Handrad zum Öffnen ist weg, liegt abgerissen irgendwo unten. »Zum Dieselluk aussteigen!« Der Befehl geht von Mann zu Mann. Im Dieselraum reißen sie das Luk auf. Wir haben viel Wasser im Boot und liegen daher tief in der See. Wasser von der überrollenden See schwappt herein. Das Torpedoluk im Bugraum muß geschlossen bleiben.
Einer nach dem anderen zwängt sich nach oben an Deck. Ich muß hinauf, das Kommando übernehmen. Wasser schlägt mir entgegen. Luft anhalten, rauf in den hellen Tag, an Luft und Licht.
Ein Hagel von Geschossen empfängt mich. Es pfeift und kracht

uns um die Ohren. In großem Halbkreis liegen die amerikanischen Zerstörer, schießen konzentrisch aus allen Rohren, mit allen Kalibern.
Einschläge zerfetzen das Holz und Blech des Oberdecks. Kugeln und Granaten prasseln ohrenbetäubend auf den Stahl. Wasserfontänen stehen rings um das Boot. Am Himmel kreisen drei Flugzeuge.
Wer aus dem Luk herausgekrochen ist, krallt sich an Deck fest; einige rutschen schon ins Wasser. Der Gegner zeigt keine Absicht, das Boot zu entern. Er will U 546 vernichten.
Wir könnten es nicht schaffen, an unsere Kanonen zu kommen, selbst wenn es Sinn hätte. Ich befehle »Alle Mann außenbords!«
Sie springen ins Wasser, die Einmannschlauchboote blasen sich auf. Ich krieche hinter den Turm, suche Deckung. Etwa zehn Minuten sind vergangen. Immer noch kommen Leute aus dem Boot.
Ein donnernder Einschlag, Granate oder Fliegerbombe. Das Boot neigt sich weit zur Seite. Eine schwere Wassermasse stürzt auf mich nieder. Ich rutsche das ölig nasse Deck hinunter, will mich halten, stürze ins Wasser. U 546 bewegt sich mit langsamer E-Maschinenfahrt weiter. Als ich hochkomme, ist es schon von mir entfernt. Mein Schlauchboot bläst sich auf. Um mich herum schwimmen andere. Ich versuche, sie zu zählen, aber es gelingt nicht. Immer wieder läßt mich die Dünung in ein Wellental versinken.
Wenn sie mich anhebt, sehe ich noch das Boot. Keiner steigt mehr aus. Plötzlich ein harter Stoß im Wasser: Bombendetonation. Ist der LI noch im Boot, um es zu versenken? Ich kann nur hoffen, daß er ausgestiegen ist. U 546 wird nicht mehr lange schwimmen.
Da — jetzt: Ganz langsam neigt sich der Bug, schneidet unter, das Heck hebt sich immer weiter, bis das Boot für Sekunden fast senkrecht steht und lautlos, immer schneller, abwärts in die Tiefe gleitet. Ich starre auf die Stelle. U 546 ist nicht mehr.
Viele Jahre später lese ich zwei karge Zeilen in einem Register: U 546 gesunken am 24. April 1945 nordwestlich der Azoren durch Wasserbomben der USA-Escorter Flaherty, Neunzer,

Chatelain, Varian, Hubbard, Jansen, Pillsbury und Keith, 24 Tote.
Kaum zwei Wochen später kapitulierte die deutsche Wehrmacht.

BEIM GEGNER AN BORD

Die Zerstörer haben das Feuer eingestellt. Ich liege rücklings im kleinen Schlauchbooot — ein winziges Lebewesen, von mächtigen Wogen unter weitem Himmel gehoben und gesenkt.
Für einen kurzen Augenblick fühle ich mich befreit in der Natur, gepackt von ihrer Schönheit. Das Leben hat mich wieder, doch gleich darauf kommt mir die Realität ins Bewußtsein. Ich bin durchnäßt, zittere vor Kälte und auch vor Erschöpfung.
Werden wir gerettet? Der Kampf auf See ist grausam, aber dem hilflosen besiegten Gegner wird immer wieder die helfende Hand gereicht. Auch wir haben es getan, wann immer möglich.
Langsam schiebt sich eines der amerikanischen Schiffe heran. Über die Bordwand hängt ein breites Kletternetz herunter. Gesichter starren von oben auf uns, die besiegten Feinde.
Ich erreiche das Netz, will hinaufklettern und kann nicht. Das Schiff liegt parallel zur Dünung und schlingert mächtig. Das Schlauchboot, bis zum Rand voll Wasser, ist noch durch die Sicherungsleine mit mir verbunden. Ich schwinge mit der Bordwand auf und ab, werde hoch aus dem Wasser geschnellt und dann wieder tief ins Wasser gedrückt.
Ein baumlanger Neger steigt über die Reeling zu mir herunter, ein Messer zwischen den Zähnen. Muskeln wie aus Stahl spielen unter seinem weißen Bordhemd. Gemächlich nimmt er das Messer aus dem Mund und kappt die Leine des Schlauchboots. Frei — aufwärts. Er will noch helfen, aber danke: »Thanks,« ich schaffe es allein.
Matrosen stehen im Halbkreis und starren mich an. Die Mündungen von zwei Maschinenpistolen drücken auf meine Brust. Junge Soldaten, bleich und nervös, haben den Finger am Abzug. Für was halten sie mich? Wir sind doch keine Werwölfe, die ihnen an die Kehle springen wollen.

Ich werde in einen großen Decksraum geführt, ständig umringt, ständig bewacht. Eine feuchte Spur zeigt, wo ich mit meinen weichen Knien gegangen bin.
Man reicht mir eine große Tüte mit dem Zeichen des Roten Kreuzes. Sie enthält kurzes Unterzeug, ein weißes halbärmeliges Baumwollhemd, grauschwarze lange Hose, Socken, Bordschuhe, Waschzeug: Das Notwendigste für einen Schiffbrüchigen.
Meine nassen Sachen sind sofort weg. Die Knöpfe meiner Bordjacke, Goldblech mit eingeprägtem Anker, sind begehrte Erinnerungsstücke. Meine weiße Kommandantenmütze bekommt bestimmt der Kommandant des Schiffes.
Die Amerikaner sind blaß unter ihrer Sonnenbräune, übernächtigt und erschöpft. Ubootjagd ist ein hartes Brot. Fast 15 Stunden lang haben sie gesucht, sind immer wieder angelaufen, haben Wasserbomben geworfen und vor unseren Torpedos gezittert. Wie wir von oben bedroht und bekämpft wurden, so war für sie die Wasseroberfläche voller Schrecken. Die Atlantikschlachten waren erbittert wie noch nie ein Kampf zur See.
Man führt mich in eine Kammer. Karg, sauber eine Koje — ich falle in einen langen, tiefen Schlaf. Die unerhörten psychischen und physischen Belastungen sind von mir genommen. Auch der Gedanke an meine Kameraden, von denen ich sogleich getrennt wurde, kann mich nicht wachhalten.
Ein paar von ihnen sehe ich am Morgen des nächsten Tages, als ich auf die Back, das Vordeck des Zerstörers, geführt werde. Man hält mich von ihnen fern, wir können uns nur von weitem grüßen. Noch hoffe ich, daß alle überlebt haben.
Der Zerstörer läuft auf Parallelkurs dicht neben einem Flugzeugträger. Zwischen den Schiffen hängen Schläuche und Leinen: Brennstoffübernahme in hoher Fahrt. Der Abstand mag kaum 20 Meter betragen. Haargenau wird Kurs gehalten. Die See schäumt und peitscht durch die schmale Gasse zwischen den Bordwänden. Für mich ist es ein erster Blick auf die Perfektion, zu der es der Gegner gebracht hat.
Der Flugzeugträger ist ein gewaltiges schwimmendes Gebäude. Über Ausbuchtungen, Balkonen und Luken ragt der hohe und schmale Kommandoturm in die Höhe, eine Vielzahl von Antennen sticht in den Himmel.

Ich werde aufs Brückendeck des Zerstörers geführt und muß in eine Hosenboje steigen: Ein Ring mit zwei weiten offenen Hosenbeinen aus Segeltuch dient dazu, mich an einer Leine zum Flugzeugträger hinüber zu hieven. Dort werde ich in Empfang genommen, durch Gänge und Treppen immer weiter und höher geleitet. Schließlich stehe ich in der Admiralsmesse.

Der Admiral, der diese Operationsgruppe führt, sitzt mit einigen Offizieren in dicken Ledersesseln.

Der Admiral spricht freundlich und gelassen: »Hallo Commander, bitte nehmen Sie Platz. Wie fühlen Sie sich?« — Obwohl ich englisch kann, antworte ich deutsch: »Danke der Nachfrage, Herr Admiral, den Umständen entsprechend gut.«

Ein Dolmetscher sitzt uns gegenüber. Ich verstehe, worüber sich die Offiziere unterhalten und kann meine Antworten überlegen, bevor die Fragen übersetzt werden. Zunächst geht es noch um mein Wohlbefinden: »Bitte nehmen Sie. Zigarre oder Zigarette? Haben Sie besondere Wünsche? Werden Sie gut behandelt?« — »Danke, ich habe keine besonderen Wünsche. Meine Behandlung ist korrekt.«

Noch ist Krieg. Nicht alle Boote unseres Suchstreifens werden vernichtet sein. Ich darf nichts verraten, mich auf keine verführerische Unterhaltung einlassen. Meine Blicke wandern. Ein Captain unter den Offizieren ist wohl der Kommandant des Trägers. Die Messe ist geräumig, einfach ausgestattet. In der Mitte stehen die Clubsessel, an den Wänden hängen ein paar Wappen, wenige Bilder. Kaffeetassen auf dem Tisch werden aus einem Kaffeeautomaten gefüllt.

»Welchen Auftrag hatten Sie?« Nun soll wohl das Verhör beginnen. »Herr Admiral, ich bin deutscher Offizier. Sie werden sicher verstehen, daß ich diese Frage nicht beantworten kann. Ich werde ihnen kein militärisches Geheimnis verraten.«

Die Mienen, bisher aufgeschlossen, versteinern. Gemurmel in der Runde. Wenn ich in ihrer blauen Uniform steckte, die etwa der unsrigen entspricht, könnte ich einer von ihnen sein. Meinen knapp vier Wochen alten Bart, kein Schmuckstück, habe ich mir heute bei der Morgenwäsche abrasiert.

Der Admiral spricht weiter: »Ich habe Verständnis für ihre Zurückhaltung, aber uns ist schon sehr viel bekannt. Wir möchten von ihnen ja nur bestätigt haben, daß das Rudel, dem Sie angehörten, aus sechs Booten bestand.« Wiederum lehne ich sehr höflich jede Antwort ab. Nochmals versucht er es, möchte die Nummer meines Bootes wissen. Ich schweige. Die Atmosphäre im Raum ist frostig, meine Zigarette zu Ende. »Danke,« sagt er. Die Wachsoldaten führen mich ab.

Was kommt nun? Ein Kreuzverhör? Nichts. — Sie führen mich in eine Kammer, wie auf dem Zerstörer bleibt die Tür offen. Zwei Posten stehen davor, Maschinenpistolen unter dem Arm.

Ich lege mich auf die Koje, starre an die Decke. In der Heimat würde ich heute den Hochzeitstag feiern. Am 25. April 1941 standen wir in Berlin vor dem Altar. Vier Jahre lang sind wir nun verheiratet. Im Winter 1942, als ich Schulbootkommandant in Pillau war, konnten wir ein halbes Jahr lang zusammensein. Danach gab es nur einmal im Jahr kurze Wochen Urlaub. Krieg herrscht, seit wir uns kennen, seit wir uns lieben. Wann wird die junge Frau und Mutter erfahren, daß ich lebe?

Sobald das Boot zur Feindfahrt ausgelaufen ist, gibt es keine Verbindung, auch keine private Nachricht über Funk. Unsere Frauen können sich nicht in Briefen die Sorgen von der Seele schreiben oder um Rat fragen. Mit den Kindern stehen sie ganz allein in dem Krieg, der längst die Heimat überrollt hat. Wenn es dort noch eine Post gibt, kann sie an jedem Tag die Nachricht bringen, daß es kein Wiedersehen gibt: »Gefallen für Führer, Volk und Vaterland.«

Gegen Abend werde ich auf eine Fregatte gehievt.

Ich beziehe eine Kammer im Offiziersdeck. Die Behandlung ist gut, das Essen schmackhaft und reichlich. Die Wachsoldaten sind respektvoll. Meine Wünsche werden erfüllt, wenn ich welche habe. — Was soll ich wünschen nach dem miserablen Dasein auf unserem gejagten Boot.

Am Tag darauf, mittags, betritt mein I WO die Kammer, sehr niedergeschlagen: »Herr Kaleu, wissen Sie schon, daß 24 Kameraden nicht gerettet wurden? Auch unser LI, der II WO, der LI-Schüler, der zweite Obersteuermann und andere . . . Die Überlebenden sind hier an Bord.«

Es ist für mich wie ein Schlag mit einer Keule. Einige können bei der Beschießung umgekommen sein, aber nicht so viele.

»Sie werden nicht mehr aus dem Boot herausgekommen sein,« sagt der I WO.
»Aber das Boot schwamm doch noch lange, es war doch Zeit genug!«
»Ich habe mich mit unseren Männern hier unterhalten. Sie meinen, es muß während des Aussteigens eine Explosion im Boot gegeben haben. Knallgas durch die ausgelaufene Batteriesäure und das Wasser in der Bilge, ein kleiner Funken irgendwo — sie müssen sofort tot gewesen sein. Dann sank das Boot.«
Als ich im Wasser lag, habe ich einen Schlag gespürt. Es muß um die Zeit gewesen sein.
Schweigend sitzen wir nebeneinander auf der Koje. Jeden einzelnen haben wir so gut gekannt. Mit der letzten Chance dicht vor Augen sind sie gestorben.
Als der I WO gegangen ist, zermartere ich mir den Kopf. Wollten sie vielleicht zum Kombüsenluk vorn aussteigen, weil sie meinten, es ginge dort schneller? War es verklemmt? Es ist schlimm, als Kommandant zu überleben und an die Toten zu denken. Nachts liege ich stundenlang wach —.
Gelegentlich bittet mich der Kommandant der Fregatte zu sich. Wir unterhalten uns bei Kaffee und Zigaretten in seiner Kammer. Er ist in meinem Alter. Wir sprechen über unser Zuhause, die Familie. Er hat zwei Kinder. Wohnt in einer Stadt in Alabama, bekommt selten Urlaub und dann nur kurz.
»Die amerikanischen Werften arbeiten so schnell, ständig rund um die Uhr,« sagt er. Kein Ersatzteil fehlt, alles liegt beim Einlaufen schon parat. Nach spätestens zwei Wochen ist das Schiff wieder klar zum Einsatz auf dem Atlantik. Betankung und kleinere Reparaturen besorgt der Träger in See.
Wir haben den Gegner unterschätzt, von Anfang an. Die Amerikaner, die wir für lässig hielten, erweisen sich als bewundernswert gründlich.
Der Kommandant freut sich, daß er uns nach Neufundland bringen soll. Ein paar Tage lang wird er bei seiner Frau und den Kindern sein.
Tagelang fahren wir Kurs West. Auf die Überlebenden von U 546 wartet die Gefangenschaft.

Viele Monate später fällt mir im Gefangenenlager ein Heft des »Reader's Digest« vom November 1945 in die Hände mit einem Bericht über die Versenkung von U 546, geschrieben von dem Pulitzer-Preisträger Ira Wolfert. Der Aufsatz befaßt sich ausführlich mit dem Ubootskrieg, berichtet zum ersten Mal über die geheimen Waffen und Taktiken beider Seiten in der Schlacht auf dem Atlantik: »The Silent, Invisible War Under The Sea.« Die Versenkung von U 546 gilt zwei Admiralen, Ingram und Kilpatrick als klassisch: Ein Kampf, in dem fast jede neue Erfindung und jede neue Taktik angewandt wurden.
Die Amerikaner überschätzten uns. Sie wußten von den sechs Booten, die am 19. März 1945 in die Nordsee ausgelaufen waren. Daß wir in dieser Phase des Krieges noch eine herkömmliche Feindfahrt machen würden, hielten sie für unmöglich und kamen zu dem Schluß, daß Hitler als eine letzte verzweifelte Tat die Uboote ausersehen hatte, die Küste der USA mit V 2-Flugkörpern zu beschießen.
Die ganze Atlantik-Flotte machte sich zum Kampf gegen sie bereit.
Die Männer in der Operationszentrale des CINCLANT (Com mander-in-Chief Atlantic) des Befehlshabers Atlantik, wußten alles über deutsche Uboote und ihre Kommandanten. Sie konnten sich vorstellen, was sie selbst tun würden, wenn sie sechs Boote über den Atlantik führen müßten. Vier Geleitflugzeugträgergruppen und vier Ubootjagdgruppen wurden als Sperre aufgebaut.
Unerwartet schwierig war es, das Ubootsrudel zu finden. Ira Wolfert wörtlich:
Während des ganzen Krieges hatten sich die Uboote dadurch verraten, daß sie fast täglich Funkmeldungen nach Berlin gaben. Admiral Dönitz wußte zwar sehr gut, daß unsere Funkabhörer und Peiler den Standort der Boote feststellten. Er bestand dennoch darauf, vielleicht weil die Nazis niemandem trauten, nicht einmal den eigenen Soldaten. Diese sechs Boote benutzten jedoch ihr Funkgerät sehr selten. Einmal forderten sie von einem anderen, weiter westlich stehenden Boot einen Wetterbericht an.

Fast unser Tod: Sunderland-Flugboot.

Alarm: Fürs Tauchen Umschalten auf E-Maschine, die Diesel-Abgasklappen werden geschlossen.

Jetzt sind wir am Ende.

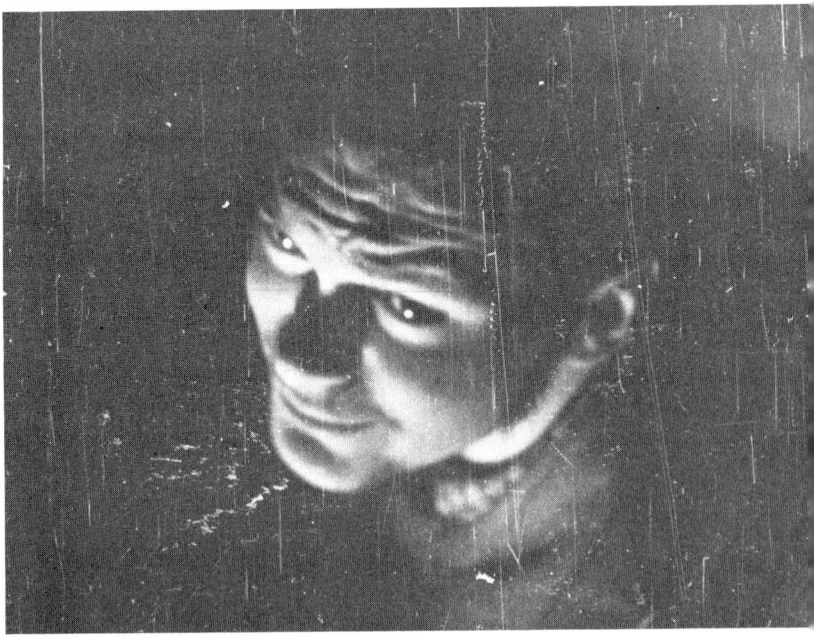

Soldaten von U 546 an Bord des amerikanischen Zerstörers einen Tag nach der Versenkung des Bootes.

Dem Grauen entronnen.

Als Gefangene auf dem amerikanischen Zerstörer.
Der I WO, Oberleutnant zur See Schöneich, hat mir soeben berichtet, daß 24 Soldaten von U 546 bei der Versenkung mit in die Tiefe gerissen wurden.

Unsere Funkpeilung erfaßte sie sofort und mit Genugtuung stellten die Operationsleute fest, daß der angenommene Standort des Bootes weniger als eine Seemeile vom tatsächlichen Standort abwich. Einmal hörte man einen Funkspruch mit Berlin. Ganz kurz war er vorbei, wie ein Blitz; doch wieder hatte unsere Operationsgruppe einen Kontrollpunkt. Dennoch mußte die Verfolgung drei Wochen lang nach Vermutungen auf der Seekarte geleitet werden.

Erst damals erfahre ich, wie es aus der Sicht des Gegners geschah.

Am 11. April sah ein Flugzeug des Trägers »Croatan« eine kleine, dünne Rauchfahne, die offensichtlich von einem Schnorchel stammte. Am 15. April liefen zwei Uboote direkt in die Barriere von Schiffen, die quer zu ihrem Kurs gelegt war. Sie wurden versenkt, ein drittes Boot fiel am 22. April der Jagd zum Opfer, und am gleichen Tag sichtete ein Flugzeug uns: U 546, etwa 70 Seemeilen vom Geleitzerstörer »Pillsbury« entfernt. Durch die Nacht bis in den Morgen hinein wurde gesucht, dann gelang mir der Vernichtungsschuß auf einen der Zerstörer.

Der Geleitzerstörer »F. C. Davis« hatte über Sprechfunk mitgeteilt, er untersuche einen möglichen Ortungskontakt achteraus — mit dem Horchgerät. Die übrigen Schiffe verlangsamten ihre Fahrt auf fünf Knoten, neun km/h, während »F. C. Davis« suchte und genau elf Minuten später durch den Torpedotreffer in zwei Teile zerrissen wurde.

Dazu Ira Wolfert:

Ein Torpedo ist eine furchtbare Waffe. Von den 179 Mann und 13 Offizieren fielen 105 Mann und dabei zehn Offiziere. Die »Hayter« begann zu retten. 65 Mann konnte sie bergen, viele bewußtlos oder nahe daran, zitternd vom Aufenthalt im kalten Wasser. Leutnant Edward Keyes rettete allein zwölf Mann, Hilflose und Tote band er an die Bordwand. Richard L. Bumgarner holte drei Mann, die schon für tot gehalten wurden, durch Wiederbelebungsübungen zum Leben zurück.

Was die Horchgeräte aufnahmen, wurde durch die Deckslautsprecher wiedergegeben, so daß jeder Mann es direkt miterleben konnte.

Wolfert zitiert ein Lehrbuch der Marine:
Das Erzeugen von Lauten ist offensichtlich zwischen den Krebstieren und Fischen der See so gebräuchlich wie zwischen Insekten und anderen Tieren an Land. Singende und summende Fische sind merkwürdige Klatschbasen. Garneelen knistern, als ob Speck gebraten wird. Krächzen ertönt im Chor und klingt wie das Geräusch aus einem Maschinenraum. Es sind Geräusche wie von einer Stadt.
Aber das Horchen galt dem Echo des »Ping« beim Abprallen vom Körper eines Uboots.
37 Minuten nach dem Torpedotreffer auf der »Davis« entdeckte »Flaherty« unser Boot. Die Verfolger stoppten. Einige stellten sich für den Todesschuß auf, »Flaherty« fuhr einen Vorwärts-Wurfangriff, während »Pillbury« einen Scheinangriff vortäuschen sollte.
Die Werfer für den Voraus-Wurfangriff heißen Hedgehog, Igel. Sie schleudern kleine Unterwassergeschosse in ein oder zwei Halbkreisen vor das Schiff. Diese Geschosse explodieren nur, wenn sie auf einen Gegenstand aufprallen, während Wasserbomben auf einer eingestellten Tiefe detonieren und meist den Horchkontakt kosten.
Um 9 Uhr 50 löste »Flaherty« den Hedgehog-Wurf, aus den Lautsprechern tönten nach Knall und Aufspritzen die saugenden und seufzenden Geräusche der sinkenden Geschosse. Aber die Stoppuhren liefen vergebens — keine Explosion.
Dieser Kommandant kannte jeden Trick seines Berufs und nutzte alle. Er wußte, wie stark Luftblasen des Kielwassers Schallwellen zerstörten und abschwächten. So fuhr er mehrere volle Kreise um ein ganzes Gebiet blubbernden Kielwassers zu erzeugen. Er schoß Luftmassen aus seinen Torpedorohren. Und wenn ein Ortungsstrahl, ein Ping, seinen Bootskörper traf, dann irretierte er das Horchgerät dadurch, daß er gegenan pingte.
Auch im Verursachen eines Strudels im Wasser, eines »knuckle«, besaß er viel Erfahrung. Ein solcher knuckle ist eine Störzone, die im Wasser entsteht, wenn ein Uboot plötzlich mit der Fahrt hochgeht und hart dreht. Der Strudel wirft ein Echo zurück, wenn mit Schall geortet wird. Er lief direkt unter das gegnerische Schiff, so daß der Suchstrahl ihm nicht folgen konnte. Man

konnte ihn auch nicht mit Scheinangriffen irritieren. Er konnte die Werfer feuern hören. Ebenso hörte er das Aufklatschen der Wasserbomben aufs Wasser . . .
Schließlich besaß er eine gründliche Beherrschung der Temperaturgradienten dieser Gewässer. Alle deutschen Uboote haben Karten, aus denen die Horchbedingungen, die in den verschiedenen Seegebieten zu erwarten sind, ersichtlich werden. Eine Differenz der Wassertemperatur von weniger als neun Grad Fahrenheit beeinträchtigt das Ortungsecho. Ein Kommandant kann in oder unter die Temperaturschicht kommen, wie ein Soldat in einen Fuchsbau kriecht. Er legt die Schicht von kaltem oder warmem Wasser wie eine Decke über sich und läßt den Feind vergeblich warten.
Dieser Kommandant benutzte die Temperaturschichtung sogar, um sich an seine Angreifer heranzupirschen. Aber unsere Schiffe waren auf der Hut vor ihm. Sie hatten ebenfalls Männer an Bord, die Meister waren. Die Schiffe gingen durch das Wasser, wie Katzen auf nassem Gras, behutsam, und als der Deutsche dann auch noch seine Horchtorpedos schoß, waren sie mit ihren Geräuschbojen darauf vorbereitet. Der sägeartige Ton der Geräuschboje ertränkt jedoch den Suchstrahl, und der Kontakt ging mehr als ein Dutzendmal verloren, wurde aber immer wieder gefunden.
Der Kampf dauerte durch den ganzen Tag bis zum frühen Abend. Es gab viele Vorausangriffe, viele Wasserbombenwürfe und Schleichangriffe. Die Formation wurde oft so eng gefahren, daß die seitlich geworfenen Bomben auf den eigenen Schiffen hätten landen können. Die Bombenmannschaft auf der »Hubbard« bestand aus grünen Jungen, die ihren ersten Angriff fuhren. »Sie zitterten und fummelten ein wenig«, sagt der offizielle Bericht, »weil sie den Eindruck hatten, daß die vom anderen Schiff seitwärts fliegenden Bomben auf ihrem Schiff landen könnten. Dennoch erfüllten sie ihre Aufgabe.«
Das Ende von U 546 schildert Ira Wolfert so:
Ein direkter Treffer verursachte ein größeres Leck und zerbrach viele Zellen der Batterie. Das gefürchtete Chlorgas tötete in wenigen Minuten alle Soldaten, die sich im vorderen Teil des Bootes aufhielten. Dies geschah nach acht Uhr abends. Die »Fla-

herty« hatte Hedgehog gefeuert. Die »Pillsbury« hatte eine Unterwasserexplosion gehört. Vier Minuten später kam eine dünne Ölschicht hoch, wie eine Blutspur. Nach zehn Minuten stieg ein starker Luftschwall von der Größe eines Ballons auf und durchbrach die Wasseroberfläche, danach zeigte sich ein Brodeln von kleinen Luftblasen. Die »Flaherty« feuerte noch einen Hedgehog.
20.36 Uhr — Meldung von »Varian«: »Er kommt an die Oberfläche! An die Geschütze!«
Um 20.40 Uhr kam das Boot aus dem Wasser. Die »Pillsbury« eröffnete das Feuer mit ihrer Hauptbatterie und den 40-Millimeter-Kanonen, auch die anderen Schiffe feuerten, mit allen Waffen. Die Nazi-Überlebenden fanden den Ubootturm so zerstört, daß sie zum Dieselluk aussteigen mußten.
Der Schnorchel hatte das Boot befähigt, vom 21. März bis zum 9. April ununterbrochen getaucht zu fahren! Aber er hat es vor seinem Schicksal nicht bewahrt. Auch die letzten zwei der sechs Uboote entgingen ihm nicht. Sie wurden in den folgenden Tagen erledigt.
Aus dem Bericht geht hervor, welche Streitmacht die Amerikaner gegen unsere Gruppe Seewolf aufgeboten hatten: Vier Geleit-Flugzeugträger mit weit über 100 Flugzeugen, bei jedem Träger sechs Zerstörer, dazu vier unterstützende Vernichtungsgruppen mit je drei oder vier Fregatten oder Zerstörern — insgesamt 36 bis 40 Schiffe.

GEFÄNGNIS STATT GEFANGENSCHAFT

Die Fregatte mit den Überlebenden von U 546 hat den Hafen erreicht. Ich werde an Deck geführt. Die Kameraden stehen schon dort. Ich kann sie nur mit den Augen grüßen, und wieder kommt mir zum Bewußtsein, daß fast die halbe Besatzung mit U 546 untergegangen ist.
Plötzlich sind amerikanische Landsoldaten an Bord, anscheinend Marines, Marineinfanterie. Sie zeigen auf einige von uns: »Rechts heraustreten!«

Wir sind zwölf, die von den anderen getrennt werden. »Let's go!« Kaum haben wir festen Boden unter den Füßen, da wird Laufschritt befohlen. In einer Reihe hintereinander setzen wir uns in Bewegung, Wachsoldaten vorn, in der Mitte und hinten. Jeder hat einen Gummiknüpel in der Hand: »Hurry up!« — schneller laufen, los los! Rechts noch die Pier mit grauen Kriegsschiffen, links Schuppen und Werkstätten. Der Soldat vorn brüllt nochmal: »Schneller, schneller!«
Ich bin völlig überrascht. Was soll das? An Bord bei der US-Marine herrschte zwar eine gewisse Zurückhaltung gegen uns, aber die Behandlung war korrekt. Nie wurde barsch kommandiert oder gar gebrüllt.
Weiter im Laufschritt. Wir verlassen die Wasserseite. Anscheinend sind wir in einem Depot mit Lagerschuppen. Unsere Antreiber sind lange Kerls mit Stiernacken, breiten Schultern, sehr kurzen Haaren. Ihre einfache Uniform, nur Hemd und Hose, ist blitzsauber, gestärkt und gebügelt. Die halbhohen braunen Schnürstiefel mit Gummisohlen machen ihnen das Laufen leicht. »Hurry up — let's go!« hallt es durch die fast menschenleere Straße.
Wir lassen uns nicht kleinkriegen. Für Sport sind wir immer zu haben. Ubootfahren macht nicht schwach. Nur der brutale Ton gefällt mir nicht.
Rechts liegt ein größeres Gebäude; davor weht die amerikanische Flagge. Es scheint die Kommandantur dieses Stützpunkts zu sein. Wir laufen darauf zu, um eine Ecke zum Hintereingang, im Trab eine Kellertreppe hinunter. Tür auf, wir laufen durch einen langen Gang.
Eine Gittertür tut sich auf. Einen Augenblick lang bin ich fassungslos: Wir sind in einem Gefängnis. An der einen Seite des Raumes sehe ich eine Reihe leerer Einzelzellen, vergitterte Käfige. Die Türen stehen offen.
Ich bekomme einen Stoß in den Rücken und stolpere in eine Zelle. Die Tür kracht hinter mir ins Schloß. Drei Wände aus Blech, vorn die Gitterstäbe mit der Tür. Etwa zwei mal drei Meter Bodenfläche, kein Tisch, kein Stuhl. An einer der Wände ein hochgeklapptes Brett, das wohl als Bett dienen soll. Wir dürfen es am Tag nicht herunterklappen.

Ich sitze auf dem Fliesenboden. Durch das Gitter sehe ich größere Zellen, die ebenso gebaut sind. Da sind andere Gefangene, amerikanische Soldaten. Sie pressen ihre Gesichter zwischen die Stäbe, lachen: »Nazi pigs!« — Nazischweine.
Unsere Behandlung verstößt gegen Kriegsrecht und Fairness, gegen die Genfer Konvention. Ich rufe einen Wachsoldaten. Es dauert eine ganze Weile, bis er heranschlendert. Auf meine Frage, warum wir im Gefängnis sitzen, zuckt er nur mit den Schultern und grinst. Ich verlange einen Offizier zu sprechen, irgend einen Vorgesetzten. Er schlendert hinaus.
Ich kann nicht nach rechts und links zu den Kameraden sehen. An der kahlen Kellerwand gegenüber fällt blasses Tageslicht durch ein schmales Gitterfenster. Die Zeit vergeht unendlich langsam. Wer nimmt sich das Recht, uns wie Verbrecher zu behandeln und einzusperren?
Mittags gibt es etwas Fleisch mit Gemüse und Kartoffeln, der Napf wird vor die Zelle auf den Fußboden gestellt wie für Hunde. Ein Posten beobachtet uns ständig. Sprechen ist streng verboten. Ich weiß nur, daß der I WO in der Zelle neben mir sitzt. Ich verlange, sofort den Gefängniskommandanten zu sprechen. Wieder nur Achselzucken.
Plötzlich schrecken wir auf. »Let's go!« schallt es durch den Raum. Die Zellentüren werden geöffnet, mit lauten Rufen und drohend erhobenen Gummiknüppeln jagen uns zwei Posten in die Mitte des Kellerraums. Wir müssen uns geordnet aufstellen: Exercise! — Freiübungen!
Der vorn stehende, brutal aussehende Soldat deutet die Übungen an. Wir haben sie auszuführen, exakt und vielfach. Im Rücken hinter uns steht der zweite Brüller und fuchtelt mit dem Gummiknüppel. Sie grinsen voller Freude: Schneller, schneller.
Wir keuchen und schwitzen, fluchen innerlich und kochen vor Wut. Widerstand ist unmöglich. Man würde uns sofort der Meuterei bezichtigen, dann käme es noch schlimmer.
Ich kann nur hoffen, daß sich bald ein amerikanischer Offizier um uns kümmert. Ich weiß nicht, wer uns hier einsperren und schikanieren läßt, kann mir auch den Grund nicht erklären.
Die Stimmung unserer Wächter ist abweisend und drohend.

Die jungen Burschen scheinen zum ersten Mal deutsche Kriegsgefangene zu bewachen. Ich hatte mir das zivilisierte Amerika anders vorgestellt. Es kann doch wohl nur eine Durchgangsstation für ein oder zwei Tage sein. Ich kann mir nicht vorstellen, daß amerikanische Kriegsgefangene bei uns in Käfigen auf dem Boden sitzen müssen.

Abends wieder die entwürdigenden Freiübungen. Gibt es hier keinen wachhabenden Offizier. Er müßte doch irgendwann einmal eine Runde gehen.

Der Posten sitzt an einem Tisch. Von meiner Zelle aus kann ich ihn nicht sehen; auch nicht bemerken, wenn er von einem Offizier kontrolliert wird.

Wir haben keine Uhren. Es mag zehn Uhr abends sein, als uns erlaubt wird, das Brett an der Zellenwand herunterzulassen. Eine dünne Seegrasmatratze, eine Wolldecke und ein kleines Kopfkissen werden in die Zelle geworfen, wenig später wird das Licht abgedunkelt. Waschen und Zähneputzen sind nicht vorgesehen. Es macht Hoffnung, daß man uns nicht lange hier sitzen lassen will.

Wenigstens ist es jetzt still hier im Keller. Offenbar geht alles streng nach Gefängnisordnung: Nachtruhe ab 22 Uhr.

Am nächsten Morgen wird das Bettzeug abgegeben, das Brett hochgeklappt. Eine kurze Erfrischung durch Wasser und Seife, karges Frühstück, dann die Freiübungen. Kein Offizier erscheint. Bei unserem »Sport« gröhlen die amerikanischen Arrestanten händeklatschend.

Irgendwann am Nachmittag erscheint ein Wächter und öffnet meine Zellentür. »Come on, Commander!« — Die Aufforderung klingt fast freundlich. Er öffnet die Gittertür des großen Raumes und führt mich am Tisch der Wache vorbei durch lange Kellergänge.

Wir betreten ein Zimmer. Ich stehe vor zwei Navy-Offizieren. Der eine, ein Captain, spricht fließend deutsch und begrüßt mich sehr freundlich. Er nimmt hinter einem Tisch Platz und bietet mir einen Stuhl an. Der Jüngere hat an der rechten Seite Platz genommen, eine Schreibmaschine steht vor ihm.

Sobald die förmliche Begrüßung vorbei ist, setze ich zu meiner Beschwerde an. Nach einigen Sätzen unterbricht er mich höflich:

»Wurden sie hier nicht gut behandelt? Das habe ich gar nicht gewußt. Ich bin erst wenige Stunden hier.«
Ich lasse nicht locker: »Meine Leute und ich sind Kriegsgefangene. Ich muß um eine Behandlung bitten, die der Genfer Konvention entspricht. Wir gehören nicht in ein Gefängnis hinter Gitterstäbe.«
»Sie haben recht, ich werde dafür sorgen, daß Sie gut behandelt werden.« Weiter meint er, ich sei sicher ein vernünftiger Mann und würde ihm wohl helfen, seine Aufgabe zu erfüllen. Ein Verhör? Ich habe schon dem Admiral auf dem Flugzeugträger gesagt, daß ich keine militärischen Fragen beantworten werde.
»Herr Kapitänleutnant,« beginnt die Befragung, »Sie waren der Kommandant von U 546. Ihr Boot wurde am 24. April von unseren Streitkräften versenkt. Sie gehörten zu einer Ubootgruppe, einem Rudel von sechs Booten. Sie sehen, ich weiß sehr viel. Sagen Sie mir, welchen Auftrag Sie hatten. Waren Spezialwaffen an Bord, vielleicht V 2-Flugkörper?«
Ich bin überrascht über diese Annahme. Daran hatten wir nicht einmal im Traum gedacht. Ich appelliere an ihn als amerikanischer Offizier, der wissen muß, daß ich nicht über militärische Geheimnisse sprechen darf.
Er übergeht meine Worte: »Warum wollen Sie diese einfache Frage nicht beantworten? Der Krieg zwischen unseren Völkern wird sehr bald zu Ende sein. Sie können ruhig auf meine Fragen eingehen. Wir bekommen ohnehin alles heraus.«
»Es tut mir leid, ich werde Ihre Fragen nicht beantworten.«
Er lehnt sich zurück, lächelt und meint dann: »Schade, ich hatte bestimmt geglaubt, daß wir uns gut miteinander unterhalten könnten. Aber die Namen der Kommandanten, die am Rudel beteiligt waren, können Sie mir doch wenigstens sagen.«
»Wir können uns sicher gut unterhalten. Aber bitte, stellen Sie keine militärischen Fragen. Ich bin kein Verräter.«
Er wendet sich an den jüngeren Mann an der Schreibmaschine: »Können Sie die Haltung des Kaleu verstehen, da doch der Krieg so gut wie zu Ende ist?«
Noch einmal versucht er mich zur Aussage zu veranlassen, ich verweise auf meinen Eid. Die Verbindlichkeit des Gesprächs verfliegt, er setzt sich aufrecht, fragt leise und nachdrücklich:

»Wissen Sie, wie die Russen ihre Gefangenen behandeln, die nicht antworten wollen?« Ich schweige.
Plötzlich schlägt er mit der Hand auf den Tisch: »Benehmen Sie sich doch nicht wie ein Hitlerjunge! — Ich warne Sie. Sie befinden sich weit nördlich der Vereinigten Staaten, auf Neufundland. Hier ist es sehr einsam, hier sagen sich Fuchs und Hase gute Nacht. Niemand weiß bisher, daß Sie gerettet wurden. Niemand fragt, was mit Ihnen passiert. Ich frage nochmals, wollen Sie weiter schweigen?«
»Ja!«
»Nun gut, dann werden wir die russischen Methoden bei Ihnen anwenden.«
Ein Wink zur Tür. Der Posten jagt mich fluchend und mit dem Gummiknüppel drohend durch die Gänge zurück in die Zelle. Die Gittertür knallt ins Schloß! Was kommt jetzt?

FOLTERKNECHTE — FOLTERUNGEN

Es dauert nicht lange. Einer der baumlangen, vierschrötigen Wachsoldaten reißt brüllend die Gittertür meiner Zelle auf. Ich muß mich mit dem Gesicht zur Rückwand stellen, beide Arme hochhalten. Er steht direkt hinter mir. Die Minuten vergehen, die Arme werden immer schwerer. Er brüllt: »Arms higher!« — Arme höher, ich versuche es.
Er brüllt, meine Arme zittern. Ich kann die Muskeln nicht mehr beherrschen, mein Atem geht schwer. Da klatscht sein Gummiknüppel auf meinen Rücken, ein harter Schlag. »Up the arms!« — hoch die Arme, seine Stimme gellt zwischen den kahlen Wänden. Ich bebe am ganzen Körper, keuche, der Schweiß bricht aus. »Higher up!« Jetzt ein Schlag auf den Kopf und noch einer, als mir die Arme sinken.
Ich kann nicht mehr, lehne die halb erhobenen Arme gegen die Metallwand. Er brüllt und schlägt, aber ich kann kaum mehr stehen.
»Stop,« sagt er, »Turn around« — herumdrehen. Ich muß in die Kniebeuge, die Arme waagerecht nach vorn halten. Breit-

beinig steht er vor mir, am Koppel den Revolver, in der rechten Hand den Gummiknüppel. Er grinst, hält mir den Knüppel vors Gesicht, schlägt. Ich kann nicht mehr, lasse mich fallen. Da geht er, das Gitter knallt zu.

Ich liege am Boden und ringe nach Atem. Im ganzen Kellerraum dröhnt Gebrüll, Kommandos der Wachposten. Nun foltern sie meine Männer. Einer nach dem anderen wird vorgenommen. Auch sie haben keine Aussagen gemacht und bekommen die »Russische Methode« zu spüren.

Nur einer von uns fehlt. Er wurde nach dem Verhör aus der Zelle geholt. Hat er gesprochen, oder sollen wir getäuscht werden, er habe eine Aussage gemacht?

Wieder steht einer der Folterer vor meiner Zelle, öffnet das Gitter: »Let's go!« Ich flitze an ihm vorbei, aber sein Knüppel trifft mich auf den Schädel. Wir werden in die Mitte getrieben, dann geht's los. Wieder die verfluchten Freiübungen. Was wir bereits kennen, wird durchexerziert. Nun aber viel länger, viel schneller, viel anstrengender.

Vorn und hinten stehen sie mit den Knüppeln. Sie brüllen ihre Kommandos. Wer nachläßt, bekommt einen Schlag oder Fußtritt. Die amerikanischen Gefangenen hinter den Gittern toben vor Vergnügen.

Endlich ist Schluß. Wir taumeln hinter unsere Gitter, ich lasse mich erschöpft auf den Boden fallen. Ein Fußtritt bringt mich wieder auf die Beine: »Stand on your feet!« — steh auf deinen Füßen. Die Tür knallt zu. Ich lehne keuchend an der kalten Blechwand. Das kleine Fenster oben in der Wand gegenüber ist dunkel.

So kann es doch nicht die ganze Nacht lang weitergehen. Nur langsam komme ich wieder zu Atem. Der Schweiß trocknet. Diese Schweine. Ständig wird irgendwo im Raum gebrüllt. Wir bekommen keine Ruhe.

Plötzlich reißt wieder einer die Tür auf: »Get up your arms! Turn to the wall!« — Arme hoch, zur Wand drehen. Ich reiße die Arme hoch. Er schlägt, schon bevor sie sinken. Ich falle gegen die Wand, er tritt in die Kniekehlen. »Get up your arms, Commander, let's go!« Das vielfältige Echo seiner Stimme ist quälend grell. Ich sacke langsam in die Knie. Er schlägt noch einmal, dann kracht die Gittertür zu. Ich liege an der Wand, kann nicht mehr denken. Durchs Gitter brüllt er, daß ich aufstehen soll. Ich schaffe es nur langsam.

Hemd, Hose und Unterzeug sind naß von Schweiß, ich friere. Durst läßt die Zunge im Mund kleben. Durchhalten, nicht zerschlagen lassen.

Durch die Gitterstäbe fliegt mir die dünne Wolldecke an den Kopf. Ich darf das Brett herunterklappen. Endlich Ruhe.

In den Zellen gibt es keine sanitäre Einrichtung. Morgens wenn sofort nach dem Lichteinschalten das Brett hochgeklappt und die Decke zusammengelegt ist, reißt einer die Zellentür auf, jagt mich durch den großen Raum zum WC. So schnell ich auch an ihm vorbeisausen will, der Knüppel trifft mich doch.

Die WC-Tür bleibt auf. Ich schaffe es, schnell einen Schwapp Wasser in Mund und Gesicht zu erwischen, da brüllt er schon wieder: »Let's go, Nazi Commander!« Der Knüppel saust, die Zellentür knallt hinter mir ins Schloß.

Ich fühle mich wie gerädert. Alle Muskeln schmerzen. Als Frühstück gibt es eine halbe Tasse dünnen Kaffee und eine Scheibe trockenes Brot. Kaum habe ich es hinuntergeschluckt, da steht schon wieder einer in der Zelle: »An die Wand, Du Schwein!« »Hände hoch! Let's go!«

Wieder die Qual und die Schläge. Wollen sie uns zu Krüppeln prügeln? Ich bekomme die Arme nicht mehr hoch, er brüllt wie ein Stier. Umdrehen, Kniebeugen machen. Im Takt schlägt er mit dem Knüppel an die Blechwand. Wenn ich nicht im Takt bleibe, schlägt er mich.

Noch nie habe ich einen Menschen so gehaßt. Wer ist er? Sie sehen sich alle ähnlich in ihrem gebügelten Zeug und den blankgeputzten braunen Gamaschenstiefeln. 22 mag er sein, ein Junge von irgendeiner Farm vielleicht. Sie haben ihn gedrillt, gebimst, ihm Ordnung und Sauberkeit von Kopf bis Fuß beigebracht. Er sieht nicht aus, als ob er an der Front war, ehe sie ihn in den Norden hinaufschickten, hierher nach Neufundland. Ich kann ihn mir kaum in einer deutschen Uniform vorstellen, auch die meisten anderen nicht, die uns hier als Wärter quälen dürfen. Vielleicht ist es das reichliche Essen, das diese prallen Athletenfiguren füllt.

Man hat ihm Macht gegeben, mit Pistole und Gummiknüppel hier im Militärgefängnis Wache zu schieben. Die Freizeit wird öde sein. Vielleicht muß auch er exerzieren. Bumslokale wird es geben, und sicher viel Schnaps und Langeweile.

Plötzlich werden ihm Nazis ausgeliefert. Daß wir Soldaten sind wie er, daß wir zu Pflichten gerufen wurden, Leben gegen Leben setzten — er kann es nicht wissen und spüren. Daß wir Widerstand leisten, keine Angaben machen, hat man ihnen gesagt: »Macht sie geständig, macht sie klein, zeigt es ihnen, diesen verdammten Nazis!«

Sie brüllen und schlagen. Kurze Atempausen gibt es nur, wenn sie in anderen Zellen am Werk sind. Ich liege ausgepumpt am Boden und höre das Klatschen der Gummiknüppel und das Gewimmer der Opfer.

Wir leben von Wasser und Brot in kleinsten Mengen. Waschen und Zähneputzen gibt es immer noch nicht. Stinkend klebt das verschwitzte Zeug am Leib, der Körper ist verschmiert und verdreckt, der Mund ausgetrocknet.

Am Abend steht wieder einer vor mir. Er kommandiert, brüllt, ich rieche Schnaps. Als ich mit gebeugten Knien vor ihm stehe, nahe am Umfallen, brüllt er: »Du verdammtes Nazischwein!« und spuckt mir voll ins Gesicht. Ich bin so erledigt, daß ich mich nicht einmal abwischen kann.

Wieder die Nacht. Ich versuche, wach zu bleiben, um ein Gefühl der Ruhe zu erleben. Aber die Erschöpfung läßt mich bald in bleiernen Schlaf sinken.

Am nächsten Tag wieder die Quälerei. Ich bin absolut schwach und zerschunden. Nur noch eine Kreatur, die sich ans Leben klammert. Kaum noch fähig, durch eine schnelle Bewegung dem Schlag zu entgehen, wenn sie uns aus den Zellen und zurück jagen.

Die sogenannten Freiübungen sind ein trauriges Schauspiel. Der I WO fehlt: »Er spuckt Blut,« wird mir zugeflüstert.

Ich verlange, daß ein Arzt geholt wird. Keine Antwort, nur Grinsen. Erst nach Stunden voller Folterungen kommt ein Offizier vor die Zelle. Es ist ein Arzt. Ich frage, wie es dem I WO geht. Er sei bei guter Gesundheit, alles bestens, ist die Antwort. Bevor ich mehr fragen kann, ist der Arzt weg.

Weiter geht es mit kurzen Pausen zwischen langen Qualen. Ich verliere das Zeitmaß. Einer unserer Quäler kommt ans Gitter mit einer Zeitschrift in der Hand: »Life«. Er schlägt sie auf, zeigt mir Bilder aus Konzentrationslagern. Verhungerte und fast verhungerte Menschen, Haufen von Leichen, Schreckliches.
Er fragt, ob wir das getan haben. Ich habe noch nie solche Bilder gesehen. Sie sind keiner normalen Phantasie vorstellbar. Der Soldat blättert und blättert, läßt mich starren. Dann spuckt er voller Verachtung aus und verschwindet.
Daß eine so furchtbare Schuld auf dem deutschen Volk lastet, haben wir nicht gewußt.

KEIN HAHN WÜRDE KRÄHEN ...

Die Nachtwache ist aufgezogen. Sie haben gut zu Abend gegessen, stürzen sich mit Schwung und Freude in die Zellen der Deutschen.
Ich werde in die Mitte des Kellers gezerrt. Groß und breit stellt sich ein Berserker vor mir auf, krempelt die Ärmel hoch und brüllt: »He, German submarine Commander, come on. Let's have a fight!« Eine Schnapswolke schlägt mir entgegen. Seine Faust knallt mir auf die Brust, ich taumle zurück, sehne mich nach der Kraft für einen zerschmetternden Schlag in sein Gesicht.
Aber nichts tun, nur nicht reagieren. »Let's go, a fight, for fun only!« dröhnt seine Stimme.
Ein Faustkampf zum Spaß, ein Schläger gegen einen schon Zusammengeschlagenen. Sie würden lachen, wenn er mich zum blutigen Klumpen schlägt. Oder er wartet nur auf die Gelegenheit, seinen Mann zu töten. Einen Nazi, der ihn angegriffen hat. Er könnte die Pistole ziehen. Ein Schuß in Notwehr oder nur ein Schlag mit der schweren Waffe — kein Hahn würde hier nach einem deutschen Toten krähen. »In Neufundland verstorben,« würde es heißen.
Er schlägt mit den Fäusten auf mich ein, bis ich zusammenbreche. So schnell darf der Spaß nicht vorbeigehen. Zwei seiner Mit-

krieger packen meine Arme. Ich hänge wie gekreuzigt zwischen ihnen. Er schlägt auf mich ein wie auf einen Punchingball. Schließlich hat er genug, sie werfen mich in die Zelle.
Erst viel später, nach der Rückkehr in die Heimat, sehe ich solche Szenen in Western- und Gangsterfilmen.
Am nächsten Tag erwache ich auf dem Zellenboden aus der Bewußtlosigkeit, empfinde die Qualen des neuen Tages wie einen bösen Traum. Erwache erst richtig, als ich durch den Kellergang gehetzt werde, zum Vernehmungsoffizier.
Dreckig, unrasiert, ungewaschen, ungekämmt sitze ich vor dem Captain, der so freundlich ist. Er fragt mich, wie es mir geht. Ich schweige. Er bietet mir eine Zigarette an, ich nehme sie. Ein Zug, tief hinunter in die Lunge, noch einer . . .
»Nun, wollen Sie jetzt meine Fragen beantworten?«
»Sie bekommen kein Wort zu hören!«
Noch ein tiefer Zug. Das Zimmer dreht sich, der Stuhl schwebt, schwankt, fällt. Ich spüre noch ein Sausen im Kopf, Brummen in den Ohren, dann verschwindet alles. —
Ich liege in der Zelle am Boden. Wasser und ein Stück Brot hat man hereingeschoben. Die Erinnerung kommt wieder. Ich sehe den Captain vor mir, geschniegelt und gebügelt, sauber und glatt. Sein Lächeln, seine klare deutsche Sprache, die Zigarette . . .
Ich versinke wieder in den Erschöpfungsschlaf. Erwache irgendwann. Vor dem Gitter steht eine Gestalt. Verschwommen, dann klarer. Schwarz gekleidet mit langem Rock. Leise spricht er durch die Stäbe. Ich komme schwankend auf die Füße. Wer ist das? Was will er? Ein lila Kreuz auf der Brust — ein Pfarrer, ein Seelsorger, hier! Er murmelt. Betet er?
Ich halte mich an den Gitterstäben, lehne meinen Kopf an das kalte Eisen. Sein Gesicht ist blaß. Die Haare sind schwarz. Immer noch murmelt er. Seine Augen sind starr auf mich gerichtet, er blickt durch mich hindurch. Nichtssagend, fast leer. Soll das meine letzte Ölung sein?
»Help me, father,« sage ich leise durch die Stäbe. Er blickt mich an: »It's impossible, God bless you« — es ist unmöglich, Gott segne Sie. Seine Augen wenden sich ab. Er geht weiter, Psalme oder Gebete murmelnd. Nun bringt er dem nächsten Zellenkameraden die Erbauung.

So lange der Priester herumgeht, bleibt es ruhig im Keller. Aber er hat unseren Wächtern nicht den Spaß am Schlagen, Fluchen, Treten und Spucken genommen. Kaum ist er fort, da geht es weiter.

Endlich kommt die Nacht — mit der Furcht vor dem nächsten Tag, an dessen Ende uns fast der Lebensmut verläßt. Lieber tot, als weiter diese Folter.

Die Gittertür der Zelle ist hinter mir zugeknallt, als der Krach im Keller plötzlich einen neuen Ton bekommt. Gelächter und Freudenrufe sind zu hören.

Einer steht vor der Zelle: »Unconditional surrender!« — bedingungslose Kapitulation! Der Krieg mit Deutschland ist vorbei. Sie tanzen und johlen. Grund zur Freude haben sie, auch zum Saufen. Um Gottes Willen!

Die historische Wende ändert nichts am Tagesablauf. Das Quälen und Foltern geht weiter. Wir erfassen kaum die Bedeutung des Tages. Der Krieg ist zu Ende, die Gefangenschaft nicht. Beim »Exercise« am Abend breche ich zusammen. Zwei Mann reißen mich wieder auf die Beine. Als ich die Umgebung wieder erfassen kann, steht ein kleiner, dicklich runder Offizier vor mir. Major, schätze ich seinen Rang. Er mag der Kommandeur des Stützpunkts sein. Er hat eine Zigarre im Mund, bläst mir den Rauch ins Gesicht. Fragt mich grinsend, wie ich mich fühle, was ich über die Ereignisse denke und noch mehr. Ich gebe mir keine Mühe, den Kopf zu heben. Als ihm mein Schweigen zu dumm wird, dreht er sich um und geht. Sie schleifen mich in die Zelle und lassen mich auf den Boden fallen. Noch ein Tritt, Tür zu, Nacht.

In den nächsten Tagen ändert sich die Situation langsam. Sie kommen nicht mehr so oft. Es bleibt bei den schlimmen Freiübungen, zweimal täglich mit Schlagen, Stoßen, Brüllen. In den Zellen wird noch immer einzeln gequält. Doch die Pausen scheinen etwas länger zu werden. Auch gibt es ein wenig mehr Brot und ein paar Kartoffeln. Ich meine zu spüren, daß sie nicht mehr so unbedingt auf Befehl mit uns umspringen, eigentlich mehr nach Lust und Laune.

Wenn ihnen der Alltag zu langweilig wird, knöpfen sie sich einen von uns vor, lassen ihn hüpfen, springen, wimmern und keuchen. Zeitweilig ist die Hölle los und dann stundenlang Pause.

Ich weiß jetzt, wie ein Mensch fühlt und reagiert, wenn er im wahren Sinn des Wortes kleingeschlagen wurde. Er duckt sich in die dunkelste Ecke. Seine Sinnesorgane sind nur auf das Erfassen der Gefahr aus. Die Kräfte richten sich auf das Ausweichen vor der Gewalt. Wir erschrecken bei jedem Laut, wittern ständig Gefahr. Schauen immer nach oben, ob der Knüppel niedersaust.

Tage und Nächte verschwimmen ineinander. Acht oder zehn mögen es sein, vielleicht auch weniger — oder mehr, als am Morgen unerwartet Ruhe herrscht. Es gibt Brot, Marmelade und Kaffee. Wir dürfen uns waschen, die Zähne putzen, die Haare kämmen.

Neue, uns unbekannte Wachtposten treten an. Sie sagen, daß wir heute rauskommen. Wohin? Keine Antwort.

Endlich öffnen sich die Gitter. Im Laufschritt geht es hinaus in die Luft. Sie erscheint uns frei und herrlich wie nach langer Tauchfahrt im Uboot, die aber trotz der Todesgefahren kein solcher Ort der Qual war, wie dieses Gefängnis.

Der Weg ist lang, bleibt aber auf militärischem Gelände. Unser Marsch endet an einem Flugplatz.

ERLÖST FÜR NEUE QUÄLEREI?

Es ist kalt, wir sind in Hemd und Hose. Doch wir empfinden es kaum. Zu schön ist das Gefühl, nicht mehr hinter Gittern zu sitzen, nicht mehr den Foltern ausgeliefert zu sein.

Wir stolpern in eine dreimotorige Transportmaschine. Das Sprechen ist uns verboten. Dennoch sind ein paar leise Worte möglich. Wir sitzen entlang der Seiten unter den kleinen Fenstern. Passagiere fliegen mit — Offiziere, Soldaten, auch Frauen in Uniform und Zivil. Das Flugzeug wackelt und schaukelt durch die Turbulenzen. Die meisten unserer amerikanischen Reisegenossen werden bleich und grün, spucken in Tüten. Wir sind so grimmig nach den Torturen, daß es uns freut, wie jäm-

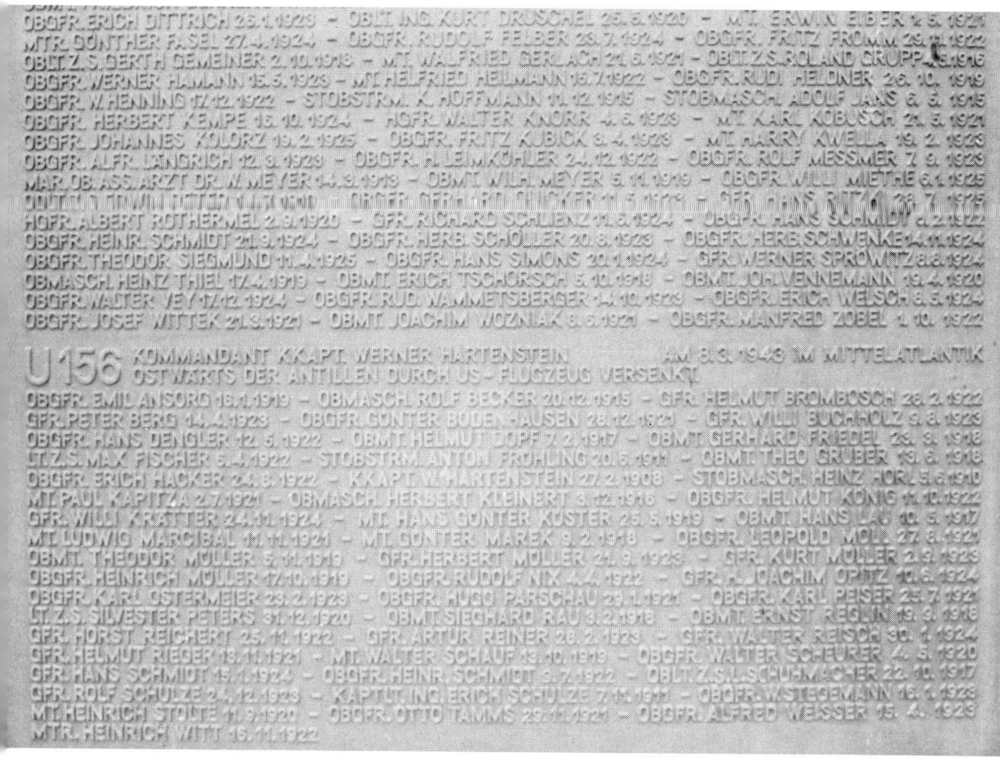
OBGFR. ERICH DITTRICH 25. 1. 1923 – OBLT. ING. KURT DRUSCHEL 25. 6. 1920 – MT. ERWIN EIBER 2. 5. 1921
MTR. GÜNTHER FASEL 27. 4. 1924 – OBGFR. RUDOLF FELBER 23. 7. 1924 – OBGFR. FRITZ FROMM 29. 11. 1922
OBLT. Z. S. GERT H. GEMEINER 2. 10. 1918 – MT. WALFRIED GERLACH 21. 6. 1921 – OBLT. Z. S. ROLAND GRUPP
OBGFR. WERNER HAMANN 15. 5. 1923 – MT. HELFRIED HEILMANN 16. 7. 1922 – OBGFR. RUDI HELDNER 26. 10. 1919
OBGFR. W. HENNING 17. 12. 1922 – STOBSTRM. K. HOFFMANN 11. 12. 1915 – STOBMASCH. ADOLF JANS 6. 5. 1915
OBGFR. HERBERT KEMPE 16. 10. 1924 – HGFR. WALTER KNORR 4. 6. 1923 – MT. KARL KOBUSCH 21. 5. 1921
OBGFR. JOHANNES KOLORZ 19. 2. 1925 – OBGFR. FRITZ KUBICK 3. 4. 1923 – MT. HARRY KWELLA 19. 2. 1923
OBGFR. ALFR. LANGRICH 12. 3. 1923 – OBGFR. H. LEIMKÜHLER 24. 12. 1922 – OBGFR. ROLF MESSMER 7. 9. 1923
MAR. OB. ASS. ARZT DR. W. MEYER 14. 3. 1913 – OBMT. WILH. MEYER 5. 11. 1919 – OBGFR. WILLI MIETHE 6. 1. 1925
HGFR. ALBERT ROTHERMEL 2. 9. 1920 – GFR. RICHARD SCHLIENZ 11. 6. 1924 – OBGFR. HANS SCHMIDT
OBGFR. HEINR. SCHMIDT 21. 9. 1924 – OBGFR. HERB. SCHÖLLER 20. 8. 1923 – OBGFR. HERB. SCHWENKE 14. 11. 1924
OBGFR. THEODOR SIEGMUND 11. 4. 1925 – OBGFR. HANS SIMONS 20. 1. 1924 – GFR. WERNER SPRÖWITZ 8. 8. 1924
OBMASCH. HEINZ THIEL 17. 4. 1919 – OBMT. ERICH TSCHÖRSCH 5. 10. 1918 – OBMT. JOH. VENNEMANN 19. 4. 1920
OBGFR. WALTER VEY 17. 12. 1924 – OBGFR. RUD. WAMMETSBERGER 14. 10. 1923 – OBGFR. ERICH WELSCH 8. 5. 1924
OBGFR. JOSEF WITTEK 21. 3. 1921 – OBMT. JOACHIM WOZNIAK 8. 6. 1921 – OBGFR. MANFRED ZOBEL 1. 10. 1922
U 156 KOMMANDANT K.KAPT. WERNER HARTENSTEIN AM 8. 3. 1943 IM MITTELATLANTIK
OSTWÄRTS DER ANTILLEN DURCH US-FLUGZEUG VERSENKT.
OBGFR. EMIL ANSORG 16. 1. 1919 – OBMASCH. ROLF BECKER 20. 12. 1915 – GFR. HELMUT BROMBOSCH 26. 2. 1922
GFR. PETER BERG 14. 4. 1923 – OBGFR. GÜNTER BODENHAUSEN 28. 12. 1921 – GFR. WILLI BUCHHOLZ 9. 8. 1923
OBGFR. HANS DENGLER 12. 5. 1922 – OBMT. HELMUT DOPF 7. 2. 1917 – OBMT. GERHARD FRIEDEL 23. 3. 1918
LT. Z. S. MAX FISCHER 6. 4. 1922 – STOBSTRM. ANTON FRÜHLING 20. 6. 1911 – OBMT. THEO GRUBER 19. 6. 1918
OBGFR. ERICH HACKER 24. 8. 1922 – K.KAPT. W. HARTENSTEIN 27. 2. 1908 – STOBMASCH. HEINZ HORL 5. 6. 1910
MT. PAUL KAPITZA 2. 7. 1921 – OBMASCH. HERBERT KLEINERT 3. 12. 1916 – OBGFR. HELMUT KÖNIG 11. 10. 1922
GFR. WILLI KRATTER 24. 11. 1924 – MT. HANS GÜNTER KÜSTER 25. 5. 1919 – OBMT. HANS LAU 10. 5. 1917
MT. LUDWIG MARCIBAL 11. 11. 1921 – MT. GÜNTER MAREK 9. 2. 1918 – OBGFR. LEOPOLD MOLL 27. 8. 1921
OBMT. THEODOR MÜLLER 5. 11. 1919 – GFR. HERBERT MÜLLER 21. 9. 1923 – GFR. KURT MÜLLER 2. 9. 1923
OBGFR. HEINRICH MÜLLER 17. 10. 1919 – OBGFR. RUDOLF NIX 4. 4. 1922 – GFR. H. JOACHIM OPITZ 10. 6. 1924
OBGFR. KARL OSTERMEIER 23. 2. 1923 – OBGFR. HUGO PARSCHAU 29. 1. 1921 – OBGFR. KARL PEISER 25. 7. 1921
LT. Z. S. SILVESTER PETERS 31. 12. 1920 – OBMT. SIEGHARD RAU 3. 2. 1918 – OBMT. ERNST REGLIN 19. 3. 1918
GFR. HORST REICHERT 25. 11. 1922 – GFR. ARTUR REINER 28. 2. 1923 – GFR. WALTER REISCH 30. 1. 1924
GFR. HELMUT RIEGER 13. 11. 1921 – MT. WALTER SCHAUF 13. 10. 1919 – OBGFR. WALTER SCHEURER 4. 5. 1920
GFR. HANS SCHMIDT 15. 1. 1924 – OBGFR. HEINR. SCHMIDT 5. 7. 1922 – OBLT. Z. S. L. SCHUHMACHER 22. 10. 1917
GFR. ROLF SCHULZE 24. 12. 1923 – KAPTLT. ING. ERICH SCHULZE 7. 11. 1911 – OBGFR. W. STEGEMANN 16. 1. 1923
MT. HEINRICH STOLTE 11. 9. 1920 – OBGFR. OTTO TAMMS 29. 11. 1921 – OBGFR. ALFRED WEISSER 15. 4. 1923
MTR. HEINRICH WITT 16. 11. 1922

Das Uboot-Ehrenmal

in Möltenort bei Kiel

erinnert an die Toten.

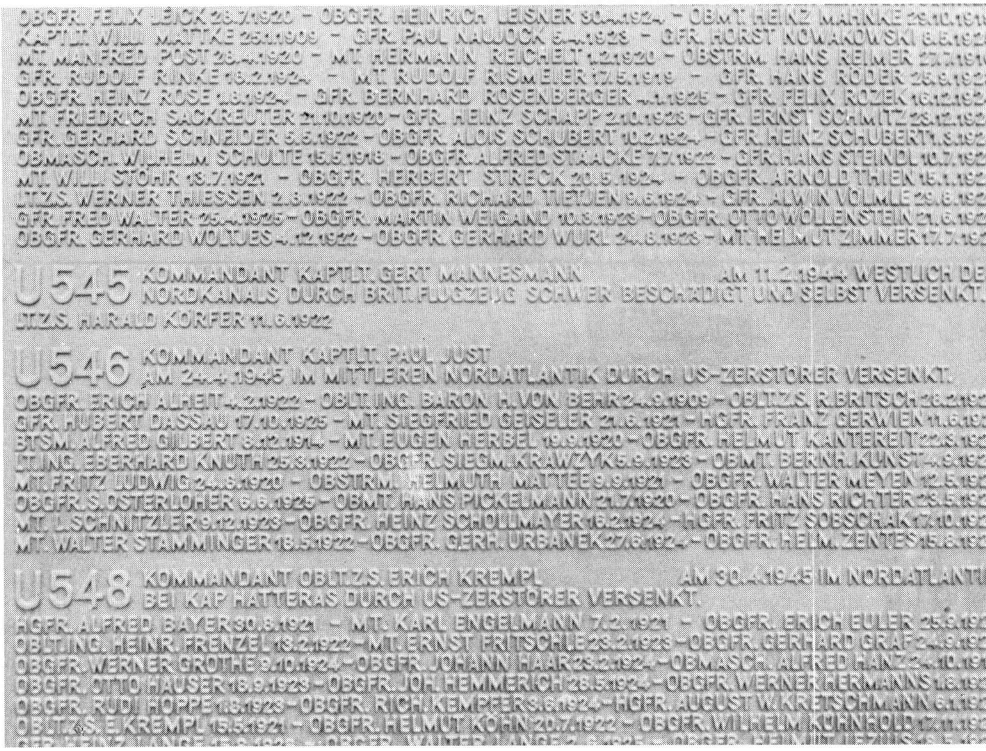

Wie sie zusammen starben, so blieben sie auf den Bronzetafeln im Ehrenmal vereint.

merlich sogar die hoch dekorierten Uniformträger dabei aussehen.
Am Abend Landung — wir sind in Boston. Ein Militärbus nimmt uns auf. Die Fahrt in die Stadt wird zur Offenbarung.
Seit Kriegsbeginn herrscht in Deutschland Verdunkelung. Kein Lichtschein darf zu sehen sein. Die Scheinwerfer der wenigen Autos sind bis auf schmale Schlitze abgeblendet. Hier in Amerika strahlen Straßen und Geschäftsfronten, Fenster und Leuchtreklamen in gleißendem Licht, dichter Verkehr rollt. Es gibt keine Zerstörung, keine Trümmer. Der Krieg hat dieses Land nicht berührt.
Wir kommen aus der Finsternis, aus dem Krieg, kennen Not und Elend der Heimat, wo Nahrung und Kleidung aufs knappste rationiert sind. Fast vergessen haben wir die bunten, vollen Schaufenster wahrer Friedenszeiten, die wir hier in Boston wie einen Schock erleben. Ein Laden sticht mir besonders in die Augen. Rotbackige Äpfel sind in Kistchen aufgereiht, Apfelsinen zu leuchtend orangenen Pyramiden geschichtet, Bananenstauden baumeln von Stangen, Grünzeug quillt über die Tische. Welch ein Anblick!
Wir fahren durch breite Straßen. Rechts und links parken Wagen in dichten Reihen, um uns herum schiebt sich der Verkehr in langen Schlangen dahin. Es ist eine Wunderwelt, hell und voller Überfluß, wohin das Auge blickt. Alles wirkt reich und unbeschwert, es ist eine Welt zum Zugreifen.
Wie Schuppen fällt es mir von den Augen. Es war ein Wahnsinn, Krieg gegen Amerika zu führen. Wir sind belogen und betrogen worden. Ein großer Krieg, der im Pazifik noch im vollen Gange ist, hat das Leben in diesem Lande, zumindest an der Oberfläche, kaum berührt, während bei uns jeder einzelne litt und schuftete, eingespannt war in die Kriegsmaschine an der Front oder in der Heimat.
Das Staunen ist noch nicht zu Ende. Irgendwo mitten in der Stadt hält der Bus. Man führt uns in das Untergeschoß eines großen Gebäudes, vielleicht des Rathauses. Eine Tür wird geöffnet. Wir stehen in einem Speisesaal. In der Mitte ein langer gedeckter Tisch. Wir trauen unseren Augen nicht. Aufgeschnittene Weißbrote, Butter, Marmelade, Salat, Eier, Obst, Käse,

Kaffee, Milch, Kakao — ein Schlaraffenland. Schön gedeckt mit Tellern und Tassen, Besteck. Wir schauen fasziniert, wagen uns nicht zu setzen. Nochmals werden wir aufgefordert, und wir schwelgen in Glückseligkeit.

Reden dürfen wir nicht miteinander, aber Blicke genügen; die Schrecken von Neufundland sind für diese schöne Stunde vergessen. Der Krieg ist zu Ende. Sehr bald werden wir in einem großen Gefangenenlager sein und hoffentlich bald in die Heimat entlassen. Es mindert das Wohlbefinden auch nicht, daß wir wieder im Gefängnis sind. Gleich hinter dem Saal liegen Zellen mit zweistöckigen Pritschen hinter den schon so vertrauten Gitterstäben. Doch hier stören sie uns nicht mehr. Satt und zufrieden liegen wir auf den harten Kojen. Am nächsten Tag geht die Reise weiter.

Wir fliegen über New York. Stolz lassen uns die Amerikaner durch die kleinen Fenster auf die Stadt schauen, die unfaßbar groß ist. Wieder erfaßt mich das Gefühl, daß wir einfach nicht wußten, welchem Gegner wir gegenüberstanden.

Abseits auf einem Flugplatz der großen Stadt rollt die Maschine aus. Wir müssen aussteigen und nahe am Rumpf des Flugzeugs im Freien warten. Eisiger Wind weht über das große Feld. Wir schlottern vor Kälte; immer noch haben wir nur die dünnen Hemden und Hosen an.

Hinter uns hören wir Flugbetrieb, Starts und Landungen. Aber wir müssen auf die graue Metallwand der Maschine starren.

Endlich geht es weiter, am Nachmittag landen wir in Washington. Die amerikanischen Passagiere steigen aus, auch unsere Begleiter. Militärpolizisten kommen ins Flugzeug.

Mit kurzen Kommandos verfrachten sie uns in einen Militärbus ohne Fenster, eine »Grüne Minna« für Verbrecher. Die Tür fliegt zu. Wir sitzen im dunkeln. Wache vorn, Wache hinten. Nanu? Neufundland steckt uns noch in den Knochen. Der Bus holpert und schwankt. Die Dunkelheit ist beengend, Angst steht im Raum.

Endlich halt, die Tür fliegt auf. »Let's go!« Den Ton kennen wir. Ohne zu denken, springt jeder wie von der Tarantel gestochen aus dem Bus — unter schwingenden Knüppeln.

Vor uns ein flaches Gebäude. Wir flitzen durch den Eingang,

durch Gänge, um Ecken. Ein Raum, hinein, die Tür schlägt zu. Wo bin ich?

Etwa zehn Quadratmeter, ein Fenster mit trübem Milchglas. Feldbett, Stuhl, Tisch, Waschbecken, in der Tür eine Beobachtungsklappe. Zwei Augen blicken hindurch. »Don't sit down, stand on your feet!« tönt eine Stimme — nicht hinsetzen, auf den Füßen bleiben.

Die Tür wird aufgerissen. Ein großer, breiter Kerl steht vor mir. Gesichtsausdruck, Uniform — alles wie gehabt. »Let's go!« brüllt er.

Ich renne aus der Tür, der Gummiknüppel saust herunter. Es geht rechts einen Gang hinunter. Am Ende steht ein zweiter Soldat neben einer Tür. Sie ist zu, ich knalle dagegen. Der Mann schwingt den Knüppel, schlägt mir mit voller Wucht über den Kopf. Ich renne zurück, den Gang hinunter. Etwa 40 Meter ist er lang. Die Folterknechte stehen an beiden Enden, ein dritter in der Mitte. Sie jagen mich hin und her. »Let's go!« Ich muß bis an die Enden laufen, werde mit Schlag und Tritt zurückgejagt, bücke mich unter dem Schlag in der Mitte wie ein gehetztes Tier.

Am Gang entlang liegen Einzelzellen. Endlich wird eine Tür aufgerissen, ich falle hinein, völlig ausgepumpt. Aufstehen, brüllt es durch die Klappe. Ich schaffe es, halte mich am Stuhl fest.

Jeder einzelne von uns wird über den Gang gejagt. Ich höre draußen das Rasen und Keuchen, Schläge und Schreie.

Ich kann nicht verstehen, warum wir so geschunden werden. Was soll es denn, wo der Krieg doch zu Ende ist? Ein sadistisches Freudenfest?

Ich rufe durch die Tür, verlange einen Offizier zu sprechen. Sie geht auf, ein Knüppel saust herab.

Endlich tritt Ruhe ein, der Tag wird zur Dämmerung. Da geht es weiter. Bei der ersten Tür im Gang fangen sie an. Ich höre den gequälten Kameraden an meiner Tür vorbeirennen, hin und her. Die Schläge müssen furchtbar sein — später erfahre ich von ausgeschlagenen Zähnen und gebrochenen Knochen.

Immer näher kommt es auf mich zu. Ich kann mir ausrechnen, wann sie meine Tür aufreißen. Jetzt ist der Nebenmann dran:

»Let's go! Hurry up!« Dann nehmen sie mich in die Mache. Mit blutigen Striemen, Beulen und Schwellungen am ganzen Körper habe ich es endlich hinter mir. Es ist Nacht — endlich schlafen.
Plötzlich geht das Licht an, die Tür ist offen. Drei Mann stehen im Raum. Ich springe auf, stehe nackt vor ihnen. Aus einem großen Karton schütten sie viele Männersocken auf den Boden. Ich soll sie sortieren und paarweise zusammenknäueln. Einer zeigt auf seine Armbanduhr: »In 20 Minuten bist Du fertig, dann kommen wir wieder! Hurry up!«
Die Tür schlägt zu. Auf den Knien wühle ich mit fliegender Hast in den Socken, bündele passende Paare, werfe sie in den Karton. Ich muß es schaffen, sonst gibt es wieder Prügel und Qual.
Sie kommen, ziehen den Karton heraus, ich falle aufs Bett.
Aus dem Halbschlaf schrecke ich wieder auf. Sie sind auf dem Gang und schlagen wieder. Die nackten Füße der Gehetzten klatschen auf den Boden. Einer stürzt. Ich höre Keuchen und Gelächter, es ist ein höllisches Spiel, und auch ich muß wieder hinaus. Zweimal jagen sie uns in dieser Nacht.
Morgens gibt es keine Seife, kein Zähneputzen, nur Wasser und Brot. Warum zerschlagen sie uns? Ich frage, die Antwort sind Prügel und Fußtritte.
Tür auf. Ich muß mich niederknien, ein Lappen wird mir hingeworfen: »Den Gang bohnern!« Einer steht hinter mir, den Knüppel in der Rechten: »Let's go!« Ich schufte auf den Knien wie besessen. Die Folterung entkleidet den Menschen aller Würde.
Jeder kommt dran, ständig tönt das Gebrüll: »Schneller, schneller!« Mit Schlagen und Tritten vergeht der Tag, nachts werden wir mehrfach über den Gang gejagt.
Am Vormittag geht die Tür auf. Es ist schon selbstverständlich, daß ich sofort hinausrenne. Die Tür am Ende des Ganges ist geöffnet, es geht weiter in einen anderen Flur, hinein in einen Raum. Außer Atem stehe ich vor einem Offizier. Es ist unser Peiniger aus Neufundland, der Captain mit dem höflichen Deutsch.
Ich möchte ihn schlagen, treten, unsere Qualen rächen. Aber ich bin total ausgepumpt, und es wäre Wahnsinn gegen Wahnsinn.

So kann ich nur röchelnd schreien: »Was wollen Sie von uns? Warum lassen Sie uns immer noch quälen? Der Krieg ist aus, was soll die Barbarei?!«
Er steht gelassen hinter seinem Schreibtisch und blickt sanft erstaunt:
»Ach, wurden Sie nicht korrekt behandelt?«
Ich kann es kaum fassen, meine Stimme überschlägt sich: »Das wissen Sie so gut wie ich! Wer sonst hat den Soldaten befohlen, uns so zu quälen? Wer duldet die Folterungen? Was wollen Sie wissen? Es ist Frieden. Ich bin bereit zur Aussage!«
Er gibt sich überrascht: »Wirklich, wollen Sie?«
»Ja, wenn die Quälerei für uns alle sofort aufhört, und wir endlich wie Kriegsgefangene behandelt werden.«
»Ihre Bedingungen werden sofort erfüllt.«
»Was wollen Sie denn nun von mir?«
»Nichts weiter, als daß Sie die Geschichte Ihres Bootes, sozusagen den Lebenslauf von U 546, in Stichworten niederschreiben.«
Das also war es. Jetzt ist es egal. Der Krieg ist aus, wir haben verloren. Es gibt keine militärischen Geheimnisse mehr.
Vor ihm liegt ein dickes großes Buch. Es enthält alle Daten deutscher Uboote, soweit sie den Amerikanern bekannt wurden.
»Ich möchte dieses Buch durch die Daten von U 546 vervollständigen,« sagt er.
Langsam gehe ich durch die Gänge in meine Einzelzelle zurück. Der Posten folgt mir, ohne zum Gummiknüppel zu fassen. Die Folterungen sind zu Ende. Hat der Frieden wirklich begonnen?

PULLMANWAGEN UND KARTOFFELKLAUBEN

Ende Mai 1945. Das Tor des Verhörlagers öffnet sich. Ich werde nach Fort Mead gebracht. Es liegt nicht sehr weit von Washington entfernt. Neben dem großen deutschen Gefangenenlager liegt ein noch größeres Trainingscamp für amerikanische Sol-

daten, die von hier aus an die pazifischen Fronten verfrachtet werden — die Japaner kämpfen noch.
Wir Offiziere werden in einem kleinen Durchgangslager am Rand des Areals untergebracht. Laut Genfer Konvention sind Offiziere nicht verpflichtet, in Gefangenschaft zu arbeiten. Die Mannschaften und Unteroffiziere arbeiten in den Depots und Magazinen der Army, auch in großen Industriebetrieben am Rand der Stadt. Sie sind die billigsten und daher willkommensten Arbeitskräfte für die USA.
Wir sind sechs Offiziere. Ich bin mit meinem I WO hier. In den Folterzellen ging es ihm sehr schlecht, aber er hat sich wieder erholt. Als erstes schreiben wir auf vorgedruckte Karten des Roten Kreuzes Name, Geburtsdatum und Adresse. Wir können nur hoffen, daß unsere Angehörigen auf diesem Wege erfahren, daß wir noch leben.
Als es dunkelt, schlendern wir an dem Zaun, der uns vom Mannschaftslager trennt, auf und ab. Leise kommt es von drüben: »Was braucht Ihr?« — »Hemd, — Hose — Unterzeug . . .« Wir laufen immer noch in den Klamotten herum, die wir damals auf See nach der Gefangennahme erhielten.
Am Abend darauf fliegt in der Dunkelheit ein Bündel über den Zaun. »Morgen mehr,« sagt eine Stimme.
In der Baracke ist große Anprobe. Die Kameraden haben uns reichlich versorgt; alles ist doppelt, frisch gewaschen, gebügelt, fast neu.
Wir sehen nun aus wie die Amerikaner, sogar mit den spitzen Schiffchen auf dem Kopf. Nur die Abzeichen fehlen. Was wir noch brauchen, folgt an den nächsten Abenden.
Schuhe sind dabei, fast neu. Wenn die Rekruten ins Camp kommen, werfen sie ihr Zivil auf einen Haufen und werden eingekleidet. Die Gefangenen können sich von den Sachen nehmen, was sie wollen, und die Magazine sind mit Uniformen und Ausrüstung jeder Art bis unter die Dächer gefüllt. Nur das Beste haben unsere Leute für uns ausgesucht.
So sind wir ganz ansehnlich, als drei Soldaten uns zur Bahn eskortieren. Wir erwarten einen Transport hinter Gittern, aber es geht zum fahrplanmäßigen Schnellzug nach St. Louis. Pullman-Komfort erwartet uns, ein Vierpersonenabteil mit dicken

Sesseln und Tisch. Am großen Fenster gleitet Amerika vorbei. Vor der offenen Abteiltür steht unser Posten, die MP im Arm. Er stört uns nicht. Wir lümmeln uns zufrieden in den Sesseln. Aus Army-Verpflegungskartons gibt es prima Essen, dazu heißen Kaffee aus dem Automaten und Fruchtsäfte.
Am Abend kommt der schwarze Steward und klappt die Kojen herunter. Lange habe ich nicht mehr in einem so weichen, wonnigen und breiten Bett geschlafen. Wir fühlen uns wie Millionäre auf Reisen.
Wahrhaftig, der Krieg ist für uns vorbei, nicht für die Amis. In Fort Mead saßen wir hinter unserem Lagerzaun und sahen, wie die Rekruten voll ausgerüstet und schwer bewaffnet auf dem Exerzierplatz schwitzten und keuchten, in Staub und tiefem Sand auf ihre Kriegsaufgabe gegen Japan vorbereitet wurden. Und hier im Zug schnarchen wir behaglich, während der Posten vor der Tür stehen muß und unseren Schlaf bewacht.
In St. Louis umsteigen. Mit unseren Bewachern warten wir auf den nächsten Zug, stehen mitten in der Bahnhofshalle zwischen den Reisenden. Niemand sieht uns an, daß wir böse Deutsche sind. Sie halten uns für Army-Arrestanten.
Weiter geht es Tag und Nacht, Amerika ist groß. Als wir im fernen Texas, in Dallas, den Zug verlassen, schlägt uns brütende Hitze entgegen. Unser Zug hatte Klimaanlage; zum ersten Mal erleben wir diesen Fortschritt der Technik, der hier zum Lebensstandard gehört.
Auf der Autofahrt zum Lager außerhalb der Stadt sehen wir die vielen Ölpumpen, die mit leisem Quietschen und Stöhnen das flüssige Gold aus der Tiefe holen. Armes Deutschland . . .
Im Lager sind nur Marineoffiziere. Es soll bald aufgelöst werden; wir werden noch mehr von Amerika kennenlernen. Unser Quartier ist das Lagergefängnis, in dem aber niemand zur Strafe sitzt. Wir haben Platz und erhalten reichlich Verpflegung.
Nebenan, vom großen Lager und auch von uns getrennt, ist die Besatzung eines Uboots untergebracht, das 1944 im Atlantik in Feindeshand gefallen ist. Unversehrt mit weißer Flagge, heißt es. Alle unsere Waffen, Instrumente und Funkschlüssel wurden dadurch dem Gegner bekannt. Kommandant und Besatzung sind bei allen anderen Gefangenen geächtet.

Ins nächste Lager reisen wir nicht so bequem wie in unserem schönen Pullman-Wagen. Es sind normale Waggons mit sechs Sitzen nebeneinander. Besonders in der Nacht ist es unbequem, die Lehnen lassen sich kaum zurücklegen. Wir sind schon anspruchsvoll geworden.
Das Lager Dermott liegt in Arkansas, nahe der Stadt Little Rock. Es ist viereckig angelegt. Auf einem Quadratkilometer sind hier 10 000 Offiziere aller Waffengattungen in Baracken untergebracht. Es gibt eine Lageruniversität, ein Theater, ein Orchester und einen Zoo. In Freigehegen oder hinter Glas ist hier alles Getier zu sehen, das in dieser feucht-heißen Tropengegend um das Lager herum lebt. Auf dem Dach der Küchenbaracke sitzen große Geier und warten geduldig auf Abfälle.
Ende Juni wird die Verpflegung, die bisher gut und reichlich war, drastisch gekürzt. Die Erkenntnisse über die Konzentrationslager zeigen ihre Folgen. Wir sollen sühnen, mancher nimmt in wenigen Wochen bis zu 30 Pfund ab.
Die Ungewißheit über das Schicksal der Angehörigen belastet alle sehr. Es gibt keine Post, Nachrichten über die Heimat kommen nur sehr spärlich. Wilde Gerüchte führen zu besorgten Gesprächen und Gedanken.
Im Juli 1945 wird bekannt, daß die Amerikaner zuerst die Verwundeten, dann die Soldaten, die gearbeitet haben, danach die Offiziere und schließlich die Unverbesserlichen, die Supernazis, nach Deutschland entlassen werden. Gerechterweise werden wir gefragt, wer zur Arbeit bereit ist. Das löst große Diskussionen im Lager aus.
Für mich und viele Kameraden ist es keine Frage. Wir wollen und müssen so bald wie möglich zu unseren Familien. Wir werden gebraucht, — es ist Frieden.
Etwa ein Viertel der Offiziere meldet sich zur Arbeit. Der größere Teil jedoch glaubt den Versprechungen der Amerikaner nicht oder kann sich noch nicht von den Kriegsparolen lösen. Mancher hat noch nicht begriffen, was es heißt, daß Deutschland vor Monaten bedingungslos kapitulierte, daß wir keine Freunde, aber auch keine kämpfenden Feinde mehr haben. Wir müssen umdenken für eine neue Zeit, die etwas ganz anderes von uns verlangt als unser bisheriges Leben.

Ich entscheide mich für die Arbeit. Ende August verlassen wir Dermott und fahren mit der Eisenbahn durch Tage und Nächte nach Norden. Es geht nach Idaho, nahe der kanadischen Grenze, in ein Mannschaftslager. Es liegt auf einer weiten Ebene, etwa 2000 Meter hoch in den Rocky Mountains. Am Horizont ragen schneebedeckte Gipfel in den Himmel.

Wir wohnen in Baracken zu je 50 Mann. Morgens um sechs Uhr ist Wecken, um sieben Uhr geht es mit Lastwagen zur Arbeit, eine Stunde dauert die Fahrt.

Riesige Kartoffelfelder mit mehligem, feinem Lößboden. Die Erdäpfel werden mit Maschinen ausgebuddelt. Es sollen die größten und besten Kartoffeln der USA sein. Wir sammeln sie in Körbe und Säcke: »potatoe picking,« Woche für Woche. Vom ewigen Bücken wird der Rücken schon krumm.

Abends kommen wir grau von Staub ins Lager zurück. Kurz unter die Dusche, Essen auf die Koje — anfangs kann man vor Muskelkater kaum schlafen. Die Behandlung ist korrekt, das Essen gut und sehr reichlich.

Auch hier waren damals die Essensrationen gekürzt worden. Die Gefangenen verweigerten die Arbeit, die Farmer protestierten bei der Regierung. Es gab wieder volle Verpflegung.

Nachdem die Kartoffeln abgeerntet sind, geht es in die Zuckerrübenernte auf riesigen Feldern. Gegen Ende Oktober wird es kalt, friert, wenig später liegt hoher Schnee. Was noch im Boden ist, verkommt. Die Arbeit ist zu Ende. Sie war hart und ungewohnt, hat manchem schwer zu schaffen gemacht. Doch das Training war gut und hat die seelischen Belastungen in den Hintergrund gedrängt.

Keine Post, keine Nachricht. Es ist tiefer Winter, die Baracken sind gut geheizt. Wir beschäftigen uns mit allem Möglichen, doch die große Ungewißheit verdunkelt unser Weihnachten.

Im Januar mehren sich die Gerüchte, daß es bald nach Deutschland gehen soll. Unsere Bekleidung wird schwarz eingefärbt, mit großen weißen Buchstaben PW auf dem Rücken: Prisoner of War, Kriegsgefangener.

Anfang Februar geht es los. Jeder schleppt in einem Bündel seine kleine Habe mit sich. Die Eisenbahn befördert uns nach New York. Ein paar Tage in Camp Shanks, dann werden wir

auf einen Truppentransporter verladen. Es ist ein Libertyschiff, ein Einheitsfrachter aus der Massenproduktion, mit der Kriegsverluste in großem Stil ausgeglichen wurden.
Es ist ein gutes Gefühl, wieder ein Schiff unter den Füßen zu haben. Die Einrichtung ist spartanisch — große Ladedecks, schlafen in Hängematten. Täglich dürfen wir für Stunden zum Luftschnappen an Oberdeck. Ich blicke auf den Atlantik, den Schauplatz unserer Kämpfe. Hat das alles sein müssen?
Vor dem Festmachen in Brest bedankt sich der amerikanische Transportführer über den Bordlautsprecher. Wir haben ihm »keine Schwierigkeiten bereitet und nicht gemeutert« — warum hätten wir meutern sollen. »Gute Weiterreise und auf Wiedersehen in der Heimat,« wünscht er uns.
Wir fragen uns, wen wir wohl wiedersehen werden. Zunächst sind wir darauf gefaßt, daß uns die Franzosen einen schlimmen Empfang bereiten werden.
Aber keiner ist zu sehen. Deutsche Kriegsgefangene befestigen die Leinen, kommen an Bord, beginnen das Schiff zu entladen, das außer uns noch allerlei Güter an Bord hat. »Brest ist fest in deutscher Hand,« erfahren wir. Überall arbeiten deutsche Gefangene und sorgen selbst für ein verhältnismäßig gutes Leben.
Noch auf der Pier steigen wir in die Eisenbahn. Der Marsch durch die Stadt bleibt uns erspart. Kurs Ost — der Heimat entgegen.
Trotz der Sorgen sind wir in guter Stimmung. Doch nach fünf Stunden Fahrt hält der Zug plötzlich auf freier Strecke. Ringsherum liegt eine triste graue Landschaft.

NOCH EINMAL IM DRECK

»Alles aussteigen!« Jeder nimmt seine kleine Habe. In langer Kolonne stapfen wir über weite Feldwege. Aufseher sind erschienen, Antreiber rechts und links: Polen.
Attichy heißt das Lager. Es liegt auf einer Ebene, der Wind pfeift eisig. Nur Drahtzäune und Wachtürme, Stacheldraht — ein Alptraum.

Kaum sind wir drin, da werden wir von der deutschen Lagerwache gefilzt. Alle Kleinigkeiten, die wir in Amerika gesammelt und gekauft haben, werden uns von diesen Machthabern rücksichtslos abgenommen. Was sie selbst gebrauchen können, legen sie neben sich. Der Rest fliegt auf einen großen Haufen. Sie haben vor den Siegern gebuckelt, dies ist ihr Lohn. Wir verachten sie.

Das Lager ist durch Zäune aufgeteilt. Die Kranken, die sogenannten Supernazis, die Generäle — es gibt viele Gruppen. Die Lagerleitung und die deutschen Kapos wohnen in Baracken; wir Gefangene in großen Erdlöchern, die mit Zeltplanen überdacht sind. In jedem Loch etwa 100 Mann; in der Mitte ein Gang, rechts und links Stroh, auf dem wir das Leben wachend oder schlafend verbringen, fast ohne Licht. Zwei kleine eiserne Öfen sollen den Raum erwärmen.

Es schneit. Das Zeltdach muß ständig von der Schneelast befreit werden, sonst bricht es auf uns herunter. Die Lagerstraßen sind tief verschlammt.

Es geht uns schlecht. Die Körper sind dürr und gebeugt, die Gesichter grau und eingefallen, die Uniformen zerschlissen und schmutzig. Angeblich ist Attichy ein Auffrischungs- und Genesungslager für deutsche Kriegsgefangene, die aus anderen französischen Lagern kommen. Sie sollen hier durch gute Verpflegung wieder gekräftigt werden. Für uns gibt es nur trockenes Brot und Wassersuppe, abends sogenannten Kaffee. Nach wenigen Tagen haben wir das Gefühl, zum langsamen Tod in Dreck und Auszehrung verurteilt zu sein. Für hunderte von Gefangenen gibt es nur einen Wasserhahn.

Nach einer Woche tönen Kommandos auf den Lagerstraßen: »Alle Mannschaften bis zum Feldwebel einschließlich heraustreten!«

Als Gefangener ist man immer skeptisch, immer auf der Hut; man hört schon am Ton der Befehlsstimme, was die Stunde geschlagen hat. Wir ahnen Böses.

Es trifft ein. Die Amerikaner haben sich damit einverstanden erklärt, daß alle Gefangenen, die zur Arbeit verpflichtet sind, den Franzosen übergeben werden.

Es ist ein Wortbruch. Allen arbeitenden Gefangenen waren in

den USA die Rückführung in die Heimat und die Entlassung zugesagt worden. Die französische Gefangenschaft bedeutet Fronarbeit für viele weitere Jahre. Unser ohnmächtiger Zorn auf die Amerikaner ist grenzenlos. Wir Offiziere sind nicht betroffen. Doch wir leiden mit den Kameraden, denen wir nicht helfen können.

Keine rechte Freude will aufkommen, als wir wieder verladen werden, Richtung Heimat. Das polnische Wachpersonal beraubt uns der letzten Dinge. Besonders Armbanduhren werden gesucht. Nur wenige waren noch bis hier her übrig geblieben.

Daß wir den Haß gesät haben, den wir ernten; daß Europa in Trümmern liegt, die Völker fürchterlich gelitten haben — wir wissen zu wenig davon. Der Gesichtskreis der Soldaten ist begrenzt.

Wir fahren über den Rhein. Trümmer und Verwüstung, wohin das Auge blickt. Die Städte sind nicht wieder zu erkennen. Ausgemergelte Gestalten stehen auf den ausgebrannten Bahnhöfen.

Langsam schnauft die Lokomotive mit unserem Zug nach Bayern hinein. In Bad Aibling sind wir am Ziel. Beim Betreten des Entlassungslagers werden wir nochmals gefilzt. Der letzte Tabak wird uns abgenommen. Doch nichts kann uns mehr kränken oder ärgern. Wir sind in Deutschland.

Am 11. März 1946 werden wir mit einem Güterzug nach München befördert. Die Türen sind offen, kein Wächter begleitet uns. Die bayerische Landschaft ist vom Krieg unberührt. Sonne scheint auf grüne Wälder und Felder vor schneebedeckten Bergen. Wer nah an seinem Heimatort ist, kann abspringen; der Zug fährt langsam. Wir winken.

Am 13. März 1946 stehe ich vor der Haustür meiner Schwiegereltern in Garmisch-Partenkirchen. Hier haben Frau und Sohn Zuflucht gefunden. Als die Tür sich öffnet, bin ich nicht mehr Prisoner of War.

HEIMAT

Mein Beruf hat mich nicht losgelassen. In den ersten Jahren war nicht daran zu denken, doch 1956 zog es mich in die neue Bundesmarine. Einige Jahre bei den Marinefliegern, dann Referent in Bonn und Abteilungsleiter beim Marineamt in Wilhelmshafen, Kapitän zur See — ein Leben im Dienst, das mich erfüllt hat.

Aus dem Krieg, den Schrecken und den Toten, ergab sich die Pflicht, an einer besseren Welt mitzuarbeiten, an ihrer Verteidigung für eine sichere Zukunft. Wenn die Menschheit aus Fehlern lernt, sind Blut und Tränen nicht umsonst vergossen worden.